Peer Steinbrück

Vertagte Zukunft

Die selbstzufriedene Republik

Hoffmann und Campe

Meinen Enkelkindern Marie-Luise und Theodor
in der Hoffnung auf eine gute Zukunft gewidmet.

1. Auflage 2015
Copyright © 2015 by Hoffmann und Campe Verlag, Hamburg
www.hoca.de
Satz: Dörlemann Satz, Lemförde
Gesetzt aus der Minion Pro und Trade Gothic
Druck und Bindung: GGP Media GmbH, Pößneck
Printed in Germany
ISBN 978-3-455-50348-7

Ein Unternehmen der
GANSKE VERLAGSGRUPPE

Inhalt

Verantwortlich ist man nicht
nur für das, was man tut, sondern
auch für das, was man nicht tut.

Laotse

Vorwort

Die Kontrahenten trafen sich auf neutralem Boden, mittags am
23. Oktober 2013. Sie wollten erkunden, ob aus ihnen Partner auf
Zeit werden könnten. Ihr Weg durch ein Spalier von Kameras und
Fotoapparaten glich dem Einzug der Gladiatoren in die Arena – dabei lag der Kampf bereits hinter ihnen. Später ging man gemeinsam
zu Tisch, alles verlief gesittet, geradezu freundlich. Die Verhältnisse
waren klar und drückten sich in der Stärke der beiden Delegationen
aus. Den 14 Teilnehmern der einen Seite mit dem Gewicht von
41,5 Prozent saßen sieben Teilnehmer der anderen Seite mit mageren 25,7 Prozent im Kreuz gegenüber. Das entsprach nicht gerade
den Verhältnissen früherer Anbahnungen einer solchen Handlungs- und Risikogemeinschaft – da hatte man sich auf gleicher
Höhe abgetastet.

Es dauerte lediglich zwei Stunden, und beide Delegationen
waren sich über die zentralen politischen Herausforderungen und
Maßstäbe für eine erfolgreiche Arbeit in der 18. Legislaturperiode
des Deutschen Bundestages weitgehend einig. Die Wortführer redeten keine Girlanden, verirrten sich absichtlich oder aus Veranlagung nicht in Nebensächlichkeiten, sondern kamen zielstrebig
und substanziell auf diejenigen Politikfelder zu sprechen, denen für
die Zukunft des Landes zentrale Bedeutung einzuräumen sei. Dazu
zählten nach der ersten Sondierungsrunde selbstredend Europa,
die Finanzbeziehungen zwischen Bund, Ländern und Gemeinden

einschließlich einer soliden Staatsfinanzierung, der Erhalt und Ausbau der Infrastruktur, die Eindämmung der prekären Beschäftigung, Bildung und eine familienfreundliche Arbeitswelt insbesondere für Frauen, eine würdige Altersversorgung sowie die gesellschaftlichen und ökonomischen Herausforderungen der digitalen Revolution. Nicht zuletzt waren sich die Konkurrenten aus dem eben zu Ende gegangenen Wahlkampf darüber im Klaren, dass sich eine große Koalition – auch mit Blick auf das parlamentarische Übergewicht von 504 gegenüber 127 Abgeordneten der beiden kleinen Oppositionsfraktionen – demokratisch nur begründen ließe, wenn sie auch bereit wäre, große Vorhaben in Gang zu setzen. Auf dieser Grundlage wurde beschlossen, die Sondierungen zur Bildung einer dritten großen Koalition von CDU/CSU und SPD in der bundesrepublikanischen Geschichte fortzusetzen.

Diese Konzentration und Bereitwilligkeit im Eröffnungsspiel der zukünftigen großen Koalition, sich auf eine Aussprache der »großen Themen« einzulassen und diese in den Mittelpunkt einer gemeinsamen Politik zu stellen, weckten den Eindruck einer gewissen Rhythmusänderung. Schließlich hatten nicht wenige Kommentatoren und Beobachter von einem langweiligen Wahlkampf gesprochen, dem angeblich Themen und Zuspitzungen fehlten; von politischer Apathie und Lethargie war die Rede gewesen, auch von einer Unterforderung der Wählerschaft. Im medialen Spiegel erschien die Bundesrepublik im Sommer 2013 als ein selbstbezogenes Land mit einer ambitionslosen Politik.

Die Intention eines breiten Flügels der Politik, das Publikum auf keinen Fall zu überfordern und einen inhaltlich eher betäubenden Wahlkampf zu führen, entsprach der Sehnsucht weiter Teile der Wählerschaft, mit Problemen, Maßregelungen und Anstrengungen nicht behelligt zu werden. Eine Mehrheit war jedenfalls im Wahljahr 2013 nicht nur mit dem Zustand des Landes im Großen und Ganzen zufrieden (wofür es zweifellos Gründe gab), sondern wollte sich auch lieber in der Gegenwart weiter behaglich einrichten, statt mit strapaziösen Wegweisungen in die Zukunft aufgeschreckt zu werden. Dies zu gewährleisten, trauten sie am ehesten der amtierenden Bundeskanzlerin zu, von der sie keine weiteren Belastungen, riskanten Wendemanöver oder schweißtreibenden Konditionsübungen befürchteten. Ihre Regierungspartei CDU/CSU erhielt bei der Bundestagswahl allein fast genauso viele Stimmen (18,2 Millionen) wie die drei anderen im 18. Deutschen Bundestag vertretenen Parteien. SPD, Bündnis 90/Die Grünen und Die Linke kamen mit ihrer Zustandskritik und ihrem Impetus, die Republik zu verändern, auf zusammen 18,7 Millionen Stimmen (bei 17,6 Millionen Nichtwählern).

Der »Wahlkampf light« und die Bestätigung einer Politik, die viel Gespür für die Stimmungslage einer Wählerschaft entwickelt hatte, die angesichts rasanter Umwälzungen überwiegend an der Sicherung des Status quo orientiert ist, sollten allerdings nicht darüber hinwegtäuschen, dass wir es bereits mit einer brüchigen Gegenwart zu tun haben und manche Gewissheit über eine vermeintlich gute Zukunft in Zweifel steht – wenn wir uns nicht ändern und aufraffen. Dafür gibt es heute noch mehr Anhaltspunkte als im Vorfeld der letzten Bundestagswahl.

Verlierer eines demokratischen Wettbewerbes ziehen sich mitunter schmollend zurück, oder sie ergehen sich auf der Suche nach Schuldigen in larmoyanter Erinnerungsliteratur. Das entspricht nicht meiner Einstellung und damit auch nicht dem Anliegen dieses Buches.

Mich beschäftigt vielmehr die Frage, ob die unterentwickelte Bereitschaft der Politik, Linien über die Gegenwart hinaus zu ziehen, Zukunftschancen und Zukunftsprobleme zu antizipieren und ihnen mit einem Gestaltungswillen zu begegnen, nicht ihrerseits zu politischem Desinteresse und einer Zukunftsverweigerung vieler Bürger führt. Können es sich Politik und Bürgerschaft in wechselseitiger Unterforderung weiterhin leisten, die Augen davor zu verschließen, dass auf unserem Kurs eine Reihe scharfer Klippen liegt? Mit anderen Worten: Setzen wir in einer Mischung aus Selbstzufriedenheit, Konfliktscheu und Realitätsflucht die Zukunft unseres Landes aufs Spiel? Der Lärm der Wahl hat sich verzogen, und ich habe die Hoffnung, dass solche Fragen jetzt etwas mehr Gehör finden.

Vieles von dem, was wir in der Manier von Konsumenten als selbstverständlich voraussetzen und mit leichter Hand in die Zukunft glauben fortschreiben zu können, halte ich keineswegs für sicher: weder die wirtschaftlichen Grundlagen unseres Wohlstandes noch den Gesellschafts- und Generationenvertrag zwischen Oben und Unten einerseits und Alt und Jung andererseits, noch das europäische Projekt und auch nicht eine dauerhaft gesicherte Friedensordnung.

Ich bin kein Apokalyptiker. Ich halte nichts von Szenarien eines zwangsläufigen Niedergangs, mit denen man das Publikum auflagesteigernd erschrecken kann. *Vertagte Zukunft* will die für den Fortbestand und die Sicherung unserer freiheitlich-demokratischen Gesellschaft zentralen Themen, die im Getöse eines weitgehend entpolitisierten Wahlkampfs unterbelichtet blieben, sachlich und über Parteigrenzen hinweg debattieren. Mein Ziel ist es, gemeinschaftlich zu bewältigende Aufgaben zu beschreiben und Lösungen vorzuschlagen, selbst wenn sie Anstoß erregen. Die Politik muss in Zeiten globalisierter Märkte und digitaler Umwälzungen und unter den veränderten Bedingungen der Mediendemokratie ihre Gestaltungs- und Steuerungsmöglichkeiten behaupten beziehungsweise zurückgewinnen, wenn sie nicht weiter an Vertrauen verlieren und in letzter Konsequenz eine Legitimationskrise heraufbeschwören will. Mit einer konfliktscheuen Politik, die niemanden durch die Ankündigung von Zumutungen und Anstrengungen verstören will, wird jedenfalls Bewährtes nicht zu halten und Zukunft nicht zu gewinnen sein.

Wie bereits *Unterm Strich* habe ich auch dieses Buch selbst geschrieben. Das schließt nicht aus, dass ich viele Anregungen aus Gesprächen, Texten und Artikeln gewonnen habe. Soweit dies der Würdigung geistigen Eigentums anderer bedarf, habe ich das deutlich gemacht. Namentlich schulde ich Ulrich Becker für sein Einverständnis meinen Dank, ein Exposé von ihm über Vertrauensbildung verwenden zu dürfen. Ehe es Missverständnisse gibt, möchte ich betonen, dass ich bei der Verwendung der männlichen Form gleichzeitig auch immer das weibliche Pendant – Arbeitnehmer und Arbeitnehmerin, Politiker und Politikerin – im Auge und Sinn habe. Ich hoffe, dass dies im Interesse des Leseflusses verstanden wird.

Besonders danken möchte ich meinem Literaturagenten und Sparringspartner Thomas Karlauf, der das Manuskript des Buches mit großem Gespür für Fallen, Unklarheiten und Wortungetüme bearbeitet hat. Ferner danke ich Hans-Roland Fäßler für seine Verbesserungsvorschläge und meinem Mitarbeiter Marian Schreier, der mir bei der Recherche viel Arbeit mit großem Einsatz abgenommen hat. Fehler liegen allein in meiner Verantwortung. Während der Niederschrift des Buches zwischen März und Dezember 2014 war ich, so fürchte ich, nicht sehr sozialverträglich für meinen Freundes- und Bekanntenkreis und erst recht nicht für meine Familie. Dafür möchte ich mich entschuldigen und Besserung geloben. Das gilt insbesondere für meine Frau Gertrud, die mir nicht nur im Ringen mit der deutschen Sprache geholfen hat, sondern auch in großer Geduld manche Klausur erlaubte und mich erneut durch Scrabble-Partien abzulenken wusste. Ich verlor sie dieses Mal im Verhältnis 2:8.

Bonn und Berlin, 19. Dezember 2014
Peer Steinbrück

I Eröffnungsplädoyer: Kümmert Euch um Politik!

Der letzte Satz meines Buches *Unterm Strich* aus dem Jahr 2010 lautete:»Freiheit und Demokratie mahnen uns: Wenn du dich nicht um uns kümmerst, dann verlassen wir dich.« Dieser Satz ist zugleich der Leitfaden des vorliegenden Buches. Ohne Demokratie gibt es keinen Rechtsstaat, keine Gewaltenteilung, keinen Schutz vor Willkür, keine Meinungs-, Versammlungs- und Pressefreiheit, keine Sozialstaatlichkeit, keine freien Gewerkschaften und keinen Minderheitenschutz. Nehmen wir dies alles inzwischen als so selbstverständlich hin, dass es uns kaum noch gegenwärtig ist? Die Nachlässigkeit, die wir oft an den Tag legen, könnte sich rächen und ihrerseits zur größten Bedrohung von Demokratie und Freiheit werden. Statt den historisch einmaligen Zustand, in dem unser Land sich befindet, als schlicht gegeben vorauszusetzen, sollten wir die Gefährdungen unserer Demokratie nicht unterschätzen und uns mehr um ihre Pflege kümmern. Weil sie sich sonst leicht verflüchtigen könnte.

In der kurzen Spanne von fünf Jahren, die seit Erscheinen von *Unterm Strich* vergangen sind, haben Entwicklungen und Sprünge stattgefunden, die uns vor völlig neue Herausforderungen stellen. Zu den wichtigsten Veränderungen, die uns eine neue Orientierung abverlangen, zähle ich die zunehmende Beschleunigung politischer Prozesse. Die Zeitökonomie einer parlamentarischen Demokratie, vielschichtige Probleme zu behandeln und tragfähige Kompromisse zu finden, entspricht nicht der Geschwindigkeit, mit der Medien im Wettbewerb um Quote, Klicks und Auflage ständig neue und spektakuläre Schlagzeilen bereitstellen müssen. Die umfassende Abrufbarkeit von Nachrichten, insbesondere im Netz, hat die Produzenten auf die Portionierung von Nachrichten in verdauliche Häppchen und Mediennutzer ihrerseits auf schnelle und knappe Lektüre getrimmt. Demokratische Entscheidungsprozesse unterliegen jedoch anderen Gesetzmäßigkeiten und machen häufig komplexere Antworten notwendig. Diese Antworten werden, wenn sie manchmal nach langem Ringen vorgelegt werden, von den Bürgern oft als nicht mehr interessant, als langatmig, unverständlich, nicht selten auch als faule Kompromisse oder unglaubwürdig empfunden. Mitunter ist die Politik aber auch nicht weit von dem Verdacht der Agitation und Propaganda entfernt – mindestens unterstellt man ihr die Neigung zur Schönfärberei und Selbstbeweihräucherung. Den von der Geschwindigkeit des Netzes getriebenen Medien jedoch eher selten.

Die Deutungsmacht der Medien und ihre gegenüber der Politik höhere Attraktivität haben einen Prozess in Gang gesetzt, der längst zu einer Kräfteverschiebung zwischen Politik und Medien geführt hat. Die Beschleunigung, die vor fünf Jahren allenfalls in Ansätzen erkennbar war, erstreckt sich nicht nur auf die Nachrichtenflut und ihre Erregungswellen. Sie betrifft sämtliche wirtschaftlichen und technischen Prozesse. Die Ausschläge an den Börsen und auf den Finanzmärkten, die Konjunkturen und die Refinanzierung von Volkswirtschaften und großen Wirtschaftsunternehmen, die Tatsache, dass internationale Konflikte und Katastrophen unter Annullierung aller Raum- und Zeitgrenzen in »Echtzeit« auf uns einwirken, und die Verwertungsgeschwindigkeit sämtlicher Nachrichten im Stundenrhythmus: All dies setzt die Politik unter permanenten Stress. Regierungen und Parlamente erscheinen als Getriebene, die – hoffnungslos verspätet – kaum noch Herr der Lage zu sein scheinen.

Natürlich trügt dieser Eindruck. Die Regierung erschöpft sich keineswegs in einem permanenten Krisenmanagement, und das Parlament ist keineswegs ein nachgeordnetes Vollzugsorgan, das in verkürzten Verfahren alles abdeckt, was ihr von der Exekutive vorgesetzt wird. Richtig ist aber, dass in der »digitalen Demokratie« die Politik mit ihren Entscheidungsprozessen vielfach einem Stresstest ausgesetzt ist. Der resultiert nicht nur aus der Vielzahl, Komplexität und Interdependenz der anstehenden Probleme. Einen nicht geringeren Einfluss hat die Erwartungshaltung einer gewandelten Öffentlichkeit: Nachrichtenkonsumenten einerseits (die online zugleich als Multiplikatoren und Kommentatoren agieren) und untereinander konkurrierende Medienunternehmen andererseits bestimmen maßgeblich Takt und Themen – und damit auch den Takt politischer Entscheidungen und die Formen ihrer Kommunikation.

Die »neuen Spielregeln politischer Öffentlichkeit«* stellen die politische Kommunikation vor zwei Grundprobleme. Das eine habe ich bereits angedeutet: Eine Nachricht muss schnell und kompakt zur Verfügung stehen. Auf die Komplexität eines Sachverhaltes kann dabei ebenso wenig Rücksicht genommen werden wie auf den politischen Prozess als solchen, der manchmal einer Springprozession ähnelt – zwei vor, eins zurück. Zwischenstände interessieren niemanden und werden mit der nächsten Meldung zur Makulatur. Die politische Öffentlichkeit ist auf aktuelle Ergebnisse und Ereignisse fixiert – wie beim Sport. Deshalb wird Politik, und dies ist das zweite grundlegende Problem ihrer Vermittlung, gern auf Duellsituationen zwischen Kontrahenten verkürzt. Hinterher kann dann anschaulich in den Kategorien von »Verlierern« und »Gewinnern« berichtet werden. Das digitale Zeitalter erfasst die Politik als Null oder Eins.

Die parlamentarische Demokratie, die von der häufig schwierigen Suche nach Kompromissen und Ausgleich lebt, kann jedoch nur funktionieren – so der Politologe Herfried Münkler –, wenn es ihr gelingt, politische Entscheidungsprozesse zu entschleunigen und ihrem eigenen Rhythmus gemäß zu gestalten. Gleichzeitig müsse die Politik dafür sorgen, so Münkler, anstehende Entscheidungen zu alternativen Antworten zuzuspitzen und dem Wähler mindestens zwei Möglichkeiten so zu vermitteln, dass er sie begreifen und beurteilen kann.*

Diese Voraussetzungen, an denen Münkler die Funktionsfähigkeit der parlamentarischen Demokratie festmacht, stehen infrage. Denn eine entsprechende Entschleunigung im medialen Bereich, die der Zeitökonomie der parlamentarischen Demokratie Rechnung trägt, ist so unwahrscheinlich wie die Rückkehr zum Fernschreiber. Außerdem hat die Politik selbst die Alternativlosigkeit zur Methode erhoben. Und unbenommen fehlender Zuspitzungen zu Alternativen scheitert die Vermittlung politischer Themen sowohl an der Bringschuld einer häufig hölzernen Kommunikation der Politik als auch an der Holschuld eines desinteressierten Publikums.

Neben den drei getrennten Gewalten, die in einer Demokratie für Balance und Kontrolle von Macht sorgen – Legislative, Exekutive und Judikative –, haben sich die Medien schon lange als »vierte Gewalt« etabliert. Ihre aufklärende und kontrollierende Funktion hat zentrale Bedeutung, was sich in dem verfassungsrechtlich hohen Rang der Pressefreiheit widerspiegelt. Es drängt sich allerdings der Eindruck auf, dass sich vereinzelt Presseorgane und Journalisten berufen fühlen, nicht nur über Politik zu berichten und sie kritisch zu kommentieren, sondern politische Inhalte und Personalentscheidungen auch beeinflussen zu wollen. Ihnen geht es nicht um die Kontrolle, sondern um gezielte Beeinflussung und Ausübung von Macht. Wie im Fall des früheren Bundespräsidenten Christian Wulff deutlich wurde, kann diese vierte Gewalt, die in der Lehre der Gewaltenteilung gar nicht vorkommt, ganz schön gewalttätig werden.

Die enorme Deutungsmacht der Medien bei gleichzeitigem Vertrauensverlust politischer Institutionen und die Tendenz der Medien, Politik als Unterhaltungsware anzubieten, könnten dazu führen, dass der behäbig und unfähig anmutende Politikbetrieb zunehmend an Einfluss, aber auch an Attraktivität für den Nachwuchs verliert. Die in manchen Medien exzessiv betriebene Personalisierung und Skandalisierung von Politik dürfte immer mehr Frauen und Männer abschrecken, in die Politik zu gehen, um in einem Kommunal-, Landes- oder Bundesparlament für unser Gemeinwesen einzutreten und Verantwortung zu übernehmen, weil sie nicht bereit sind, sich bis in ihr Privatleben entblättert zu sehen. Die Politik und ihre Protagonisten unterliegen zu Recht der Kontrolle einer freien Presse, deren Bedeutung für das Funktionieren einer Demokratie außer Frage steht. Wie aber ist es um die Selbstkontrolle der Medien bestellt?

Ich will es erst einmal bei diesen Stichworten zu den strukturellen Problemen politischer Kommunikation belassen und mich den aktuell drängenden Fragen zuwenden, die ich in vier große Themenblöcke einteile.

1. Globalisierte Märkte, die Übertragung exekutiver Entscheidungen auf internationale und supranationale Institutionen und Gremien sowie offene Grenzen – nicht nur für Kapital, Güter und Informationen, sondern auch für die Zuwanderung von Menschen – schaffen einen Resonanzboden für nationalistische, protektionistische und fremdenfeindliche Töne. Davon profitieren, wie die Wahl zum Europäischen Parlament Ende Mai 2014 erschreckend gezeigt hat, Parteien, die längst auf der Halde der europäischen Geschichte vermutet wurden. Europa steht vor der Alternative: Rückfall in nationale Egoismen oder fortschreitende Integration durch Übertragung souveräner Rechte auf gemeinsame Institutionen und Stärkung ihrer demokratischen Legitimation.

2. Entgrenzte Finanzmärkte verdammen die Nationalstaaten und Zentralbanksysteme mit den Steuerzahlern am Ende der Kette nach wie vor zu Haftenden in letzter Instanz. Die Risiken sind nicht verschwunden. Sie sind zu einem großen Teil in Schattenbanken gewandert, die einer Regulierung und Aufsicht immer noch weitgehend entzogen sind.

3. Die digitale Revolution unter der Regentschaft großer Internetkonzerne stellt nicht nur die Frage nach wirtschaftlicher Macht neu. Die Vernetzung der digitalen mit der physikalischen Welt – das Internet der Dinge – zersetzt zunehmend klassische Industriestrukturen und ordnet die ökonomischen Verhältnisse nach anderen Parametern. Die noch weiter gehende Verknüpfung mit biologischen Prozessen, die künstliche Intelligenz aus der Retorte treten lässt, wirft ethische und gesellschaftliche Fragen auf, die den Kern menschlichen Daseins betreffen. Nicht zuletzt trifft sich der Hunger von Internetgiganten, millionenfach Daten zu sammeln und für ihre Geschäftsstrategien aufzubereiten, mit den Interessen von staatlichen Nachrichtendiensten an der Ausspähung und Überwachung möglichst vieler Menschen. Der NSA-Abhörskandal, die bisher gröbste Verletzung von Grundrechten in Deutschland, zeigt die Pervertierung eines Sicherheitsdenkens, das durch die Wahl seiner Mittel genau die Werte diskreditiert, die es zu verteidigen vorgibt.

4. Russlands Rückfall in die chauvinistische Machtpolitik des 19. und 20. Jahrhunderts ist ein tiefer Bruch mit der europäischen Ordnung nach der Implosion der Sowjetunion. Präsident Putins ideologisch aufgeladener Gegenentwurf zum »normativen Projekt des Westens« (Heinrich August Winkler) reaktiviert sicherheitspolitische Fragen, die wir überwunden glaubten.

Zu 1. In der globalisierten Welt gibt es viele gute Gründe, Abkommen zu schließen, gemeinsame Spielregeln zu vereinbaren und nationale Kompetenzen auf internationale und supranationale Institutionen zu übertragen. Die Regulierung der Finanzmärkte, freier Handel, Datenschutz, Umwelt- und Klimaschutz, die Bekämpfung von Steuerhinterziehung und Steuervermeidung großer Konzerne, die Gewinnung und Verteilung von Rohstoffen, die Energieversorgung, sichere Transportwege oder auch die Bekämpfung von Seuchen und Armut – das sind einige Stichworte, die multinationale Absprachen erfordern, von Sicherheitsfragen und der Bekämpfung organisierter Kriminalität ganz abgesehen. Im Haus der Europäischen Union (EU) beziehungsweise unter dem Dach der gemeinsamen Währung Euro besteht die Notwendigkeit zu Koordinierung und Harmonisierung erst recht.

Für den Nationalstaat ist jede Übertragung von Kompetenzen allerdings gleichzeitig eine Schwächung seiner Entscheidungsfreiheit und damit ein Verlust an Souveränität. Es handelt sich jedoch nicht nur um einen Kompetenzverlust der nationalen Parlamente, sondern in der Folge auch um einen Verlust an »Volkssouveränität«, denn der Souverän ist niemand anders als der Staatsbürger. Damit entsteht für die Demokratie ein Legitimationsproblem. Denn die Übertragung souveräner Rechte auf europäische Institutionen entzieht dem Bürger Einfluss auf die Lebens- und Arbeitsverhältnisse seines Landes. Wenn die Skeptiker nicht recht behalten sollen, die davon ausgehen, dass die fortschreitende Integration Europas an der Ablehnung der Übertragung weiterer Rechte durch die nationalen Bürgerschaften scheitern wird, dann muss parallel ein zweiter Weg beschritten werden: die Demokratisierung europäischer Institutionen und die Stärkung der nationalen Parlamente in europäischen Angelegenheiten, zum Beispiel durch direkte Vertretung in einer Art Zweiten Kammer à la Bundesrat neben dem Europäischen Parlament.

Die Globalisierung erhöht den Wettbewerbsdruck auf die heimische Wirtschaft. Es gibt keine nationale Verteidigungslinie mehr gegen Anpassungszwänge von außen, tradierte Wertvorstellungen geraten immer stärker in den Sog weltweit zunehmender wechselseitiger Abhängigkeiten. Die Kluft zwischen Gewinnern und Verlierern der Modernisierung wird größer. Die Angst abzusteigen ist größer als die Hoffnung aufzusteigen. Pluralisierung und Zuwanderung machen alles noch unübersichtlicher. Ein bis vor kurzem verhältnismäßig homogenes Gesellschaftsbild wird durch bunte Lebensentwürfe, heterogene soziale Milieus und kulturelle Experimente aufgeweicht. Technologische Schübe entwerten berufliche Qualifikationen und überfordern die Aufnahmefähigkeit von Älteren. Die Übertragung nationalstaatlicher Befugnisse auf Institutionen, die – fernab von den Erfahrungen des Alltags – die Lebens- und Arbeitsbedingungen für 500 Millionen Bürger einheitlich festlegen, trägt nicht unwesentlich dazu bei, dass viele Menschen sich im Stich gelassen fühlen.

Dieser rapide Wandel, in dem gesellschaftliche, wirtschaftliche, technologische und kulturelle Veränderungen sich gegenseitig beeinflussen und eine neue Verbindung eingehen, wird von einem Teil der Gesellschaft wahlweise als Verunsicherung oder Bedrohung empfunden. Diese Bürger wollen sich am liebsten auf eine nationale Trutzburg zurückziehen. Meinungsstarke Leitfiguren, klare Verhältnisse und Zuständigkeiten, kulturelle Zusammengehörigkeit ohne fremdländisches Personal bei weitgehender wirtschaftlicher Autarkie: Auf diesem Nährboden gedeihen Parteien – deutlich mehr rechter als linker Provenienz –, die sich gegen das Establishment richten. Ihr Angebot einer neuen nationalen Rückbesinnung garnieren die Populisten mit einer Reihe von Versprechungen: Kündigung internationaler Mitgliedschaften, Protektionismus statt Globalisierung, Abschottung gegen Zuwanderung, Kulturkonservatismus auf ganzer Linie.

Mit einem solchen politischen Warenkorb werden die Befindlichkeiten von Wählern bedient, die sich als Verlierer des Wandels sehen oder sich abkapseln, weil sie von den etablierten Parteien keine Entwürfe mehr erwarten, die ihrer Lage Rechnung tragen. Gar nicht zu wählen oder radikal zu wählen läuft für diese Menschen auf dasselbe hinaus: Sie verstehen beides als Misstrauensvotum gegenüber einer Politik, die sich in ihren Augen als handlungsunfähig erweist. Den höheren Etagen der Gesellschaft ist offenbar nur schwer vermittelbar, dass die soziale Desintegration der Gesellschaft antidemokratischen und fremdenfeindlichen Einstellungen Auftrieb gibt, die bis zu gewalttätigen Konflikten reichen können.

Die »fleißigen Leute« – vom Facharbeiter über die Angehörigen der Dienstleistungs- und Handwerksberufe bis hin zum Kleinunternehmer – sind der große Stabilitätsanker der Gesellschaft.

Tatsächlich empfinden nicht wenige von ihnen einerseits Abstiegs-ängste unter dem harschen Druck des Wettbewerbs und anderer-seits Frustration, mit ihren Steuern und Sozialversicherungsab-gaben Lastesel des Sozialstaates zu sein. Sollten sich Teile dieser Mittelschicht politische Verstärker ihres Unmuts suchen, Hem-mungen aufgrund historischer Hypotheken ablegen und sich Rat-tenfängern mit ihren einfachen Melodien anschließen, wären wir bald sehr viel feindseligeren Stimmungen und rabiateren Um-gangsformen ausgesetzt, als wir heute ahnen.

Die Parteien der liberalen Demokratie können den Bürgern kei-nen umfassenden Schutz vor dem Wandel versprechen. Das wäre zum Scheitern verurteilt. Sie können und müssen ihre Politik auf die Befähigung der Bürger ausrichten, den Wandel zu bestehen und aktiv zu gestalten. Das ist ein hoher Anspruch an die Politik, der einen erheblichen Erklärungsaufwand notwendig macht. Dabei befinden sich die Parteien des demokratischen Spektrums in dem Dilemma, rechtsradikale und national-chauvinistische Parteien einerseits durch eine sachliche Auseinandersetzung auf Augenhöhe nicht hoffähig machen zu dürfen, ihnen andererseits aber durch demonstrative Dämonisierung und Verunglimpfung von Mitläu-fern nicht zusätzlich Sympathisanten zuzutreiben. Der Aufstieg rechtspopulistischer Kräfte in zahlreichen westlichen Demokratien ist jedenfalls Anlass genug, sich mit der Zukunft der Demokratie zu beschäftigen und ihre Wehrhaftigkeit auf den Prüfstand zu stellen.

Zu 2. Die Gefahren eines entgrenzten Finanzkapitalismus, der Staaten und ihre Bürger erpressen kann, weil sein Kollaps die Staa-tengemeinschaft in den Abgrund führen könnte, sind trotz man-cher Fortschritte bei der Regulierung und Aufsicht keineswegs ge-bannt. Entweder haben die Banken des regulierten Marktes ihre toxischen und illiquiden Papiere an Schattenbanken abgegeben, wo sie sich jetzt häufen, oder in ihren eigenen Bilanzen lauern nach wie vor unkalkulierbare Risiken. Die nominellen Größenordnungen der globalen Finanzgeschäfte stehen – insbesondere im Derivatehandel – unverändert in einem krassen Missverhältnis zum realen Produkt der Weltwirtschaft. Die Zentralbanken betreiben eine Politik des extrem billigen Geldes, die auch am Beginn der schweren Banken- und Finanzkrise ab Sommer 2007 stand und nun zu neuen Verwerfungen beitragen könnte. Die Verkündung eines Kulturwandels im Bankensektor und seine Realisierung sind zwei Paar Schuhe. Er erfordert nicht zuletzt eine mentale Revolution in den Reihen der Bankmanager und setzt auch die Bereitschaft voraus, ganze Geschäftsmodelle neu zu justieren.

Die seit dem Ausbruch der Banken- und Finanzkrise schwebende Frage, bei wem eigentlich der Primat liegt – bei global agierenden Finanzakteuren, die Risiken eingehen und Märkte manipulieren, aber sich der Haftung zu entziehen wissen, oder bei den demokratisch legitimierten Institutionen –, ist nach wie vor nicht entschieden. Die »ökonomische Kolonisierung der Politik«, wie es der britische Politikwissenschaftler Colin Crouch nannte, bedeutet nichts anderes als ihre Entmündigung. Während große Unternehmungen international aufgestellt und höchst mobil sind, reicht der Arm der Politik nur dann über ihr jeweiliges Staatsgebiet hinaus, wenn sie sich ebenfalls internationalisiert. Solange sie aus nationalen Egoismen innerhalb ihrer Grenzen steckenbleibt, werden große Unternehmungen Standorte gegeneinander ausspielen, das internationale Gefälle von Steuersystemen zur Steuervermeidung auszunutzen und Risiken abzuwälzen wissen.

Die Banken- und Finanzkrise mag derzeit nicht im Vordergrund stehen – gebannt ist sie noch lange nicht. Und noch immer könnte sich daraus eine Wirtschaftskrise entwickeln. Wenn die Politik es trotz gewisser Fortschritte nicht schafft, die Zügel des Finanzsektors noch fester anzuziehen, und im Fall einer erneuten Krise einräumen müsste, dass allen ordnungspolitischen Beteuerungen zum Trotz nach wie vor Gewinne privatisiert und Verluste sozialisiert werden, dann würde eine solche Krise auch unsere Gesellschaftsordnung erfassen.

Zu 3. Edward Snowden hat sich nach US-amerikanischem Recht strafbar gemacht. In Deutschland und andernorts hat er mit seiner Zivilcourage Missstände ins öffentliche Bewusstsein gerückt, deren Dimension eine neue und beklemmende Qualität hat. Es geht um nicht weniger als massive Verletzungen der Grundrechte deutscher Staatsbürger durch ausländische Nachrichtendienste, um vorsätzliche Wirtschaftsspionage mindestens im Fall eines britischen Nachrichtendienstes, um die jahrelange Ausspähung deutscher Regierungschefs durch ein befreundetes Land und einen Verbündeten – kurz gesagt: um die Verletzung der Souveränität der Bundesrepublik Deutschland durch den globalen Lehrmeister in Sachen Demokratie und Freiheit. Dass erst das abgehörte Mobilfunktelefon der Bundeskanzlerin auftauchen musste, um die nötige Sensibilität und berechtigte Empörung zu wecken, lässt auf eine gewisse Begriffsstutzigkeit gegenüber dem neuen Gefahrenpotenzial schließen. Inzwischen wissen wir, dass die amerikanischen Internetgiganten, teils freiwillig, teils gezwungen, mit staatlichen Stellen zusammenarbeiten. Die Konzerne betreiben konsequent die Aushöhlung unseres Grundrechts auf informationelle Selbstbestimmung – also das Recht des Einzelnen, über Verwendung und Preisgabe seiner Daten selbst zu bestimmen – und unterminieren damit sowohl die freiheitliche Entfaltung des Individuums als auch die gemeinsame Willensbildung in einem transparenten und demokratischen Prozess.

Die Überwachungshysterie von Nachrichtendiensten und der Datenhunger von Internetkonzernen sind Ausdruck eines Technologieverständnisses, in dem es keine ethischen und moralischen Richtlinien gibt. Der Mensch wird hier entweder als Quelle potenzieller Gefahr oder als Objekt wirtschaftlicher Nutzenmaximierung gesehen. Visionen totaler Kontroll- und Überwachungsmöglichkeiten, die wir aus Büchern, Filmen und Videospielen kennen, sind teilweise schon Wirklichkeit oder liegen in einer keineswegs fernen Zukunft. Die »Tyrannei des totalen Konsums«*, die Verselbstständigung von Software, die Machtübernahme durch selbstlernende

Algorithmen, erzwungene Selbstzensur durch professionell insze-
nierte Shitstorms, kollektive Manipulation durch Selektion von
Namen, Nachrichten und Schlüsselbegriffen oder die Vernetzung
der digitalen Potenziale mit biologischen Prozessen, schließlich der
Triumph der künstlichen über die menschliche Intelligenz: Die Replikanten in Ridley Scotts berühmtem Film *Blade Runner* aus dem
Jahr 1982 würden ihren Jäger Harrison Ford heute gnadenlos aus-
schalten. Der mögliche Aufprall solcher Entwicklungen auf unsere
persönlichen Lebenswelten ginge weit über die gesellschaftlichen
Umwälzungen hinaus, die bisher mit wirtschaftlich-technischen
Neuerungen verbunden waren. Sie würden den Kern unserer freiheitlichen und demokratischen Ordnung treffen. Dem blicken wir
erstaunlich gelassen entgegen. Oder sind wir naiv?

Zu 4. Die völkerrechtswidrige Annexion der Krim und der Druck
auf die territoriale Integrität der Ukraine durch Putin und die von
ihm unterstützten Kräfte in der Ukraine markieren eine Zäsur in
der europäischen Ordnung seit Beendigung der Zweiteilung des
Kontinents Anfang der neunziger Jahre. Mit der Wiederbelebung
der Großmachtpolitik in den Kategorien des 19. und 20. Jahrhunderts kehrt ein Denken in Einflusssphären zurück, das die Destabilisierung ganzer Regionen ebenso einschließt wie massive Droh-
gebärden. Eine angemessene Reaktion des westlichen Bündnisses
muss sowohl Standhaftigkeit als auch Handlungsbereitschaft zeigen – unter Ausschluss jedweder militärischen Option und sprach-
lichen Kraftmeierei. Darüber hinaus aber sieht sich das westliche
Modell von Demokratie, Rechtsstaatlichkeit und freiheitlicher Entfaltung des Individuums auch als Konzept mit universellem Anspruch grundsätzlich herausgefordert. Dem aus seiner Sicht libe-
ral-kapitalistischen, atheistischen, pluralistischen und dekadenten
Westen setzt Putin ein autoritäres, nationalistisch-chauvinistisches
und ethnisch fixiertes System entgegen.

Nach Jahren der politischen, ökonomischen und kulturellen Orientierungskrise unter dem ehemaligen Präsidenten Jelzin

scheint sich auf der Welle eines neu aufgeladenen nationalen und panslawistischen Selbstbewusstseins ein russisch-eurasisches Modell herauszukristallisieren, mit dem Russland offenbar an jene ideologische Systemkonkurrenz anknüpfen will, die mit der Implosion der Sowjetunion untergegangen war. Noch ist nicht entschieden, ob die Anhänger eines solchen Modells sich durchsetzen. Vom Ausgang dieser Frage wird das Verhältnis zwischen Europa und Russland über die Annexion der Krim und die weitere Entwicklung in der Ukraine hinaus auf lange Zeit maßgeblich bestimmt werden. Sicher ist, dass Russland kein Interesse an einem starken und einheitlich aufgestellten Europa hat und jeden Zwist der Europäer untereinander begrüßt. Dem entspricht eine Politik Moskaus, gute Verbindungen zu Parteien der äußersten Rechten in vielen europäischen Ländern bis hin zu deren Finanzierung zu pflegen und ihren Repräsentanten eine besondere Aufmerksamkeit zuteilwerden zu lassen.

National-konservative und chauvinistische Parteien in Europa sehen ihrerseits in einem sich neu formierenden und um Wiederaufstieg zum erstklassigen Machtfaktor ringenden Russland einen politischen Verbündeten, der Ressentiments gegen die Kultur des Westens, ethnisches Denken, die Überhöhung nationaler Insignien, autoritäre Führerschaft und einen staatlich gelenkten Kapitalismus auf seine Fahne geschrieben hat – allesamt Werte, denen sie sich selber verpflichtet wissen. Vor dem Hintergrund solcher Allianzen mutet die Weichzeichnung der russischen Großmachtnostalgie, die in den Reihen der Linkspartei in Deutschland anzutreffen ist, umso grotesker an. Sie sehen Putins Russland offenbar als einen geläuterten späten Ableger des verstorbenen Sowjetkommunismus.

Die »autoritäre Internationale« (Thomas Assheuer) zwischen einem chauvinistischen Russland und stärker werdenden Parteien der äußersten Rechten in Europa ist eine Konstellation, die bis vor kurzem kaum denkbar gewesen wäre. Sie stellt unsere Vorstellungen von parlamentarischer Demokratie, kultureller Vielfalt, gesellschaftlicher Integration, Minderheitenschutz, friedlicher Nachbarschaft und europäischer Einheit infrage. Sie widerspricht fundamental den leidvollen Erfahrungen aus den Katastrophen des 20. Jahrhunderts. Die Herausforderung, uns dieser Anfechtungen zu erwehren, scheint mir bisher unterschätzt.

Die Demokratie braucht nicht nur eine starke Zivilgesellschaft und einen handlungsfähigen Staat, die Demokratie braucht auch Parteien. Das hat Franz Müntefering eindringlich und unaufhörlich getrommelt. Angesichts einer spürbaren Parteiverdrossenheit, die je nach Laune entweder Hohn oder Beileid für diejenigen übrighat, die sich in Parteien engagieren, ist diese Mahnung keineswegs banal. Denn wer, wenn nicht eine politische Partei könnte Vertreterinnen und Vertreter in ein Parlament entsenden, um demokratisch legitimierte Mehrheitsentscheidungen herbeizuführen? Wer könnte das sonst, wer sollte das tun? Aktive Bürgergemeinschaften, ein Ältestenrat, Interessenverbände, Meinungsforschungsinstitute? Das Parlament ließe sich dann auch noch ersetzen: durch Talkshows, durch Wettbewerbe wie »Deutschland sucht den politischen Superstar«, durch Abstimmung mit der Fernbedienung des Fernsehers oder durch Massenabstimmungen in Fußballstadien.

Ob eine Internet-Demokratie – was immer man im Einzelnen darunter verstehen mag – die richtige Antwort auf die angebliche Krise der Parteiendemokratie ist, darf bezweifelt werden. Gewiss eröffnet das Internet phantastische Möglichkeiten der Mobilisierung, Beteiligung und Mitsprache. Auf einem anderen Blatt steht, ob die damit einhergehende Schwächung der repräsentativen Demokratie hingenommen werden sollte. Die Online-Partizipation birgt jedenfalls die Gefahr, dass eine technologieaffine, gut vernetzte und motivierte Minderheit Tatsachen schaffen kann. Untersuchungen lassen den Schluss zu, dass die Beteiligung über das Netz – jedenfalls nach heutigem Stand – ein stärkeres »Eliten-Phänomen« schafft als Parteimitgliedschaften. Ein anderer Einwand ist, dass das Internet »Öffentlichkeit als gemeinschaftliche Informationssphäre in eine überschaubare Vielfalt persönlicher Erlebniswelten« zerlegt.

Der Gesamtzusammenhang öffentlicher Angelegenheiten würde so aufgelöst. Aber erst auf der Grundlage eines gemeinsamen Erfahrungshorizontes werden »politische Kommunikation und ein daraus hervorgehender Prozess politischer Willensbildung möglich, der in Ablauf und Ergebnis akzeptiert ist«.* Noch immer gilt, was der Politikwissenschaftler Ernst Fraenkel bereits 1958 der jungen Bundesrepublik ins Stammbuch schrieb: »Ein Volk, das seinem Parlament nicht die Fähigkeit zur Repräsentation zutraut, leidet an einem demokratischen Minderwertigkeitskomplex.«*

Natürlich wirkt einiges an Parteien befremdlich: ihre Formeln und Rituale, ihre gelegentliche Rechthaberei und Selbstbezogenheit, ihre Karrieristen, ihre Intrigen und Durchstechereien an die Presse. Das alles darf distanziert betrachtet und auch spöttisch kommentiert werden. Aber berechtigte Kritik an den politischen Parteien sollte nicht in eine allgemeine Häme über diejenigen umschlagen, die sich als Parteimitglieder und Mandatsträger engagieren. Die politischen Parteien ihrerseits dürfen Studien und demoskopische Ergebnisse nicht ignorieren, die eine erschreckend hohen Gleichgültigkeit gegenüber der Demokratie belegen. Viele Bürger sind offenbar bereit, ihrem Sicherheitsbedürfnis persönliche Freiheitsräume und demokratische Rechte zu opfern.

Insbesondere die politischen Parteien selbst stoßen auf eine beunruhigend geringe Zustimmung und sehen sich deshalb mit der delikaten Frage konfrontiert, ob ihre Aufstellung nicht eine wesentliche Ursache für die Politikverdrossenheit ist. Sie werden mit sich – ihrer Glaubwürdigkeit, ihrem Habitus, ihrer Kommunikation und ihrem Personalangebot – ins Gericht gehen müssen. Die Hauptvorwürfe an ihre Adresse lauten: Parteien räumen dem eigenen Machtkalkül Vorrang vor politischen Gestaltungsaufgaben ein; sie stellen in der Konkurrenz mit anderen Parteien um eines kurzfristigen Platzvorteils willen das Gemeinwohl zurück; sie klüngeln zentrale Entscheidungen in exklusiven Zirkeln unter undurchsichtigen Bedingungen aus; sie haben den Kontakt zu den Lebenswirklichkeiten ihrer Wähler verloren und darüber vergessen, dass sie zwar Minderheiten gerecht werden sollen, aber Mehrheiten eben auch. Die etablierten Parteien der parlamentarischen Demokratie werden sich mit diesen Vorwürfen auseinandersetzen müssen, wenn sie nicht den Nährboden bereiten wollen, »aus dem ›Bewegungen‹ erwachsen«.*

Die drei »Altparteien« CDU/CSU, SPD und FDP konnten bei Bundestagswahlen in den neunziger Jahren noch über 60 Prozent der Wahlberechtigten bei einer Wahlbeteiligung zwischen 77,8 Prozent und 82,8 Prozent gewinnen. Bei der Bundestagswahl 2013 waren es nur noch 50,9 Prozent bei einer Wahlbeteiligung von 71,5 Prozent. Das mag teilweise mit der Auflösung sozialer Milieus und der »Entbindung« der Volksparteien von ihren ehemaligen Stammwählerschaften zusammenhängen, wie der Politikwissenschaftler Franz Walter befand. Ich bezweifle jedoch, dass die »klassischen Massen- und Volksparteien mit ihren hohen Mitgliederzahlen und ›Catch all‹-Programmen in den individualisierten Gesellschaften des 21. Jahrhunderts anachronistisch geworden sind«*. Richtig ist, dass sie angesichts der Pluralisierung und Individualisierung unserer Gesellschaft und aufgrund der wirtschaftlichen Umwälzungen im Zuge der Globalisierung ihre Rolle als »politische Integrationsinstanzen« (Wolfgang Merkel) verloren haben. Die SPD übrigens stärker als die Union, beide zusammen im Vergleich zu den Parteienlandschaften anderer europäischer Länder, die teilweise umgepflügt worden sind, weit weniger.

Das soziokulturelle Umfeld für die politischen Parteien hat sich nicht nur durch die Auflösung und Verselbstständigung einst homogener Wählermilieus deutlich verändert. Der Schwund an Mitgliedern und der relativ hohe Mitgliederanteil in der Gruppe der über Sechzigjährigen unterstreichen, dass sich die Bereitschaft zum politischen Engagement und dessen Formen insbesondere bei den jüngeren Generationen gewandelt haben. Die Mitgliedschaft in einer politischen Partei – wie auch in anderen großen Organisationen – wird als unangemessene Vereinnahmung empfunden, von der es nicht mehr weit ist bis zur uncoolen Vereinsmeierei. Sie ist nicht gut vereinbar mit der Lebenseinstellung dieser Generationen, sich lieber verschiedene Optionen offenzuhalten. Dementsprechend findet politisches Engagement meist punktuell statt und ist themenbezogen. Den Parteien in Deutschland, die sich immer als Mitgliederparteien verstanden haben, droht ein immenser Schwund. Am Ende könnten sie zu reinen Wahlvereinen degenerieren, was der Qualität unserer Demokratie ebenfalls abträglich wäre.

Am Anfang dieses Kapitels habe ich beschrieben, wie sich unter den Bedingungen der Mediendemokratie die Zeitökonomie der Politik verändert hat. Die Flut sich überschlagender Nachrichten von Krisen, Zuspitzungen und Problemen vermittelt den Eindruck eines permanenten Belagerungszustands. Die Politik scheint sich stets in Verteidigungsstellung oder bereits auf dem Rückzug zu befinden. Verlust an eigener Gestaltungsmacht und Verlust an Glaubwürdigkeit sind die Folge. Parallel zu diesen Machtverschiebungen in der Mediendemokratie beunruhigt die abnehmende Bindekraft insbesondere der herkömmlichen Volksparteien als Träger einer verlässlichen parlamentarischen Willensbildung. Ganz abgesehen von den grundsätzlichen Fragen nach der demokratischen Zukunft unseres Gemeinwesens, die sich an diese Entwicklungen knüpfen, sind das denkbar schlechte Voraussetzungen für die politische Arbeit heute. Trotzdem müssen die aktuellen Probleme, die ich unter den Punkten 1 bis 4 aufgelistet habe, gelöst werden.

Die dort beschriebenen Gefahren zu überstehen und dabei die wichtigsten Errungenschaften – Freiheit und den demokratischen Rechtsstaat – zu bewahren ist die zentrale Aufgabe aller Politik. Mit diesem Buch will ich zum Gelingen beitragen.

»Aus unserer Geschichte wissen wir doch: Es wird gefährlich für die Demokratie, wenn Desinteresse, Unzufriedenheit, Verdruss der vielen mit Demokratieverachtung von Eliten zusammentrifft«, sagte Wolfgang Thierse als scheidender Vizepräsident des Bundestages im September 2013. Wir würden es uns allerdings zu einfach machen, wollten wir die Schuld für das allgemeine Unbehagen an der Politik und die wachsenden Zweifel an ihren Gestaltungsmöglichkeiten einseitig und allein beim politischen Personal abladen. In die Verteidigung und Bewahrung der Demokratie und ihrer Institutionen muss jeder von uns selbst investieren. Also: Kümmert Euch gefälligst um Politik!

II Welche SPD verträgt das Land?

Das magere Ergebnis der Bundestagswahl 2013, das die SPD mit mir als Spitzenkandidat in einem Abstand von 15 Prozent zur CDU/ CSU im Ziel sah, scheint mir bis heute nicht grundlegend aufbereitet. Das mag verzeihlich sein. Denn während der laufenden Koalitionsverhandlungen die eigenen Fehler zu analysieren wäre wenig motivierend gewesen. Dann nahmen die Regierungsgeschäfte der ersten Monate alle Aufmerksamkeit und Energie in Anspruch. Es sollte schnell geliefert werden. Will die SPD jedoch nach Ablauf der Legislaturperiode 2017 nicht in einer ähnlichen Fasson antreten und lediglich einige Prozentpunkte dazugewinnen, sondern mit dem Sprung über die 30-Prozent-Marke ihren Anspruch als linke Volkspartei untermauern, dann muss die Niederlage von 2013 einer gründlichen Analyse unterzogen werden.

Die Feiern anlässlich des 150. Gründungsjahres der SPD im Mai 2013, die Reden und der Zuspruch von Mitgliedern und Gästen waren beeindruckend und bewegend. Die Gewissheit, dass die eigenen Grundwerte – Freiheit, Gerechtigkeit und Solidarität – zeitlos sind, wenn sie auch immer wieder neu interpretiert werden müssen, entsprang keiner Selbstverblendung. Aber mit ein wenig Sinn für Realitäten und Proportionen ist ebenso festzustellen, dass der Status der SPD als Volkspartei gefährdet ist.

Das Vertrauen in die SPD ist seit Beginn dieses Jahrhunderts erodiert. Die demoskopisch ermittelte Zustimmung zu einzelnen ihrer Politikangebote ändert nichts an diesem Befund. Die historische Aufgabe der SPD, für die sie seit ihrer Gründung gekämpft hat – die soziale Demokratie, der Wohlfahrtsstaat und die Gleichheit aller –, ist trotz Mängeln und einem immerwährenden Korrekturbedarf weitgehend erfüllt. Insoweit sich die Politik der SPD darauf konzentriert und im Wesentlichen darin erschöpft, diesen Wohlfahrtsstaat auf hohem Niveau weiter auszubauen, weckt sie keine Begeisterung mehr. Möglicherweise versäumt sie darüber Antworten auf die Herausforderungen von heute und morgen.

Die Lastträger des Wohlfahrtsstaates, die sich noch immer im Wählerpotenzial der SPD finden, stellen heute die Frage nach seinen ökonomischen Voraussetzungen. Sie bürsten Verteilungsfragen gegen den Strich, indem sie sich weniger dafür interessieren, wer was bekommt, als dafür, wer was bezahlt. Im Übrigen haben sich andere politische Parteien das Sozialstaatsgebot eines gezähmten Kapitalismus inzwischen ebenfalls weitgehend zu eigen gemacht und bestreiten der SPD ihr Alleinstellungsmerkmal.

Es drängt sich deshalb die Frage auf, welche historische »Mission« sich die SPD im neuen Jahrhundert zu eigen machen müsste, um als moderne Volkspartei auch ihren 175. Geburtstag feiern zu können. So selbstverständlich, wie das bei der 150-Jahr-Feier vorausgesetzt wurde, ist das keineswegs. In Italien hat sich ein lange Zeit von rechts bis links festgefügtes Parteiensystem völlig zerlegt. In Spanien ist die sozialistische Partei spektakulär abgestürzt. In Frankreich kämpft eine gespaltene sozialistische Partei gegen massiven Vertrauensverlust und gerät dabei zusammen mit ihrem bürgerlich-konservativen Pendant immer stärker unter den Druck einer rechtsnationalen Partei. Selbst in skandinavischen Ländern sind die sozialdemokratischen Parteien, die jahrzehntelang tonangebend waren, in flachen Gewässern gelandet. Insgesamt gilt: Die Parteienlandschaften in Europa sind in heftiger Bewegung, ausgelöst nicht zuletzt durch den Aufstieg neuer, keineswegs durchgängig lupenrein demokratischer Parteien.

Es steht nirgends geschrieben, dass die SPD aufgrund ihrer langen Geschichte und ihrer Verdienste um die Demokratie und den sozialen Frieden einen Bonus auf die Zukunft hat. Wenn sie nicht auf den Boden des 20-Prozent-Turmes sinken, sondern wieder in die Liga einer 30-Prozent-Partei zurückwill, dann wird sie sich intensiv mit den Ursachen der Wahlniederlage 2013 beschäftigen und sich für 2017 ein attraktiveres Profil und einen anderen »Spirit« geben müssen. Vor allem muss sie verhindern, dass sie noch einmal in die gleiche Situation gerät wie 2009, als es am Ende der ersten großen Koalition unter Frau Merkel hieß: Die Sozialdemokraten haben gute Arbeit gemacht, die Union wird dafür belohnt und greift die Stimmen ab.

Quo vadis, SPD? Wird aus der Partei ein überalterter Gesinnungsverein, der an den Spannungen zwischen moralischem Anspruch und politischem Pragmatismus verzweifelt? Ein »hyperventilierender Politproduktionsapparat« (Peter Dausend), der den Leuten mit seinem Alarmismus gehörig auf den Geist geht?

Meine Vision für 2017 ist eine andere: eine Fortschrittspartei, die sich im Wandel von Wirtschaft, Technologie und Gesellschaft für individuelle Freiheitsrechte einsetzt und eine offene Gesellschaft propagiert, in der Aufstiegschancen und soziale Gerechtigkeit in Einklang stehen mit gesamtwirtschaftlicher Wettbewerbsfähigkeit und der Sicherung unserer natürlichen Lebensgrundlagen. Und die nicht zuletzt bereit ist, gesamteuropäische Verantwortung zu übernehmen.

Ausstieg aus dem 20-Prozent-Turm

Die SPD verharrt seit den Bundestagswahlen 2009 und bei allen zwischenzeitlichen Umfragen im 20-Prozent-Turm. In nicht wenigen bevölkerungsstarken Bundesländern liegt sie nur knapp über, in manchen sogar deutlich unter der 20-Prozent-Marke. Will sie noch einmal ins Kanzleramt einziehen, ist sie unter den obwaltenden Bedingungen der politischen Arithmetik auf eine Koalition mit zwei anderen Parteien angewiesen. Das stellt sie vor eine riskante Abwägung.

Der Wiederaufstieg der FDP ist ungewiss und angesichts der Verwüstungen eines entgrenzten Finanzkapitalismus wohl eher unwahrscheinlich. Mit ihrem Vulgärliberalismus und der antiquierten Vorstellung, der Markt regele sich am besten von selbst, scheint die FDP aus der Zeit gefallen zu sein. Die Grünen werden mit ihrem gutbürgerlichen Standbein spielen wollen und sich auch auf Bundesebene nicht für alle Zeiten und kategorisch einer politischen Lebensabschnittsgemeinschaft mit der Union verweigern.

Der Beschluss der SPD auf ihrem Leipziger Parteitag im November 2013, eine Koalition mit der Linkspartei nicht mehr prinzipiell auszuschließen, mag ein Versuch gewesen sein, sich aus der Defensive einer parteipolitischen »Hallstein-Doktrin« zu befreien. Im Lichte der derzeit gültigen Positionen der Linkspartei, insbesondere in der Europa-, Außen- und Sicherheitspolitik, läuft allerdings jedes Kokettieren mit der Linken auf Bundesebene auf eine politische Selbstentleibung der SPD hinaus. Schon die Variante einer rot-grünen Koalition unter Duldung durch die Linkspartei würde alle denkbaren Vorbehalte gegen die SPD mobilisieren und sie noch tiefer fallen lassen. Außen- und sicherheitspolitisch unterläge eine von der Linken maßgeblich beeinflusste Bundesregierung dem massiven Verdacht deutscher Unzuverlässigkeit. Deutschlands Einbindung in NATO und EU würde infrage gestellt, wenn nur die Möglichkeit einer Rückkehr in die geostrategische Mittellage drohte, die sich in der ersten Hälfte des 20. Jahrhunderts als so fatal erwies. Wirtschaftspolitisch bietet die Linkspartei eine Blaupause, die stark gefärbt ist von staatlichen Eingriffen und protektionistischen Elementen. Ihre finanzpolitischen Vorstellungen laufen auf einen überfrachteten Staatshaushalt hinaus.

Die Wahl von Bodo Ramelow in einem rot-rot-grünen Muster zum Ministerpräsidenten in Thüringen beflügelt die Phantasien einiger weniger Strategen in der SPD mit Blick auf die Bundestagswahl 2017. Ich bin ganz sicher: Es gäbe ein böses Erwachen. Die SPD darf sich von der Linkspartei nicht in einen Überbietungswettbewerb treiben lassen – die Linkspartei fordert beispielsweise eine Erhöhung des Hartz-IV-Regelsatzes um 110 Euro auf 500 Euro –, wenn sie nicht das Schicksal des Hasen im Rennen mit dem Igel erleiden will.

Während also die Chancen der SPD, mit einem gegenüber 2013 leicht verbesserten Wahlergebnis eine Führungsrolle in einer Dreierkoalition anstreben zu können, ausgesprochen unrealistisch erscheinen, ist die Aussicht, als Juniorpartner in einer großen Koalition allmählich auszutrocknen, nicht weniger düster. Wenn es aber für Rot-Grün nicht reicht und Rot-Rot-Grün den Status der SPD als Volkspartei infrage stellen würde, dann bliebe nur, dass sie aus eigener Kraft über die Messlatte von 30 Prozent springen muss, um überhaupt in die Nähe einer Machtperspektive zu kommen. Dazu wird bloßes Weitermachen – und sei es unter verdoppelten Anstrengungen und handwerklich professionell – nicht reichen. Mit anderen Worten: Allein die Kernkompetenz der SPD, den Wohlfahrtsstaat auszubauen, wird nicht genügen, um sie wieder auf frühere Höhen zurückzuführen.

Ich will nicht in die Reihe derer gerückt werden, die den historischen Auftrag der SPD für erfüllt halten. Unter den Bedingungen der Globalisierung und Machtkonzentration im digitalen Zeitalter und vor dem Hintergrund gesellschaftlicher Deklassierungen und ungelöster Integrationsprobleme ist ihre »Mission« keineswegs obsolet. Aber die vornehmliche Konzentration auf sozialpolitische Maßnahmen, die den Wohlfahrtsstaat auf hohem Niveau immer weiter ausbauen, die die ökonomischen Voraussetzungen für einen funktionierenden Generationen- und Solidarvertrag jedoch nicht mitdenken, wird die SPD als linke Volkspartei nicht auf Augenhöhe mit dem bürgerlich-konservativen Block bringen.

Kein Zweifel: Der Sozialstaat und das Streben nach sozialer Gerechtigkeit sind Voraussetzungen für gesellschaftliche Stabilität und wirtschaftlichen Erfolg. Das ist für Marktradikale und manchen Konservativen schwer zu begreifen. Umgekehrt fällt passionierten Sozialpolitikern und Wohltätern die Einsicht schwer, dass ein überdehnter und überfrachteter Sozialstaat seine eigenen Grundlagen zerstören kann. Wie also wird die SPD wieder attraktiver für alle? Sicher nicht, indem sie sich als Krankenwagen der Gesellschaft sieht und als Antwort auf schwindende Wähleranteile nur noch ehrgeizigere sozialpolitische Ziele verkündet.

Auf der Höhe der Zeit?

Erforderlich ist zunächst eine Bestandsaufnahme, die gesellschaftliche Veränderungen reflektiert und den Notwendigkeiten von morgen Rechnung trägt. Dabei darf der Blick auf unsere Gesellschaft nicht von benachteiligten, an den Rand gedrängten Minderheiten absehen. Zu offenkundig sind die Spaltungstendenzen unserer Gesellschaft. Aber die Jüngeren, diejenigen mit Familie und ohne Anspruch auf Sozialleistungen, die Kreativen und Neugierigen, der wirtschaftliche Mittelstand und die wissenschaftliche Elite, auch alle, die im Kopf jung geblieben sind und denen die Rente mit 63 egal ist – sie alle dürfen darüber nicht in den Hintergrund geraten.

Die SPD-Wählerschaft ist im Vergleich zu den Wählern anderer Parteien hochgradig heterogen. Die Wählergruppen, die Willy Brandt, Helmut Schmidt und Gerhard Schröder die Türen des Kanzleramtes öffneten, waren breit gefächert; sie hatten keineswegs die gleichen Wertvorstellungen, noch ähnelte sich ihre materielle Interessenlage. Aber sie hatten eine gemeinsame Idee von einer aufgeklärten, fortschrittlichen und offenen Gesellschaft. Das Spektrum potenzieller SPD-Wähler dürfte sich heute noch weiter ausdifferenziert haben. So stark wie keine andere Partei ist die SPD deshalb auf ein »Werte-Interessen-Bündnis« angewiesen, das sich am Querschnitt der Bevölkerung orientiert. Die SPD war immer dann erfolgreich, wenn ihr ein breites Bündnis von aufgestiegenen

Milieus mit Verlierern und abstiegsbedrohten Gruppen, von aufgeklärtem Bürgertum mit der Avantgarde der Arbeitnehmerschaft, von Unternehmern und Managern mit Belegschaften, von Intellektuellen mit politisch engagierten Handwerkern gelang.

Noch fehlt der SPD eine Gesellschaftsanalyse, die sich mit den stark ausdifferenzierten Sozial- und Wählermilieus und deren unterschiedlichen Interessen und Sicherheitsbedürfnissen befasst. Aber nur wer die Erwartungshaltungen der gesamten potenziellen Wählerschaft genau kennt, kann entsprechende Programme präsentieren. In der Fixierung auf eine vermeintlich klassische Wählerklientel – »den Arbeiter«, der um seine demokratischen Rechte, soziale Absicherung und auskömmliche Löhne kämpft – wird die SPD zukünftig keine Wahlen mehr gewinnen. Man kann darüber streiten, ob es diesen prototypischen Arbeiter heute überhaupt noch gibt und wie signifikant sein Anteil an der Wählerschaft ist. Vieles spricht dafür, dass er mehrheitlich aufgestiegen, in Teilen aber in ein Prekariat abgestiegen ist, das sich politisch nur schwer mobilisieren lässt. Die moderne Variante des »Arbeiters« fühlt sich inzwischen jedenfalls auch bei anderen Parteien gut aufgehoben. Gegenüber 2009 gewannen CDU/CSU 2013 bei den gewerkschaftlich organisierten Arbeitnehmern 7,4, die SPD lediglich 2,4 Prozent dazu.

Es heißt, dass Wahlen maßgeblich über Parteikompetenzen (und Personen) gewonnen werden, die auf drei Mehrheiten zielen: eine wirtschaftliche, eine soziale und eine kulturelle Mehrheit. Wenn das richtig ist, wird die SPD zukünftig verstärkt ökonomische Kompetenzen entfalten und Angebote für eine kulturelle Mehrheit entwickeln müssen. Damit ist nicht die staatliche Kulturförderung gemeint (die, nebenbei bemerkt, jedes Engagement verdient), sondern die Öffnung für individuelle Lebensentwürfe, Chancen der Digitalisierung, kulturelle Vielfalt, ein bewussteres Konsumverhalten und neue Formen der Partizipation. Ohne ein starkes Kompetenzprofil gleichzeitig auf allen drei mehrheitsbildenden Feldern hat die SPD kaum Chancen, federführende Kraft einer Regierungsbildung zu werden.

Eine kritische Selbstbefragung der SPD, wie sie die heterogenen Anliegen ihrer potenziellen Wählerschaft in einem Werte-Interessen-Bündnis zusammenführen kann, ist das eine. Das andere ist die Ausrichtung ihrer praktischen Politik an den Notwendigkeiten von morgen. Der entsprechende Katalog an Zielen und Aufgaben ist lang, und es bedarf der ordnenden Hand, um hier erst einmal Übersicht zu schaffen und eine Prioritätenliste zu erstellen. Nils Minkmar hat das letzte Wahlprogramm einer beißenden Kritik unterzogen. In einem »kommunikativen Overkill« habe sich die Partei zwischen großem Sendungsbewusstsein (»eine bessere Zukunft für alle Menschen weltweit«) und kleinem Karo verloren. Ursache dieses Wirrwarrs sei eine politische Hyperaktivität gewesen, mit der man die Stimmungslage im Land komplett verfehlt habe. Unnötige Dramatisierungen, nach denen Land und Leute permanent an einem Scheideweg stünden, hätten dem Wähler in erster Linie Stress bereitet. Das habe den Blick auf unabweisbar bestehende Probleme geschwächt und von zentralen Herausforderungen abgelenkt.* Die SPD zeigte sich offenbar in einer Art Wimmelbild.

Richtig ist, dass die Union weit weniger von einem historischen Auftrag oder, pathetisch gesprochen, einem Menschheitsprojekt angetrieben wird als die SPD. CDU/CSU sind in erster Linie geradezu obsessiv von dem Streben bestimmt, die Regierung zu stellen, um das Notariat über die bürgerlich-konservative Interessenwahrung ausüben zu können. Damit ersparen sie sich ganz nebenbei die Frustration, zwischen programmatischem Anspruch und harter Wirklichkeit wund gerieben zu werden, was der SPD nicht selten ins Gesicht geschrieben ist. Wenn die Opportunität es verlangt, werfen CDU/CSU ohne viele Skrupel Grundpositionen über Bord – siehe Wehrpflicht, Laufzeiten von Kernkraftwerken, Mindestlohn oder »Kein Cent den Griechen«. Mehrfach angekündigte geistig-moralische Wenden verschwinden geräuschlos in den schwarzen Löchern der Zeit. Das Merkwürdige ist, dass die Union trotzdem auf ein positives Grundrauschen in der Wählerschaft trifft, während sich die SPD gegen Vorbehalte durchsetzen muss und ihre Leistungen in einem negativen Grundrauschen verklingen.

Die SPD definiert sich als Programmpartei. Dabei entwickelt sie gelegentlich einen Rigorismus, nach dem das programmatische Reinheitsgebot höher veranschlagt wird als die Möglichkeit direkter politischer Gestaltung (die ja korrumpieren könnte). Hundert Prozent recht zu haben ist für die Vertreter dieses Rigorismus wichtiger, als fünfzig Prozent durchzusetzen. Grundsatzprogramme sind gewiss nicht irrelevant, sie müssen in der beschleunigten Welt aber in immer kürzeren Intervallen einer Revision unterzogen werden. Weil sie eher der Selbstvergewisserung der jeweiligen Parteien dienen als der politischen Orientierung der Bürger, müssen sie obendrein komprimiert und in die Sprache der Wähler übersetzt werden, die bekanntlich höchst selten Parteiprogramme lesen.

Was ich hier ausführe, ist für die Programmatiker und Grundsatzabteilungsleiter der SPD schwere Kost. Wenn ich dann auch noch den historischen Auftrag der SPD, den Sozialstaat auszubauen, relativiere, kann mir Exkommunikation drohen. Aber erstens war diese »Mission« über Jahrzehnte so erfolgreich, dass man heute von einer weitgehend sozialdemokratisierten Gesellschaft sprechen kann, auch wenn längst nicht alle Nöte beseitigt sind. Das heißt, wir bewegen uns bereits auf einem sehr hohen Niveau. Zweitens haben sich andere Parteien dieses Anliegen mit unterschiedlichen Akzenten, aber prinzipiell angeeignet, weil es sich als Erfolgsmodell bewährt hat. Auch die CDU/CSU sollen von diesem »Gift« der Sozialdemokratisierung befallen sein. Eine Mehrzahl der Wähler bestreitet jedenfalls nicht, dass Union und Grüne die soziale Demokratie vertreten und den Sozialstaat für eine Errungenschaft halten. Drittens ist der Begriff der sozialen Gerechtigkeit je nach politischem Standort ein offener Begriff, genauso offen wie jener der politischen Mitte. Es war schon die Rede davon, dass die »Stifter« des Solidarvertrags – also diejenigen, die ihn im Wesentlichen finanzieren – mit Blick auf ihre Belastungsgrenzen und unter Berücksichtigung der finanziellen Ressourcen unseres Gemeinwesens ihre Prioritäten verschieben, zum Beispiel von konsumtiven zu investiven Ausgaben, vom Ausbau des Sozialstaates zu seiner Absicherung, von individuellen Sozialtransfers zu kollektiven Angeboten. Das heißt, ein Staatsverständnis, nach dem der Sozialstaat im Wesentlichen für die Erhöhung von Fördersätzen zu sorgen hat, verfängt nicht mehr unbedingt.

In unserer unmittelbaren europäischen Nachbarschaft sind in den letzten Jahren mehrere sozialdemokratische und sozialistische Parteien im Glauben an ihren unverbrüchlichen historischen Auftrag weggefegt, marginalisiert oder zurechtgestutzt worden. Selbst eine 150-jährige stolze Geschichte ist keine Garantie dafür, dass die Sozialdemokratie im Zeitenwandel nicht von der Avantgarde zur Nachhut werden könnte.

Politische Aufträge im 21. Jahrhundert

Niemand, der an die Zukunft der SPD glaubt, kann sie von ihrem historischen Auftrag abnabeln wollen. Aber sie wird dieses große Erbe zeitgemäß aufladen und ergänzen müssen. Willy Brandts Vermächtnis – in seiner ebenso mitreißenden wie nachdenklichen Abschiedsrede als Parteivorsitzender am 14. Juni 1987 – lautete: Im Zweifel für die Freiheit! Ihm sei, neben dem Frieden, die Freiheit »ohne Wenn und Aber« wichtiger als alles andere. Nach einem Wort von Michael Naumann ist die SPD durch ihre antifaschistische und antikommunistische Standhaftigkeit ausgezeichnet wie keine zweite deutsche Partei, sich für die Freiheit einzusetzen. Heute richtet sich unser Widerstand gegen jede weltanschaulich und/oder religiös motivierte Bewegung mit totalitärem Anspruch. Aber es geht nicht nur um die Freiheit *von* Knechtschaft, Fremdherrschaft, äußerem Zwang und Willkür. Mit Freiheit ist auch gemeint die Freiheit *zu* einem selbstbestimmten Leben, *zu* Teilhabe und Teilnahme an den öffentlichen Angelegenheiten, *zu* Bildung und Wohlstand.

Der Staat erscheint im sozialdemokratischen Weltbild nicht ausschließlich als allmächtiger Leviathan, vielmehr wird ihm eine ermöglichende und ausgleichende Funktion zugeschrieben. Nach diesem Verständnis ist es Aufgabe des Staates, für Chancengleichheit unabhängig von Herkunft und unterschiedlichen Startbedingungen, für eine durchlässige Gesellschaft und die Belohnung individueller Leistungen zu sorgen. Dagegen kann und sollte er nicht Ergebnisgleichheit in Aussicht stellen. Es gehört nicht zu seinen vornehmlichen Aufgaben, die Bürger von jeglicher Eigenverantwortung zu entbinden, sie dadurch zu entmündigen und durch voraussetzungslose Versorgungsleistungen in Abhängigkeit zu belassen – und sich ihrer auf diese Weise bequem zu entledigen.

Der digitale Umbruch zu Beginn des 21. Jahrhunderts übertrifft an Ambivalenz wahrscheinlich alle vorherigen technischen Revolutionen. Freiheitsräume werden eröffnet und zugleich bedroht. Der Einbruch von internetbasierten Wirtschaftsgiganten in unsere Privatsphäre birgt neue, in ihrer Dimension noch nicht genau abschätzbare Risiken für unsere Freiheit. Das exzessive Sammeln von persönlichen Daten, die zu Geschäftsstrategien verdichtet werden, die Hoheit über die Algorithmen von Computerprogrammen und die eines Tages mögliche Verknüpfung der digitalen Technik mit Vorgängen und Funktionen des menschlichen Organismus eröffnen Manipulationsmöglichkeiten, die jede Science-Fiction-Phantasie blass erscheinen lassen. In diesen Herausforderungen liegt für die SPD als Partei der Freiheit ein neuer Auftrag, dessen Erfüllung maßgeblich darüber entscheidet, in welcher Gesellschaft wir im 21. Jahrhundert leben – leben wollen.

Natürlich verliert die Sicherung des Wohlfahrtsstaates nichts von ihrer Bedeutung. Sie wird ein wesentliches Leitmotiv der SPD bleiben. Aber dieser Wohlfahrtsstaat wird von einem eher nachsorgenden und alimentierenden System zu einem vorsorgenden und aktivierenden Sozialstaat umgebaut werden müssen. Die Konzentration auf individuelle Transfers und deren schrittweise Erhöhung wird zugunsten sozialer Dienstleistungen zu korrigieren sein – beispielsweise statt der Erhöhung des Kindergeldes das Angebot kostenloser Betreuungsplätze auszubauen (über die Kinderfreibeträge, die Besserverdienende bevorteilen, ist dann gleich mit zu reden). Grotesk muten Transfers oder steuerliche Begünstigungen wie das Betreuungsgeld und das Ehegattensplitting an, die gleich mehreren Zielsetzungen zuwiderlaufen: bildungs-, integrations-, gleichstellungs- oder arbeitsmarktpolitischen Zielen.

Dem Sozialstaat liegt ein Bündnis von Einzahlern und Empfängern zugrunde, das auf Gegenseitigkeit beruht. Das Prinzip heißt fördern und fordern. In dieser Reihenfolge. Aber auch in dieser Kombination. Kein Zweifel, dass Mitbürger, die in Not geraten sind, der Solidarität bedürfen. Kein Zweifel, dass der Staat gegen die großen Lebensrisiken wie Krankheit, Arbeitslosigkeit, Pflegebedürftigkeit oder Altersarmut abzusichern hat. Aber inzwischen gibt es in Deutschland 7,4 Millionen Empfänger von sozialer Mindestsicherung (Stand Ende 2013, Renten- und Pensionsempfänger herausgerechnet). Die Politik sollte keine weiteren nebulösen Versprechen sozialer Wohltaten abgeben, sondern klarmachen, dass kein Weg an mehr privater Vorsorge und größerer Flexibilität beim Renteneintritt und der Lebensarbeitszeit vorbeiführt. Und wäre es nicht des Schweißes der Edlen wert, das komplexe System sozialer Transfers in Milliardenhöhe auf eine begründete Bedürftigkeit zu konzentrieren? Dafür sollte der Graubereich von anspruchsberechtigten, aber existenziell nicht Bedürftigen durch Senkung von Steuern und Sozialversicherungsabgaben entlastet werden. Wieso sollen sie in ein System einzahlen, das ihnen anschließend in einer riesigen Umwälzanlage gnädig etwas auszahlt – da können sie das Geld besser gleich behalten. Die SPD als Partei des aktivierenden und zielgenauen Sozialstaates: Das wäre ein Auftrag, der gleichzeitig die kulturellen Errungenschaften des Sozialstaates absichern und ihn legitimieren würde.

Weil die Erwerbsbevölkerung, die in die Rentenkasse zahlt, abnimmt und der Anteil der älteren Jahrgänge mit länger werdender Rentenbezugsdauer steigt, scheint mir die folgende Ansage unumgänglich: Der bisherige Generationenvertrag muss erneuert werden! Dabei wird sich die Altersvorsorge auch weiterhin maßgeblich auf das System der gesetzlichen Rentenversicherung abstützen müssen. Aber das wird im Spannungsbogen zwischen der begrenzten Belastbarkeit der aktiv Beschäftigten als Einzahler einerseits und dem tendenziell sinkenden Rentenniveau andererseits nicht reichen. Der Ausbau der betrieblichen Altersvorsorge und die Verbesserungen einer kapitalgedeckten Zusatzversorgung à la Riester-Rente werden daher an Bedeutung gewinnen müssen.

Die zweite unangenehme Botschaft ist deshalb: Die Generationen nach mir werden zusätzlich mehr private Zukunftsvorsorge für Alter, Pflege und Gesundheit zu Lasten ihres Gegenwartskonsums treffen müssen. Und die dritte streitbehaftete Ansage ist, dass die Arbeitszeit über den individuellen Lebenszyklus neu verteilt werden muss. Die heftigen Debatten um ein festes Renteneintrittsalter werden sich noch in diesem Jahrzehnt als Gefechte von gestern erweisen. Wir werden uns vielmehr mit einer vollständigen Flexibilisierung des Renteneintrittsalters zu beschäftigen haben. Und mit Modellen, nach denen in der sogenannten Rushhour des Lebens zwischen dem 30. und 40. Lebensjahr auch im Sinne der Familienpolitik weniger und nach dem 65. Lebensjahr mehr gearbeitet wird. Insgesamt wird sich in Deutschland die durchschnittliche Lebensarbeitszeit in einer Spanne zwischen dem 20. Lebensjahr und über die 70 hinaus – wer noch kann und will, und immer mehr wollen das auch – erhöhen müssen. Das schließt Zugänge zur Frühverrentung aus gesundheitlichen oder psychischen Gründen nicht aus.

Daneben steht der politische Auftrag, das Leitbild demokratiekonformer Märkte gegen ihre im Zuge der Globalisierung drohende Umkehr in eine marktkonforme Demokratie zu verteidigen. Infrage steht das Primat demokratisch legitimierter Politik gegenüber der Macht und dem Gewicht von Großkonzernen und Großbanken mit enormer Durchsetzungskraft bis hin zum Erpressungspotenzial. Die Sozialdemokratie des 21. Jahrhunderts wird die Partei einer Renaissance der sozialen Marktwirtschaft sein müssen und sollte der CDU das Erbe von Ludwig Erhard streitig machen. Sie wird auf die Ertüchtigung und Befähigung der Bürger im Wandel setzen müssen. Sie darf keine falschen Sicherheitsversprechen abgeben. Einen umfassenden Schutz vor dem aus der Globalisierung und dem technologischen Wandel entstehenden Anpassungsdruck kann die SPD nicht zusichern. Und eine protektionistische Abkapselung und Modernisierungsverweigerung darf sie nicht vertreten. Sonst läuft sie Gefahr, ihre »Dachmarke« als Partei des Fortschritts in einem defensiven Verharren gegenüber dem wirtschaftlichen und technischen Wandel zu verlieren – und zu einer strukturkonservativen Partei zu verkümmern.

Es ist schließlich an einen Begriff zu erinnern, den wir nicht aufgeben sollten, nur weil er durch die FDP zuletzt entwertet wurde: Ich meine den Liberalismus. Die FDP hat diesen Begriff so lange ideologisch aufgeladen, bis er ihr eines Tages abhandenkam, verzwergt auf Marktfundamentalismus, antistaatliche Attitüde und beziehungslosen Individualismus. Aber in seiner ursprünglichen Bedeutung ist er nach wie vor positiv besetzt, und nach wie vor verbinden viele Bürger damit zustimmend die freie Entfaltung der Persönlichkeit, Vorstellungen von Autonomie, Verantwortung, Toleranz und staatlicher Selbstbeschränkung. Die SPD sollte sich diesen Liberalismus aneignen, statt zuzuschauen, wie andere Parteien ihn programmatisch übernehmen und sich zu Erben der FDP aufschwingen. Schließlich ist die sozialliberale Ära von 1969 bis 1982 vielen in guter Erinnerung. Unser Land wurde toleranter und offener, stärkte die Mitbestimmung, warf viele altbackene und autoritative Regelungen über Bord, lockerte die starren Fronten im Ost-West-Verhältnis, betrieb aktive Friedenspolitik, stärkte die europäische Zusammenarbeit, ergriff umweltpolitische Initiativen und opferte seine Liberalität nicht im Kampf gegen den Terror der RAF. Über der magischen Verdammung »neoliberaler« Verirrungen sollte sich die SPD den Zugang zu diesem Erbe nicht verbauen.

Die SPD hat gewiss keine Probleme, einen Liberalismus im Sinne einer offenen, toleranten, zivilen, nach innen und außen friedfertigen Gesellschaft zu vertreten. Aber sie wird diesen Liberalismus auch da berücksichtigen müssen, wo es um die Selbstbestimmung der Bürger, den Wettbewerb als Motor des Fortschritts und den Verzicht auf Volkspädagogik geht. Zur Würde und Mündigkeit des Menschen gehört auch seine Selbstverantwortung. In erster Linie trägt jeder selbst Verantwortung für die Erziehung seiner Kinder, für seine persönliche Lebensführung, für seine Gesundheit, für ein gutnachbarliches Gemeinde- und Stadtteilleben, für den Umgang mit öffentlichem Eigentum, für den Schutz der Umwelt.

Für den Sozialliberalismus gilt allerdings auch, dass Toleranz zwingend dort ihre Grenzen finden muss, wo sich Intoleranz, Rassenhass und antidemokratische Überzeugungen verbreiten. Das Streben nach Selbstverwirklichung bedeutet nicht, dass Ego-Werte Vorrang vor dem Gemeinwohl genießen und die persönliche Bereicherung Privatsache ist, die im Sinne eines angeblichen Notwehrrechtes gegen den Staat sogar Steuerbetrug erlaubt. Eigentum verpflichtet! Marktmacht und Marktmonopole sind nicht anders zu bewerten als Staatsmacht und Staatsmonopole. Und nicht zuletzt: Die Integration muslimischer Zuwanderer kann nur insoweit die Regeln des Islam berücksichtigen, als sie nicht gegen das Grundgesetz und unsere Rechtsordnung verstoßen. Das islamische Recht der Scharia rangiert nicht oberhalb unseres weltlichen Rechtssystems. Es gilt der Regel- und Normenkatalog, wie er sich über die Entwicklung unserer freiheitlich-demokratischen, laizistischen und offenen Gesellschaft seit Gründung der Bundesrepublik in Anerkennung der Menschenrechte herausgebildet hat.

Kompetenzprofile

Wahlforscher belegen nicht erst seit gestern, dass die SPD in der Wahrnehmung der Bürger auf kaum einem anderen Feld so sehr das Nachsehen hat wie bei der Wirtschafts- und Finanzpolitik. Das ist nicht neu und den Sehtüchtigen in der SPD auch hinlänglich bekannt. Deshalb gibt es in unregelmäßigen Abständen einzelne Stimmen, die dies kritisch aufspießen – und dann verhallen. Einige fähige Wirtschaftspolitikerinnen und -politiker der SPD haben sich darüber frustriert zurückgezogen oder sind in die Wirtschaft abgewandert. Es läuft immer nach dem gleichen Muster ab: Präsentation ernüchternder Kompetenzwerte, Ansage eines massiven Korrekturbedarfes, vereinzeltes Kopfnicken bei zahlreichen Ermahnungen, die sozialpolitische Kernkompetenz dürfe aber nicht infrage gestellt werden, und dann wird weitergemacht wie bisher – bis die nächste demoskopische Erhebung einschlägt.

Die jüngsten Einlassungen, die Wirtschaftskompetenz der SPD zu steigern, kamen von dem Parteivorsitzenden und Bundeswirtschaftsminister Sigmar Gabriel, dem Vorsitzenden der SPD-Bundestagsfraktion Thomas Oppermann, dem niedersächsischen Ministerpräsidenten Stephan Weil und dem hessischen Landesvorsitzenden Thorsten Schäfer-Gümbel. Die Stichworte klingen vielversprechend: Digitalisierung der Wirtschaft, leistungsfähige Infrastruktur, Fachkräftequalifizierung, wettbewerbsfähige Standortkosten, neues Wachstum und Innovation, ein positives Bild von Selbstständigkeit und Gründungen. Die Nagelprobe anlässlich konkreter Entscheidungen auch im Widerstreit mit bisherigen Positionen steht allerdings aus. Ebenso die nötige moralische, formale und politische Unterstützung derjenigen, die neues Denken mitbringen und sich von den Statthaltern sozialdemokratischer Gewissheiten nicht beeindrucken lassen.

Die SPD hat auf dem sozialpolitischen Feld keinen Nachhol- und Nachhilfebedarf. Umso mehr schwächelt sie auf dem zweiten Feld, auf dem Wahlen gewonnen werden: bei der wirtschaftlichen Kompetenz. Hier vor allem muss sie ihr Profil stärken, und dazu will ich mit einem kleinen Katalog von Beispielen beitragen. Initiativen zur fachlichen Qualifizierung angesichts eines um sich greifenden Fachkräftemangels sind ebenso richtig und hochwillkommen wie Initiativen zum Erhalt und Ausbau der Infrastruktur

(Breitband), zur Verbesserung der Erwerbstätigkeit (und gleichen Bezahlung) von Frauen, zur sicheren und bezahlbaren Energieversorgung oder zum Transfer von Forschungs- und Entwicklungsergebnissen in die Wirtschaft. Aber mehr noch muss die SPD an einem wirtschaftlichen »Überbau« arbeiten, um aufzuschließen. Damit meine ich eine generelle Wertschätzung und Anerkennung von Unternehmertum, beruflicher Selbstständigkeit und Existenzgründungen. Wenn ein SPD-Politiker einen Existenzgründer trifft, sollte er ihn weniger nach seiner Selbstausbeutung und Altersversorgung, nach Sozialräumen und Arbeitszeitregelungen als vielmehr nach Gründungskapital, bürokratischen Auflagen und dem Steuervollzug fragen.

Die Würdigung eines unternehmenden Unternehmertums darf sich selbstredend nicht auf Reden bei der örtlichen Industrie- und Handelskammer oder vor der Handwerkskammer beschränken. Sie muss konkret werden:

- beispielsweise in einem erleichterten Steuervollzug für 4,4 Millionen Selbstständige;
- beispielsweise in der Förderung von Existenzgründern, von unternehmungslustigen und kreativen Jungunternehmern, die zum Vorbild für die nächste Generation werden könnten;
- beispielsweise durch eine (erneute) an der Betriebspraxis orientierte Durchforstung investitionshemmender Auflagen;
- beispielsweise durch eine hohe ordnungspolitische Verlässlichkeit bei der Rahmensetzung, um so für mehr Investitionssicherheit zu sorgen;
- beispielsweise in der Abwehr europäischer Auflagen und Standards, die unnötig wie ein Kropf kostensteigernd und wettbewerbsverzerrend sind (weil der Ehrgeiz in Europa, sie um- und durchzusetzen, unterschiedlich ausgeprägt ist);
- beispielsweise durch ein Energie- und Rohstoffprogramm, das der deutschen Industrie mittelfristig Perspektiven gibt;
- beispielsweise durch eine Steuerpolitik, die das Betriebsvermögen des deutschen Mittelstandes und der vielen Familien-

unternehmen im Vererbungsfall schont und von einer Substanzbesteuerung frei hält.

Die Umsetzung solcher und weiterer Maßnahmen wäre für die deutsche Wirtschaft wichtiger als die eine oder andere entlastende Drehung an der Steuerschraube oder die Bewilligung von Zuschüssen.

Von zentraler Bedeutung für die künftige Einschätzung ihrer wirtschaftlichen Kompetenz wird die Positionierung der SPD in der vierten industriellen Revolution sein. Die digitale Technik wird nicht nur die industriellen Kernbereiche erfassen und durchdringen, sie wird die gesamte Arbeitswelt fundamental verändern. Die damit verbundenen Chancen und Risiken in ihren gesellschaftlichen Auswirkungen zu durchschauen setzt ein Verständnis der digitalisierten, von Algorithmen gesteuerten Prozesse, ihres Charakters und ihrer Potenziale voraus, das über die bisherigen Anforderungen an den politischen Sachverstand weit hinausgeht. Nur eine Partei, die in diesen Fragen geeignete Bewertungsmaßstäbe findet, darf sich als Partei der Aufklärung verstehen.

Noch ein Wort zur Finanzpolitik. Für die meisten Wähler ist der solide Umgang mit den Staatsfinanzen – und damit den Steuern der Bürger – ein wichtiges Kriterium für ihre politische Präferenz. Eine Partei, die sich dem Verdacht aussetzt – und die SPD gerät eher in diesen Verdacht als die Union –, man wolle von den grundgesetzlich und in den Ländern verfassungsrechtlich verankerten Schuldenbremsen Abstand nehmen, dürfte politisch abgestraft werden. Die Flucht aus Verteilungskonflikten in weitere Verschuldung ist nicht mehrheitsfähig; in den Augen vieler Bürger wäre dies eine (weitere) Verletzung der Generationengerechtigkeit. Im Übrigen hat die Verschuldungspolitik der vergangenen zwanzig Jahre unsere Gesellschaft keineswegs gerechter gemacht. Seit dem Mauerfall hat die Ungleichheit in Deutschland trotz einer Steigerung der ausgewiesenen Staatsverschuldung von 600 Milliarden (1991) auf 2000 Milliarden (2013) zugenommen.

Vielen erscheint die SPD nicht mehr avantgardistisch, fortschritt-lich und modern, sondern sozial- und strukturkonservativ, eher an den Risiken als an den Chancen orientiert. So pauschal trifft das sicher nicht zu. Aber das Substrat solcher Vorwürfe ist ernst zu neh-men: Der SPD fehle der Enthusiasmus und der Unternehmungs-geist für Neues. Sie käme häufig verspätet in den sich ändernden Realitäten an, ihr drohe deshalb der Anschluss an die Gesellschaft verlorenzugehen. Ihr Held sei nicht der Minister, Bürgermeister oder Landrat mit einer klaren Grammatik des Handels, sondern der Idealist auf dem Parteitag – gesinnungsstark, aber unrealistisch, wie Peter Glotz schon vor Menschengedenken treffend formulierte.

Einige Genossinnen und Genossen in tiefroten Parteizirkeln, auch in den höheren Gremien, glauben, dass die Spitzenkandidaten und Führungspersönlichkeiten der SPD den mehrjährigen Praxis-test als lupenreine Sozialdemokraten bestanden haben müssen – linientreue Zehnkaräter, bibelfest und im Milieu zu Hause, einge-schworene Parteisoldaten eben. Das ist ein fundamentaler Irrtum! Politik wird heute mehr denn je über Personen vermittelt. Sie müs-sen glaubwürdig, souverän und emphatisch wirken. Die Chancen dafür steigen, je weniger sie vom Wähler als Funktionäre wahrge-nommen werden. Für eine eingewurzelte Programmpartei wie die SPD ist das schwer zu akzeptieren. Wenn die SPD in Bund und Län-dern aber keine kantigen, selbstbewussten Spitzenkandidaten oder -kandidatinnen mehr zu präsentieren vermag und lieber durch den Partei-TÜV zertifizierte Vertreter ins Rennen schickt, dann braucht sie gar nicht erst anzutreten – es sei denn, sie will gar nicht auf den Fahrersitz.

Die Personalrekrutierung der SPD wird sich ändern müssen. Mehr Eigenschaften, die dem Wähler imponieren, statt solcher, die in der Parteiorganisation ankommen. Mehr Berufserfahrung in der Breite als klassische Karrieren im Apparat. Mehr Präsenz in ge-sellschaftlichen Organisationen aller Art als auf Delegiertenkon-ferenzen und Partei-Workshops. Wie jedes Unternehmen, das im Wettbewerb steht, wird auch die SPD eine Abteilung »Human

Resources« aufbauen müssen. Es ist ein gefährlicher Irrtum, zu glauben, Führungspersonal müsste vor allem sozialdemokratisch sozialisiert sein und von unten rekrutiert werden nach dem Motto: Jeder Ortsverein benennt die Kandidaten mit dem schönsten Adolf-Kolping-Lächeln.

Nichts steht geschrieben, und vor der Hacke ist es duster. Was im Bergmannsjargon so viel heißt wie: Niemand kann wissen, was passiert. Bis zur nächsten Bundestagswahl sind es, ab Erscheinen dieses Buches, voraussichtlich zweieinhalb Jahre. Viel Zeit für die SPD, ihre Chancen in der dritten großen Koalition zu nutzen. Unter der Führung von Sigmar Gabriel hat sie bisher bereits gute Arbeit geleistet. Sie kann viele vernünftige Initiativen starten und durchsetzen, die für sich genommen hohe parteiübergreifende Zustimmung erfahren. Sie kann mit ihrer Kabinettriege glänzen. Insbesondere auf dem Gebiet der Außenpolitik muss sie der Garant für Vernunft bleiben. Und wenn sie auch als Partei bis zum Ende der Legislaturperiode weiterhin geschlossen auftritt, wird das ihre Chancen, 2017 besser abzuschneiden als beim letzten Mal, deutlich erhöhen.

Trotzdem besteht die Gefahr, dass die SPD bei der nächsten Bundestagswahl mit einem Plus von vielleicht zwei bis drei Prozent bei nur 27 bis 28 Prozent landet. Manche regionalen und organisatorischen Schwächen sind bis dahin möglicherweise nicht zu beheben. Eine wichtige Rolle wird spielen, wen CDU/CSU ins Rennen schicken und ob gegebenenfalls die Aura von Frau Merkel, wenn sie denn wieder kandidieren sollte, bis dahin nicht einen gewissen Überdruss weckt. Von ausschlaggebender Bedeutung aber wird das Kompetenzprofil der SPD auf dem zentralen Feld der Wirtschafts- und Finanzpolitik sein. Hier muss sie es zumindest auf Augenhöhe mit der Union bringen. Dazu will ich, wie gesagt, im Folgenden meinen Beitrag leisten. Ich beginne mit einer Analyse der Niederlage von 2013, bei der ich mich von zwei Fragen leiten lasse: Was lief schief? Und was können wir beim nächsten Mal besser machen?

III Warum die Wahl 2013 verlorenging

Der Blues von der Beinfreiheit

Meine Nominierung zum Kanzlerkandidaten der SPD bahnte sich nach der Sommerpause 2012 an. Tatsächlich glich die Nominierung am 28. September 2012 eher einer Sturzgeburt. Von einem kontrollierten Verfahren konnte keine Rede sein. Die im politischen Betrieb nicht selten anzutreffende Dreistigkeit, einen Prozess, der aus dem Ruder gelaufen ist, nachträglich zur ausgeklügelten Strategie zu erklären, hätte Lachsalven ausgelöst. Ich will das auch jetzt gar nicht erst versuchen.

Sigmar Gabriel, Frank-Walter Steinmeier und mir war früh klar, dass die ursprüngliche Absicht, den Kanzlerkandidaten der SPD nach den niedersächsischen Landtagswahlen Ende Januar 2013 zu verkünden, nicht durchzuhalten war. Deshalb lautete die nach der Sommerpause 2012 festgelegte Sprachformel, dass es zu einem Vorschlag des Parteivorsitzenden um die Jahreswende kommen solle, womit eher die Zeit vor der Weihnachtspause ins Auge gefasst war.

Gabriel hatte Steinmeier und mir frühzeitig zu verstehen gegeben, dass er von seinem Vorrecht auf eine Kandidatur keinen Gebrauch machen wolle. Frank-Walter Steinmeier ging mit sich (und seiner Frau) im Sommerurlaub zu Rate und ließ am 27. September 2012 in einem spätabendlichen Hintergrundgespräch mit Journalisten seinen Verzicht durchblicken. Damit waren alle Schleusentore geöffnet, und ich musste schwimmen, bevor ich mir auch nur eine Badehose anziehen konnte. Als Sigmar Gabriel mich am Morgen des 28. September anrief, um mir mitzuteilen, dass er für 13 Uhr eine Pressekonferenz im Willy-Brandt-Haus anberaume, auf der er meine Nominierung bekanntgeben wolle, saß ich in einem Gespräch mit italienischen Kommunalpolitikern, ohne das Geringste zu ahnen. Hätte Frank-Walter Steinmeier sich zu einer Kandidatur bereit erklärt, hätte niemand ihm diese streitig gemacht – am wenigsten ich. Meine freundschaftliche Unterstützung wäre ihm, wie schon 2009, auch diesmal sicher gewesen.

Meine zweitälteste Tochter hielt mir bereits vor der Sommerpause kritisch vor, ich hätte – geblendet vom Zuspruch auf öffentlichen Veranstaltungen, hohen Popularitätswerten und dem positiven Echo auf mein erstes Buch – mit der Kandidatur »kokettiert«. Meine Familie fühlte sich übergangen und in den Auszählreim zwischen den drei Männern nicht einbezogen. Tatsächlich gab es für mich nach einem Vieraugengespräch mit Sigmar Gabriel in einem hannoverschen Hotel Mitte September 2012 weiteren Klärungsbedarf; es ging um Fragen der Organisation, Strategie und Kommunikation, aber auch um das Verhältnis zwischen dem Parteivorsitzenden und dem Kanzlerkandidaten.

Eine zu frühe Kür des Kandidaten hielten wir beide für riskant, weil ein zu langer Lauf leicht erschöpft. Eine zu frühe Nominierung lädt dazu ein, sagte ich, den Kandidaten – wer auch immer es wird – lange »an der Wand entlangzuziehen«. Uns war aber auch klar, dass mit dem Gongschlag der öffentlichen Vorstellung jeder Stein am Lebensweg des Kandidaten umgedreht werden würde, um darunter nach Material zu schürfen, aus dem sich im Wahlkampf Funken schlagen ließen. Wir mussten damit rechnen, dass unsere Gegner meine Honorarverträge trefflich ausweiden würden. Und genauso kam es. Es gibt Hinweise, dass aus CDU-Kreisen noch am Tag meiner Nominierung Journalisten entsprechend gefüttert wurden. Die Knall auf Fall erfolgte Nominierung erwischte mich also nicht nur ohne Infrastruktur, sondern auch – viel fataler – ohne eine vorbereitete Sprachregelung zu meinen Honorarverträgen. Solange es keinen Kandidaten gab, ergingen sich die Journalisten in Spekulationen darüber, wer es wohl werden würde. Sie berichteten wie über ein Sportereignis, registrierten jeden Wimpernschlag der Troika und jedes Stirnrunzeln ihrer jeweiligen Entourage, um daraus Rückschlüsse zu ziehen über den Stand des angeblichen Hahnenkampfes. Der Druck auf eine zügige Nominierung, die alle Beteiligten und viele Beobachter für unvernünftig hielten, wurde mit jedem Bericht erhöht. Innerparteilich gab es gelegentliche Kritik an der rein männlichen Besetzung. Da Hannelore Kraft abwinkte, lief diese Kritik in Ermangelung einer sich bietenden weiblichen Ergänzung ins Leere.

Tatsächlich war es dann weder innerparteilicher Druck noch Fremdbestimmung, sondern eine selbstentfachte Dynamik, die am Freitag, dem 28. September 2012, einen 51-wöchigen Kandidatenlauf einläutete. Bereits einen Tag später bot sich mir Gelegenheit, mich auf einem Parteitag meines nordrhein-westfälischen Landesverbandes in Münster als Kanzlerkandidat vorzustellen. In meiner ersten Rede als Kandidat wählte ich mit Bedacht das Wort »Beinfreiheit«. Ich würde in einem Bundestagswahlkampf Beinfreiheit benötigen, um über die Grenzen der SPD-Mitglieder und ihrer Sympathisanten hinaus wirken zu können. Dies stieß auf ein zwiespältiges Echo im Saal, weil es einen in Teilen der SPD-Parteiaktivitas bestehenden Vorbehalt gegen mich als Kanzlerkandidat nährte. Demnach hatte ich zum einen nicht den durchdringenden Stallgeruch und war zum anderen verdächtig, den parteiverträglichen Kodex nicht auswendig zu können und gelegentlich sogar eigene Melodien anzustimmen. Eine solche Eigenständigkeit berührt nicht nur in meinem Fall einen tiefsitzenden Nerv der SPD und weckt das Misstrauen der Orthodoxen, die mit ihren Politikangeboten allerdings an mangelnder Wählerzustimmung scheitern. Ihnen ist schwer vermittelbar, dass auch diejenigen die Welt verändern können, die sie so beschreiben, wie sie ist.

Mit dem gespaltenen Echo des Landesparteitages in Münster auf meinen Ausfallschritt hatte ich gerechnet. Überrascht war ich hingegen von der Süffisanz und teilweise Häme in manchen Medien. Dieselben Journalisten, die nach unabhängigen Charakteren in der Politik verlangten und die Banalität von Parteideutsch beklagten, amüsierten sich über die von mir reklamierte »Beinfreiheit«. Hätte ich mich als Mann ohne Eigenschaften in die Arme der Partei ergeben, wäre dies vom gegenteiligen Standpunkt aus kritisiert worden. Es war ein erster Vorgeschmack auf das, was folgen sollte.

Das Bild von der Beinfreiheit sollte deutlich machen, dass ein Kanzlerkandidat der SPD Spielraum braucht, wenn er nicht nur die 460 000 Mitglieder der eigenen Partei überzeugen, sondern so viele wie möglich von den 60 Millionen Wahlberechtigten erreichen will. Die Mobilisierung der eigenen Partei ist zweifellos eine notwendige Bedingung für ein gutes Wahlergebnis, aber keine hinreichende. Während bei den innerparteilichen Eignungstests der Akzent auf Programmtreue, Milieuverbundenheit und Parteidisziplin gelegt wird, sucht die Wählerschaft offenbar eher den Politikertypus, der Glaubwürdigkeit, Verlässlichkeit, Sinn für Proportionen und Fairness mitbringt. Die notwendigen Voraussetzungen, um Schlagkraft und Kampagnenfähigkeit innerhalb der Partei zu entwickeln, kollidieren mit dem, was bei der breiten Wählerschaft als mehrheitsfähig ankommt.

Tatsächlich waren die erfolgreichen SPD-Bewerber um die Kanzlerschaft – Willy Brandt, Helmut Schmidt und Gerhard Schröder – allesamt keine Puristen (was auch für viele langjährige und erfolgreiche sozialdemokratische Ministerpräsidenten in den Ländern gilt). Sie verließen gelegentlich sozialdemokratischen Grund und Boden, schlossen Bündnisse mit parteifernen Leuten, erwiesen sich als Grenzgänger und erschienen manchmal sogar überparteilich – erst recht außer Diensten. Diese Eigenständigkeit missfällt den Gewissensforschern, die zwar auf Delegiertenkonferenzen und Parteitagen der SPD hohe Wahlergebnisse erzielen und in entsprechende Parteiämter aufsteigen, aber den Ernstfall der Politik kaum bestehen, nämlich in der Begegnung mit der Bürgerschaft Wahlen zu gewinnen.

Das habe ich auch nicht geschafft. Aber wenn ich mir überhaupt eine Chance im Bundestagswahlkampf ausrechnete, dann die, in einem bürgerlich-aufgeklärten Wählermilieu wildern zu können, das mit der Anspruchslosigkeit der schwarz-gelben Koalitionsregierung haderte. Das sahen sogar einige Strategen der CDU/CSU so. Dafür aber brauchte ich besagte Beinfreiheit. Dass ich sie erst nicht in dem erforderlichen Umfang bekam und das wenige dann selber preisgab, um mich nach Startschwierigkeiten mit einer verunsicherten Partei kurzzuschließen, ist ein Grund für den enttäuschenden Ausgang der Wahl. Ein kluger Spitzenkandidat entfernt sich nie so weit von seiner Partei, dass er sie während des Wahlkampfs zu verlieren droht. Er weiß, wo er politisch herkommt und dass er seiner Partei etwas schuldig ist.

Ich bin vor über 45 Jahren aus nach wie vor gültigen Gründen in die SPD eingetreten und verdanke ihr außerordentlich viele Gestaltungsmöglichkeiten. Ich war und bin noch immer parteipolitisch engagiert. Das hat mich aber nicht davon abhalten können, die SPD gelegentlich auch zu kritisieren – für manche Verspätung in einer sich ändernden Welt, für ihre permanente Unzufriedenheit mit sich selbst, für ihr Fremdeln mit der Ökonomie. Mir fällt es auch schwer, Vertretern anderer Parteien und gesellschaftlicher Gruppen die Urteilsfähigkeit abzusprechen. Da von der Wahrheit immer auch ihr Gegenteil zutrifft, wie es in einem Aphorismus heißt, glaube ich nicht daran, dass eine Partei über den alleinigen Besitz der Wahrheit verfügt – auch kein Verband, keine Gewerkschaft, keine Bürgerinitiative und auch nicht eine Kirche.

Eine meiner wichtigsten Erfahrungen im Wahlkampf war die Erkenntnis, dass unser Land in einer gewissen Selbstzufriedenheit versinkt und wegen einer damit korrespondierenden politischen Enthaltsamkeit die Zukunft zu verspielen droht. Diese Unfähigkeit zum politischen Konflikt, die unter der großen Koalition weiter zunehmen könnte, hat etwas mit der in Deutschland festzustellenden Entideologisierung des Parteiensystems zu tun. Die Zeit ist über den Typus des tiefgläubigen Parteigängers mit rechthaberischen Zügen hinweggegangen, wenn man von politischen Glaubensgemeinschaften am linken und rechten Rand absieht. Den weit überwiegenden Teil der Bürger drücken keine Existenzfragen des Landes; starke politische Differenzen und heftige Polarisierungen haben bis in die neunziger Jahre hinein die Debatten beherrscht (Ostpolitik, Nachrüstung, Wiedervereinigung, Auslandseinsätze der Bundeswehr). Das könnte sich mit dem Erstarken rechter politischer Kräfte ändern, die auf der Welle von Ressentiments und Ängsten surfen und diese gleichzeitig anschwellen lassen. Die etablierten Parteien des demokratischen Spektrums haben sich fast alle politischen Themen von A wie Arbeitsmarktpolitik bis Z wie Zuwanderung angeeignet. An politische Heilsbringer glauben nur Verschwörungstheoretiker. Die selbsternannten Gralshüter über Parteiprogramme gelten selbst in ihren eigenen Reihen häufig als Nervensägen.

Die Grundlagen, auf denen Parteien heute operieren, haben sich in den letzten Jahren radikal verändert. Zunehmende internationale Verflechtungen, die Pluralisierung der Gesellschaft, demographische Veränderungen, die Folgen der digitalen Revolution sind nur einige der Trends, die Auswirkungen haben auf ihre Programmatik, Kommunikation und Organisation. Ich kann mich manchmal des Eindrucks nicht erwehren, dass meine Partei sich diese Konsequenzen am liebsten ersparen will, weil sie Vertrautes infrage stellen und mehr noch das Erbgut der SPD berühren könnten. Der berühmte Satz von Willy Brandt, »dass jede Zeit eigene Antworten will und man auf ihrer Höhe zu sein hat, wenn Gutes bewirkt werden soll«, zitiert sich offensichtlich viel leichter, als dass er verinnerlicht wird.

Es geht nicht um eine Infragestellung des seit über 150 Jahren gültigen Wertekanons der SPD. Es geht um seine simultane Übersetzung vor dem Hintergrund eines rasanten ökonomisch-technologischen Wandels und gesellschaftlicher Veränderungen mit immer neuen Spannungen. Deren Dynamik kollidiert gelegentlich mit parteilichen Wahrnehmungen und Überzeugungen. Der Rückzug auf den parteiverträglichen Kodex als Antwort ist jedoch der Attraktivität und dem Kompetenzprofil keiner Partei zuträglich. Weil mir die Binnenfixierung immer schon fremd war, fiel es mir sicher leichter als manch anderem, die Beinfreiheit einzufordern, die ein Spitzenkandidat braucht, um im Teich des politischen Gegners zu fischen. Wenn ich im Folgenden die Frage zu beantworten suche, warum es schiefging, will ich mir weder das Etikett »parteiversessen« noch das Etikett »parteivergessen« aufkleben lassen.

Wahlkampf in Zeiten der Sorglosigkeit

Ohne Umschweife ist festzustellen, dass es mir mit meiner Partei nicht gelungen ist, die Bundestagswahl am 22. September 2013 zu einer Abstimmung über einen Politikwechsel anzuheizen. Die Wahlkampfstrategie der Union war ganz auf die Person von Frau Merkel als amtierende Bundeskanzlerin fixiert (»Sie kennen mich«). Weder das Wahlprogramm von CDU/CSU noch die Wahlkampfauftritte von Frau Merkel ließen große Ambitionen erkennen (»Und jetzt wünsche ich Ihnen einen guten Abend«). Es ging der Union in diesem Wahlkampf erkennbar nicht um die Attraktivität von Politikangeboten oder gar um einen Wettbewerb politischer Ideen, sondern allein um Kontinuität im Kanzleramt. Das ist das Recht einer Regierungspartei.

Darüber hinaus wurden Streitfragen und potenzielle Erregungsthemen im Vorfeld der heißen Wahlkampfphase semantisch desinfiziert, womit man der SPD markante Unterscheidungsmerkmale nahm. Blendende Etiketten erfüllten ihren Zweck: Lohnuntergrenze, Lebensleistungsrente, Mietpreisbremse, Bildungsrepublik Deutschland und so weiter. Unserer »Strategie der Divergenz« ging der Treibstoff aus; in dem schnellen Takt eines Wahlkampfes nehmen sich nur wenige die Zeit, bis auf den Boden der Wahlpakete zu kramen, um festzustellen, dass sich die Inhalte doch stark von denen des politischen Gegners unterscheiden. Statt die Pakete auszuleuchten und den Inhalt zu vergleichen und zu bewerten, begnügten sich nicht wenige Kommentatoren schadenfroh mit der Feststellung, der gelungene »Themenklau« von CDU/CSU lasse die Sozialdemokraten ziemlich bedeppert aussehen.

Es fehlte keineswegs an Versuchen unsererseits, den Wahlkampf inhaltlich aufzuladen: Die NSA-Ausspähaffäre mit der Frage von Grundrechtsverletzungen, die Ablehnung von Kampfdrohnen, die Vermeidung kriegerischer Eskalation im Syrien-Konflikt, die Auswertung des Armuts- und Reichtumsberichtes, der ein grelles Schlaglicht warf auf die Spaltungstendenzen in unserer Gesellschaft, oder die Bekämpfung von Steuerbetrug – nichts hat gezündet. Alle Transportversuche wurden zunichtegemacht von der verbreiteten Grundstimmung in der Wählerschaft, nach der das Land in einem guten Zustand und Frau Merkel als Bundeskanzlerin die bewährte Kraft war, darüber auch weiterhin zu wachen.

Im sechsten Jahr nach Ausbruch der Finanzkrise und des größten Wachstumseinbruchs seit 1949 gab es für die breite Mehrheit der Bevölkerung im Wahljahr 2013 keinen Anlass zur Beunruhigung. Vergleiche mit anderen europäischen Staaten, die mit hoher Arbeitslosigkeit, Verlust an Wettbewerbsfähigkeit, Wachstumsschwächen, höheren Schulden und Problemen auf den Kapitalmärkten zu kämpfen hatten – und immer noch haben –, bestätigten die Selbstwahrnehmung der Deutschen: Wir leben in einer Idylle und wollen keine Störenfriede. Dass es uns im Vergleich sehr viel besser geht, hat mehrere Gründe: die Reformagenda 2010 von Gerhard Schröder, eine wettbewerbsfähige industrielle Wertschöpfungskette, den Unternehmensgeist eines breiten Mittelstandes, eine (noch) leistungsfähige Infrastruktur, soziale Stabilität. Aber all diese Gründe haben in der öffentlichen Debatte keinen hohen Stellenwert: Reformen sind eher negativ besetzt, sie bedeuten für die meisten Einbußen und Anstrengungen. Die Voraussetzungen dafür, unsere industrielle Basis zu erhalten, kollidieren mit postmateriellen Interessen. Unternehmertum ist nicht selten dem Verdacht der Ausbeutung ausgesetzt. Der Substanzverfall von Infrastruktur wird als schleichender Prozess hingenommen. Die Fliehkräfte in unserer Gesellschaft werden unterschätzt, solange sie die bürgerlichen Stadtviertel noch nicht erreicht haben.

Weil viele die Zusammenhänge nicht sehen wollten zwischen dem vergleichsweise guten Zustand unseres Landes und den Bedingungen, auf denen er beruht, erlebten wir einen weitgehend entpolitisierten Wahlkampf. In Zeiten einer verbreiteten Sorglosigkeit entsprach dies dem Wunsch vieler Bürger, von der Politik und ihren Zumutungen in Ruhe gelassen zu werden. Die SPD traf mit ihrer Zustandsbeschreibung der Republik und ihrem Wahlprogramm erkennbar nicht das Lebensgefühl eines größeren Teils der Wahlbevölkerung. Sie erschien vielen offenbar als »anstrengend« und löste eher Unsicherheit als optimistische Wechselstimmung aus. Verstörend wirkte auf viele vor allem die Ankündigung, Entwicklungen auf dem Arbeitsmarkt zu korrigieren, Steuern für die obere Einkommens- und Vermögensetage zugunsten von Bildung, Infrastruktur, Kommunen und zur haushaltspolitischen Konsolidierung zu erhöhen und familienpolitische Leistungen neu zu justieren.

Natürlich wurde der Wahlkampf auch deshalb als spannungslos empfunden, weil es uns nicht gelang, die Machtfrage zu stellen. Aber im Kern wollte die Mehrheit der Bürger keine Spannung und keinen enervierenden Wahlkampf, sondern wollte in Ruhe gelassen werden. Dieses Ruhebedürfnis bediente Frau Merkel mit der CDU/CSU kongenial. Die Leistungsbilanz der Koalition aus CDU/CSU und FDP mochte noch so dürftig ausfallen, ihre Überhöhung zur »erfolgreichsten Bundesregierung« seit der deutschen Wiedervereinigung als eine für die politische Klasse typische Autosuggestion durchschaut werden, die mit der Realität heftig kollidierte: Die Mehrheit der Wähler, die das so sah, strafte die FDP ab, war aber nicht bereit, die Union oder gar die Bundeskanzlerin in Haftung zu nehmen. Seit Beginn ihrer »Liebesheirat« 2009 waren 45 »Gipfel« –

also monatlich fast einer – ziemlich folgenlos geblieben, man hatte lediglich viele Nullsätze fabriziert (»Die Zukunft ist unbekannt«, »Die Welt schläft nicht«, »Europa befindet sich in einer sehr ernsten Lage«). Aber solche Nullsätze waren für viele offenbar erträglicher als der eine oder andere expressionistische Ausdruck des Kanzlerkandidaten der SPD.

Alle Pfeile auf die Person der Kanzlerin prallten an dieser ab. Die Relativierung christdemokratischer Werte, ihr Rückzug zur bloßen Moderation, fehlende Zielvorstellungen, ständiges Durchwursteln und eine farblose Rhetorik: Für nicht wenige wurde Frau Merkel ob solcher Vorwürfe eher noch sympathischer. Tatsächlich erwiesen sich in diesem Bundestagswahlkampf ihre Normalität und Bodenhaftung als enorme Stärke. Frau Merkel als Mutter aller deutschen Porzellankisten überforderte nicht mit Visionen. Eine bewährte, auf Sicht fahrende Chauffeuse schien vielen die beste Versicherung gegen alle Eventualitäten. Und: Sie provozierte niemanden! Die Sehnsucht nach Klartext, Zuspitzung, Leidenschaft hielt sich in Grenzen. Mit einem Satz: Frau Merkel traf die »mentale Tiefenströmung im Land« (Thomas Steg).

Spiegelbildlich gilt: Die SPD traf diese mentale Tiefenströmung eben nicht. Das lässt nur den Rückschluss zu, dass meiner Partei und mir eine Reihe von Fehleinschätzungen unterlaufen ist. Wir sahen die gesellschaftlichen und ökonomischen Realitäten offenbar durch ein Prisma, dessen rosa Farben suggerierten, dass es der SPD angemessen sei, sich für Verlierer, Marginalisierte und Minderheiten in unserer Gesellschaft einzusetzen. Das ist ehrenvoll und nötig. Aber mit der Vertretung und Wahrnehmung berechtigter Interessen von Gruppen lässt sich keine parlamentarische Mehrheit gewinnen. Solange sich nämlich die große Gruppe der »tüchtigen Leute« (Olaf Scholz) oder der »produktivistischen Klasse« (Peter Glotz) mit ihrem Leistungsethos und ihrem Sinn für Proportionen nicht angemessen berücksichtigt sieht, wird sie mehrheitlich anderen Parteien das Vertrauen schenken. Das bedeutet selbstredend nicht, diejenigen zu vernachlässigen, die sich im ökonomischen und sozialen Wandel abgehängt oder diskriminiert fühlen. Aber das Hohelied der Solidarität mit ihnen anzustimmen reicht nicht aus, wie die Bundestagswahlen 2009 und 2013 zeigen.

75 Prozent der Deutschen waren im Verlauf des Wahljahres mit ihrer ökonomischen Perspektive zufrieden. Sie sahen (und sehen) Deutschland nicht am sozialen Abgrund und haben bei einem ausgeprägten Sinn für Gerechtigkeit auch nicht den Eindruck, dass wir in eine Armutsgesellschaft taumeln. Die deutlich gewachsenen Unterschiede in der Verteilung von Einkommen und Vermögen waren einer breiten Wählerschaft zwar keineswegs entgangen, und Korrekturen wurden mehrheitlich befürwortet. Aber statt einer scharfen Kursänderung mit vielen Unwägbarkeiten bevorzugte der Wähler eine andere Form der Abstrafung. Er holte die Partei, deren kruden Vulgärliberalismus er für die Fehlentwicklungen der letzten Jahre verantwortlich machte, nicht nur von der Regierungsbank, sondern warf sie gleich ganz aus dem Bundestag. Und stützte gleichzeitig die politische Kraft, der er am meisten Wirtschaftskompetenz zutraute.

Die SPD unterschätzte das Selbstbildnis der Republik. In der Wahrnehmung der meisten Wähler ging es Deutschland gut. Es war das beste Deutschland, das sie je gesehen hatten – und das stimmte ja auch. Deutschland hatte im Gegensatz zu einigen europäischen Nachbarn seine Hausaufgaben gemacht. Dafür wollten wir nicht wie ein Klassenprimus »angemacht« werden. Die Sparmelodie der Kanzlerin, die sie anderen Ländern vorsang, klang in den Ohren der deutschen Wählerschaft keineswegs ungezogen: Deren Fehler und Versäumnisse konnten wir doch nicht auch noch mit unserem Geld belohnen!

Nach der verlorenen Bundestagswahl gab es gewichtige Stimmen, die sagten, dass die Wahl für die SPD – unbenommen der Sturzgeburt meiner Nominierung, der unzureichenden Startbedingungen meiner Kandidatur und einiger »Stockfehler« meinerseits – bereits verloren gewesen sei, bevor die Kampagne überhaupt begonnen habe. Es gab von vornherein keine Wechselstimmung.

Die Wettquoten wiesen längst aus: Die Kanzlerin bleibt Kanzlerin. Ein überragendes Wahlkampfthema, das die politische Bühne umgekrempelt und das Publikum auf die Bänke getrieben hätte, ließ sich weder erkennen noch glaubhaft herbeireden.

Die ambitionslose Politik der letzten Legislaturperiode, die in der Bundestagswahl 2013 eher belohnt als bestraft wurde, die verbreitete Zufriedenheit mit dem Zustand des Landes und eine mentale Grundströmung, mit Anstrengungen und Erschwernissen nicht gequält werden zu wollen, entbinden allerdings nicht von der Frage, ob wir fortdauernd die Augen vor einer Reihe von Herausforderungen verschließen und uns den Erfordernissen einer einigermaßen sicheren Zukunft verweigern können. Mit anderen Worten: Sind wir dabei, die Zukunft aus einer momentanen Wohllebe und Sorglosigkeit zu vertagen?

Kandidat – Programm – Partei

Der Kandidat Meine Kandidatur für das Amt des Bundeskanzlers war ein Fehler – mein Fehler. Er entsprang einer Selbsttäuschung, genauer: einer Fehleinschätzung meiner Möglichkeiten. Ich hätte die Grenzen erkennen müssen: nicht nur meine eigenen, sondern auch die, die mir durch meine Partei gesetzt wurden. Falsch beurteilt habe ich insbesondere das Profil der SPD in der breiten Wählerschaft und die Bedingungen für eine erfolgreiche Wahlkampagne. Ob eine andere Kandidatin oder ein anderer Kandidat ein besseres Ergebnis für die SPD hätte erzielen können, steht in den Sternen. Sie oder er hätte jedenfalls unter denselben Rahmenbedingungen in den Ring steigen müssen – und die waren nicht gerade bilderbuchmäßig.

Nach der Übergabe meines Amtes als Bundesfinanzminister an Wolfgang Schäuble im Herbst 2009 hatte ich eigentlich genug von meinem Leben als Akrobat unter der politischen Zirkuskuppel. Fast zwanzig Jahre lang hatte ich verantwortliche Positionen bekleidet – mit allen Verpflichtungen und Rücksichtnahmen, die meine Ämter von mir verlangten. Als einfacher Bundestagsabgeordneter fühlte ich mich deutlich freier.

Dass ich neben diversen Auftritten bei Sozialeinrichtungen, Vereinen, Schulen, Universitäten und ehrenamtlichen Organisationen auch bei Wirtschaftsunternehmen gegen Honorar auftrat, wo ich meine keineswegs bequeme Meinung vertrat (die Vorträge hatte ich den Regeln des Bundestags entsprechend offengelegt), habe ich mir nicht vorzuwerfen. Vorzuwerfen habe ich mir etwas anderes. Ich habe mich blenden lassen. Das Echo auf öffentlichen Veranstaltungen, die Resonanz auf mein Buch *Unterm Strich* und weitere Veröffentlichungen sowie nicht zuletzt hohe Umfragewerte, die aus meiner Zeit als Bundesfinanzminister herrührten, verführten mich zu Wortmeldungen. Warum sollte ich eigentlich auf den Hinterbänken sitzen bleiben? Vorn brodelt es ordentlich, und da, wo es brodelt, habe ich mich immer schon wohlgefühlt. Zweifellos ist es dort auch sehr heiß. Mit einer gewissen Koketterie rutschte ich also erneut in die politische Hexenküche und landete schließlich, unzureichend vorbereitet, auf dem Feld »Kanzlerkandidat«.

Die Liste meiner Selbsttäuschungen, von denen ich eingangs sprach, begann mit einer falschen Einschätzung der Aura der Bundeskanzlerin. Sie galt und gilt als machtbewusst, aber nicht machtversessen, präsent, aber nicht prätentiös, kompetent, aber nicht belehrend, problembewusst, aber gelassen. Kurzum, Frau Merkel wirkt beruhigend, was nicht zuletzt in den von ihr gewählten Formulierungen zum Ausdruck kommt. Ich hingegen glaubte, nach vier Jahren einlullender schwarz-gelber Tatenlosigkeit gäbe es ein Bedürfnis nach Klartext und neuem Elan, eine Sehnsucht nach Wechsel. Das aber kam einer Störung gleich. Im Übrigen musste ich ernüchternd feststellen, dass Angela Merkel selbst auf den mir nicht fremden Feldern der Wirtschafts-, Finanz- und Währungspolitik höhere Kompetenzwerte zugeschrieben wurden als mir.

Zum Zweiten unterlag ich der Selbsttäuschung, dass ein eher nonkonformistischer, in mancher Hinsicht atypischer Politiker, der sich von dem gestanzten und inhaltslosen »Politiksprech« abheben will, weil Politik für ihn mehr ist als bloße Moderation, im Rennen um das Kanzleramt eine realistische Chance hat. Ich unterschätzte den Effekt, dass jedes meiner Worte, jeder Satz und jede Geste nunmehr auf der Folie des Kanzlerkandidaten abgebildet wurden. Auf das höchste Regierungsamt projiziert, gereichte mir meine freimütige, manchmal auch flapsige Art zum Nachteil. Das hätte ich wissen müssen. Jedenfalls hätte ich es früher merken müssen. Dann wäre mir einiges an medialer Häme erspart geblieben. Dass einige Journalisten gar nicht mehr an politischen Inhalten interessiert waren, sondern auf meinen Veranstaltungen nur noch nach Anlässen suchten, die sich zum Fauxpas stilisieren ließen, ist hinreichend von Kollegen dieser Branche selbst beschrieben worden. Was bei dem Ex-Bundesfinanzminister und einfachen Bundestagsabgeordneten als unkonventionell und ungezwungen galt und willkommen war, fiel mir jetzt auf die Füße. Dem Herausforderer, der gelegentlich seiner Neigung zu Eskapaden stattgab, stand die Amtsinhaberin in ihrer ganzen Solidität und Besonnenheit (fast bis zur Unberührbarkeit) gegenüber.

Die dritte Selbsttäuschung lag in dem Irrtum begründet, ich könnte mit meinem Profil als Sozialdemokrat – kein Messdiener parteipolitischer Weisheiten, Anhänger von Helmut Schmidt und Gerhard Schröder, trainiert auf dem wirtschafts- und finanzpolitischen Spielfeld und nicht unbekannt aus der Banken- und Finanzkrise – in Wählerschichten von CDU/CSU vordringen. Ich hielt es für möglich, über eine bedrohte Arbeitnehmermitte und enttäuschte Verlierer hinaus ein Bündnis mit jenem Teil des engagierten Bürgertums und der kritischen Bildungseliten zu schließen, der sich wegen des gesellschaftlichen Zusammenhalts Sorgen machte und nach einer ambitionierteren Politik verlangte.

Von diesen Selbsttäuschungen abgesehen, hatten weder meine Partei noch ich vor (!) meiner Nominierung und den Arbeiten an unserem Wahlprogramm eine zutreffende, das heißt nicht vom Wunsch als Vater des Gedankens bestimmte Einschätzung der politischen Stimmung im Land. Von der verbreiteten Sorglosigkeit war schon die Rede. Alles sollte im Wesentlichen so bleiben, wie es ist, und dieses Bedürfnis bediente Angela Merkel perfekt. Während die SPD eine »Dramatisierung der Lage« betrieb und »Deutschland permanent am Scheideweg« sah (Peter Dausend), bot die Bundeskanzlerin ein Rundum-sorglos-Paket.

Die SPD startete verunsichert in einen schlecht vorbereiteten und von meinen persönlichen Fehlern zusätzlich belasteten Wahlkampf. Die anfänglichen Lähmungen konnten trotz guter Miene und hohen Einsatzwillens nie richtig abgeschüttelt werden. Wären die niedersächsischen Landtagswahlen am 20. Januar 2013 über 334 Stimmen in Hildesheim nicht von Stephan Weil und der SPD gewonnen worden, hätte es zum Desaster kommen können. Was uns vor allem fehlte, war ein elektrisierendes Thema, eine fesselnde politische Erzählung, die als »Game Changer« die Wählerschichten hätte begeistern können. Dieser Mangel wurde durch eine irritierende Hektik zu kompensieren versucht. Die SPD überflutete die Republik mit Anträgen, Beschlüssen und Stellungnahmen, die das Bild einer Villa Kunterbunt vermittelten. Hinzu kamen die dümpelnden Umfragewerte, die sich in manchen Fällen der 20-Prozent-Marke näherten. Sie legten sich wie Mehltau auf das Gemüt der Partei. Wir konnten strampeln, soviel wir wollten, und kriegten doch keinen Fuß in die Tür.

Eine direkte Folge dieser Verunsicherung und Selbstzweifel in der SPD war, dass ich als Spitzenkandidat enger an die Partei heranrücken musste, wollte ich die notwendigen Voraussetzungen einer erfolgreichen Wahlkampagne nicht verlorengeben – nämlich die Mobilisierung und Einsatzbereitschaft der eigenen Leute. Damit reduzierten sich aber zugleich meine Chancen, eine Mehrheit der Wahlberechtigten zu überzeugen. Mittel und Wege, beide Ziele zu erreichen, sind keineswegs identisch. Sie können sich sogar beißen. Deshalb braucht eine Partei wie die SPD eine Arbeitsteilung zwischen einem Spitzenkandidaten mit hoher Glaubwürdigkeit und Reichweite und einer Parteiführung, die ihn gegenüber der Partei abschirmt und diese gleichzeitig als geschlossene Truppe auflaufen lässt.

Ich hatte nach eigenen Anfangsfehlern viel Unterstützung aus der Partei erfahren und schuldete ihr, auf irritierende Ausreißer und eine Belastung der teilweise mühsam austarierten Parteilinie zu verzichten. Es gab im weiteren Verlauf des Wahlkampfs keinen Spielraum mehr, etwa das SPD-Steuerkonzept verträglicher zu machen oder das Rentenkonzept auf realistischere Grundlagen zu stellen. Zum Steuerkonzept hatten mir der stellvertretende Vorsitzende der SPD-Bundestagsfraktion Hubertus Heil und der Leiter meiner persönlichen Wahlkampagne Heiko Geue zugearbeitet. Beim Rentenkonzept stand ich in Kontakt mit Experten, die mit Blick auf die Vollkosten und arbeitsmarktpolitischen Konsequenzen große Zweifel an den rentenpolitischen Vorstellungen der SPD hegten. Letztere lieferten mir vernünftige Vorschläge, rieten mir aber, in einem Wahlkampf nicht hinter einem abgefahrenen Zug herzulaufen.

Mit anderen Worten: Steinbrück war irgendwann nicht mehr Steinbrück. Weil ich der SPD nichts mehr zumuten konnte, mutete die SPD mir Positionen zu, die aus der Sicht der Wähler meine komparativen Vorzüge weitgehend neutralisierten. So verlor ich – zweifellos auch durch eigenes Zutun – meine Wirkungsmöglichkeiten über den Radius meiner Partei hinaus. Die Arbeitsteilung zwischen Kandidat und Parteiführung kam nicht wie beidseitig gewünscht und erforderlich zustande.

Es ist zweifellos richtig, dass das Land 2012/2013 nicht am sozialen Abgrund stand. Richtig ist aber auch, dass weite Teile der Bevölkerung nach mehr sozialer Gerechtigkeit verlangten und die zunehmende Drift zwischen Arm und Reich beklagten. Deshalb waren die Zustimmungswerte zu einzelnen Komponenten unseres Wahlprogramms – Einführung des Mindestlohnes, Rente mit 63 oder Erhöhung des Spitzensteuersatzes – ungewöhnlich hoch. Aber dies schlug sich nicht positiv bei den Umfragewerten zur Parteipräferenz nieder. Im Gegenteil: Hatten auf die Frage, ob es in Deutschland gerecht oder ungerecht zugehe, zum Jahresbeginn 2013 noch 43 Prozent der Befragten »gerecht« und 51 Prozent »ungerecht« geantwortet, so kehrte sich das Verhältnis bis kurz vor der Bundestagswahl um; jetzt sagten 55 Prozent »gerecht« und 40 Prozent »ungerecht«. Besonders nachdenklich stimmte uns die anhaltend positive Bewertung der wirtschaftlichen Lage. Auf die Frage, wie sie ihre derzeitige Lage einschätzten (sehr gut / gut oder weniger gut / schlecht), antworteten kurz vor der Bundestagswahl sagenhafte 74 Prozent sehr gut / gut. Kaum schlechtere Noten gab es bei der Bewertung der wirtschaftlichen Situation des Landes insgesamt.*

Es gibt einen weiteren demoskopischen Befund, der ahnen lässt, mit welchen Hypotheken der Wahlkampf der SPD von Anfang an belastet war. Während des gesamten 51-wöchigen Hürdenlaufes hatte die große Koalition im Vergleich zu allen anderen denkbaren Alternativen die höchste Präferenz in Umfragen. Das stand in einem massiven Widerspruch zu dem erklärten Grundsatz der SPD, nicht noch einmal in einer großen Koalition zu landen. Zweifellos darf eine Partei selbst als Außenseiter nicht auf Platz, sondern sie muss auf Sieg setzen, wenn sie nicht mit einem angebundenen Bein ins Rennen gehen und schon mal einige Prozentpunkte von vornherein aufgeben will. Aber hier geriet die Wahrnehmung eines großen Teils der SPD-Parteiaktivitas ein weiteres Mal in einen Gegensatz zu den Wünschen der Wählermehrheit. Selbst nach Vorlage des amtlichen Endergebnisses brauchten diese SPD-Kreise noch einige Wochen, bis sie bereit waren, den Wählerwillen anzuerkennen und mit der vorteilhafteren Option der politischen Mitgestaltung auf der Regierungsbank Platz zu nehmen, statt sich auf den Oppositionsbänken über Mondscheinforderungen der Linkspartei vorführen zu lassen.

Die SPD konnte die schwache Vorstellung der schwarz-gelben Koalitionsregierung mit ihren folgenlosen Gipfelveranstaltungen noch so sehr verspotten und ihre Metzeleien untereinander noch so genüsslich kommentieren: An der Kanzlerin prallte das ab. Sie hatte sich längst aus den parteipolitischen Niederungen erhoben und präsidial abgesetzt. Ging es um ihre Person, boxte die SPD deshalb bis zum Schluss mit Watte und verbot sich jede Form der Ironie und Herabsetzung sowie alle Vorwürfe von Führungsschwäche. Nach demoskopischen Erkenntnissen wären solche Angriffe vom Wähler nicht goutiert worden. Die Kanzlerin war der nicht zu erschütternde Aktivposten der Union.

Die falsche Einschätzung der politischen Stimmung, die in einem klaren Gegensatz zur Wahrnehmung und zum Lebensgefühl eines überwiegenden Teils der Bürger stand, führte geradewegs zu einer falschen Erzählung im Wahlkampf. Die schon erwähnten tüchtigen Leute, die sich an die Regeln halten, Kinder in die Welt setzen, deren Erziehung ihnen am Herzen liegt, keine Ausnahmen in Anspruch nehmen, Steuern und Sozialversicherungsabgaben zahlen – sie teilten die Lagebeschreibung des Landes durch die SPD nicht und fanden sich deshalb in unserem politischen Angebot auch nicht angemessen wieder. Es dauerte viel zu lange, bis wir endlich kapierten, dass die Wähler zwar eine sozialdemokratische Politik wollten – aber unter Führung von Frau Merkel und mit der SPD als Juniorpartner. Frau Merkel wusste das – auch mit Blick auf bequeme Mehrheiten im Bundesrat – von Anfang an und verabschiedete die FDP dementsprechend leidenschaftslos.

Die Schilderung meiner persönlichen Empfindungen im Bundestagswahlkampf soll kurz gehalten werden. Ich verweise auf das spätere Kapitel *Mediendemokratie* und begnüge mich hier mit der Feststellung, dass selbst zwanzig Jahre Erfahrung »aufm Platz« – mit Blutgrätschen, Pfeifkonzerten und dem einen oder anderen Eigentor – nicht ausreichten, sich die Härten eines solchen Wahlkampfs vorzustellen. Ich meine nicht die Auseinandersetzung mit dem politischen Gegner. Wer an den Herd drängt, weiß, dass es in der Küche heiß werden kann. Aber in zu vielen Fällen ging es nicht um politische Rezepte, die über die Zukunft unseres Landes entscheiden, sondern um Persönliches und Nebensächlichkeiten, aus denen sich Funken der Erregung schlagen ließen. An die Stelle einer zu akzeptierenden Kritik trat häufig schlichte Häme. Der zunehmend von Online-Diensten getriebene Trend zu einem Meinungsjournalismus, der keinerlei Recherchen mehr bedarf und stets etwas Süffiges anbieten muss, spielte in diesem Wahlkampf eine unübersehbare Rolle. In diesem Pulk des Meinungsjournalismus bildet sich ein Mainstream heraus, der alles sucht und begierig vermarktet, was ihn selbst bestätigt. Als persönlichen Höhepunkt erlebte ich den Versuch der Springer-Blätter *Welt* und *Welt am Sonntag*, mich wenige Wochen vor der Wahl in die Nähe einer Komplizenschaft mit der Stasi und sogar dem KGB zu rücken. Dass keiner der verantwortlichen Redakteure vorab auch nur versucht hatte, mich zu kontaktieren und mir die Gelegenheit zu einer Stellungnahme einzuräumen, versteht sich von selbst. Auch eine Geste der Entschuldigung hat es bisher nicht gegeben. Mieser Journalismus oder plumpe Wahlbeeinflussung?

Wenn ich ehrlich bin, habe ich zwischenzeitlich sogar mit noch Schlimmerem gerechnet. Noch werden Wahlkämpfe in Deutschland nicht mit den gleichen harten Bandagen wie in den USA ausgetragen. Aber es wäre naiv, zu glauben, dass es nicht auch bei uns Handwerker fürs Grobe gibt, die den Medien gabelfertig servieren, was diese auf der Jagd nach Anstößigem suchen. Ein Szenario, das mich in diesem Sinne im Wahlkampf beschäftigte, ging von einer anonymen Anzeige gegen mich bei einer Staatsanwaltschaft aus. Wäre ein Offizialdelikt Gegenstand dieser anonymen Anzeige gewesen – etwa der in meinem Fall sicher ideale Vorwurf des Steuerbetruges mit einem Konto in der Schweiz –, wäre die betroffene Staatsanwaltschaft gezwungen gewesen, Ermittlungen aufzunehmen. Parallel zu der Anzeige wäre die Redaktion einer Zeitung mit möglichst großer Auflage vom Eingang dieser Anzeige unterrichtet worden, woraufhin die Redaktion recherchiert und die Staatsanwaltschaft angerufen hätte, um sich weitere Informationen zu besorgen. Je nach Mitteilsamkeit wären von der Staatsanwaltschaft nicht nur die Anzeige und die Aufnahme von Ermittlungen bestätigt worden, sondern auch deren höchst klebriger Gegenstand. Am nächsten Tag wäre dies der Aufmacher selbiger Zeitung gewesen – natürlich mit Fragezeichen und presserechtlich völlig sauber. Selbst wenn es mir dann gelungen wäre, nach drei oder vier Tagen lupenrein nachzuweisen, dass an der »Story« nichts dran ist, wäre im öffentlichen Bewusstsein haften geblieben, dass da irgendetwas war.

Der Bundestagswahlkampf 2013 war, wie ich finde, fair und entsprach mitteleuropäischen Umgangsformen. Selbst die Parteizentralen bewegten sich im Rahmen der vom politischen Wettbewerb gezogenen Grenzen. Aber auf eine mögliche Verschärfung der Tonlage in künftigen Bundestagswahlkämpfen sollten wir uns ebenso einstellen wie auf eine Forcierung der »Hintergrundarbeit«, die das Internet als Plattform für Kampagnen nutzt und selbst vor einer Instrumentalisierung der Justiz nicht zurückschreckt.

Die dümpelnden Umfragewerte für die SPD drückten die Stimmung des Wahlkampfteams. Das musste durch straffe Körperhaltung, Dauerlächeln und die ständige Wiederholung von Sprechblasen überspielt werden. Während Meinungsforschungsinstitute untereinander in einem ähnlichen Konkurrenzverhältnis stehen wie die Medien, bilden sie mit diesen gemeinsam eine symbiotische Beziehung, sobald es darum geht, Druck auf die Politik auszuüben. In den letzten Jahren hat die »Beschleunigung und mediale Bedeutung von Umfragen […] massiv zugenommen«*. Meine Zweifel zielen nicht auf die Seriosität der diversen Umfragen. Tatsächlich können die führenden Institute darauf verweisen, dass sich ihre Vorhersagen zum Ausgang der Bundestagswahl 2013 in einem erstaunlich engen Korridor bewegten, den das Ergebnis bestätigte.

Meine Zweifel gelten vielmehr dem Effekt des sogenannten »Bandwagon«. Das ist die Versuchung, sich im richtigen Moment auf die Seite des wahrscheinlichen Siegers zu schlagen. Wer will schon bei den Verlierern sein? Wenn mein Verdacht zutrifft, dann wäre den Meinungsforschungsinstituten ein gewisser manipulativer Einfluss nicht abzusprechen. Je häufiger die Umfragen gegen Ende eines Wahlkampfs auf die Wählerschaft einprasseln, desto stärker dürfte dies dem Spitzenreiter Wind unter die Flügel blasen.

Dagegen befindet sich der Verfolger in einem andauernden Erklärungsnotstand, wie er denn den Vorsprung des Gegners auszugleichen gedenke. Wie soll er darauf antworten? Hätte er eine Antwort, wäre er sicher nicht im Umfrageloch. Dieser »Bandwagon-Effekt« dürfte bei einem Kopf-an-Kopf-Rennen kaum eine Rolle spielen. Aber bei einer Aufholjagd legt er dem zurückliegenden Verfolger zusätzliche Gewichte auf die Schultern.

Es gehört zur Marketingstrategie der Meinungsforschungsinstitute, aus den Umfrageergebnissen mehr oder weniger luzide Schlüsse und Bewertungen abzuleiten und dabei ihre Chefs als Gurus auftreten zu lassen. Neben manchen Journalisten mit seherischen Fähigkeiten und hohem Deutungsanspruch gibt es also eine zweite Kaste, die von der Kunst der Interpretation fest überzeugt ist. Deshalb werden regelmäßig (vor der Wahl wöchentlich) Tabellen der Parteien und monatliche Rankings der Politiker zusammengestellt. Die Tabellenstände und Beliebtheitskurven entwickeln jenseits politischer Inhalte eine Eigendynamik: Sie beeinflussen Meinungen und Präferenzen des Publikums, aber auch die professionelle Kommentierung in den Medien. Umgekehrt lassen sich Politiker dazu verleiten, auf diese Charts zu schielen und daran ihre Politik auszurichten. Beides scheint mir für die Demokratie wenig verträglich.

Im Nachhinein war es wie eine sich selbst erfüllende Prophezeiung: Die Bundestagswahl war für mich und die SPD bereits im Frühjahr 2013 verloren. Natürlich durfte sich das niemand von uns anmerken lassen, weil das jedweden Einsatz entkräftet und noch mehr Prozentpunkte gekostet hätte. Die knapp gewonnene niedersächsische Landtagswahl Ende Januar 2013 hatte zwar noch einmal Hoffnung gegeben. Aber danach ließ sich bis zur Bundestagswahl keinerlei aufsteigende Tendenz mehr erkennen. Damit trat meine größte Befürchtung ein: das Fehlen einer Machtoption mit den Grünen in einer einigermaßen realistischen Reichweite. Die hatte es in der Enttäuschung über eine schwarz-gelbe Koalition in einem Zwischenhoch gegeben. Jetzt erinnerte mich die Lage an die Bundestagswahl 2009. Eine rot-grüne Konstellation schmolz im Verlauf des Wahlkampfes dahin. Es gehört seit Gründung der Bundesrepublik Deutschland zum Standardrepertoire der Konservativen, unverdrossen alle vier Jahre die politische Geisterbahn aufzubauen: Alle Wege führen nach Moskau! Auch 2013 wurde wieder das Folterwerkzeug einer drohenden sozialistischen Machtübernahme vorgeführt, um ängstliche Wähler bei der Stange zu halten. Selbst im Wahlkampf 2013 war Rot-Rot-Grün »das Phantom der deutschen Politik« (Daniel Brössler).

Wenn sich die Machtfrage in einem Wahlkampf nicht wirklich stellt und Publikum, Medien und Demoskopen das wahrscheinliche Ergebnis schon durchgewinkt haben, ist es sehr schwer, noch Spannung zu erzeugen. So blieb mir nur das persönlich gesteckte Ziel, die SPD mit einem Zugewinn von vier bis fünf Prozent an die 30 Prozent heranzuführen. Dieses Ziel hielt ich insbesondere nach dem TV-Duell mit Frau Merkel und einem anschließenden Aufeinandertreffen mit ihr im Bundestag für erreichbar. In den letzten vier Wochen hatte die SPD einen guten Lauf. Umso schmerzhafter war das magere Ergebnis von 25,7 Prozent. Die eine oder andere Nervosität und Irrationalität in den Reihen meiner Partei mit dem Näherrücken des Wahltags will ich nicht leugnen. Indizien dafür waren Koalitionsspielchen und Spekulationen über die »Rolle der SPD danach«.

Bleibt zu ergänzen, dass ich die Reaktion vieler Medien auf mein Kompetenzteam, das ich im Mai/Juni 2013 vorstellte, unsäglich fand. Da wurden zum Beispiel mit Gesche Joost, Yasemin Karakaşoğlu, Oliver Scheytt oder Cornelia Füllkrug-Weitzel neue, teils junge, unzweifelhaft kompetente Personen präsentiert, die mit Sicherheit keine Parteikarrieristen, Alterspräsidenten und Talkshow-Könige waren, sondern einen Schuss Nonkonformismus und neues Denken in die politische Debatte zu bringen versprachen. Und was geschah? In teilweise verletzender Form wurde über ihren mangelnden Bekanntheitsgrad hergezogen. Da wurden mit Florian Pronold und Karl Lauterbach begabte Nachwuchspolitiker meiner Partei benannt – und gefragt wurde nur, warum keiner aus der Parteiführung dabei sei. Da war mit Klaus Wiesehügel ein gestandener Gewerkschaftsführer im Team – und dann ginges plötzlich nur noch um Bemerkungen, die er zehn Jahre zuvor zur Agenda 2010 gemacht hatte. Als ob die SPD auf einen Gewerkschaftsführer seines Kalibers in einem solchen Kompetenzteam hätte verzichten können. Wenn wir weiterhin so mit Personen umgehen, die den Sprung in die Politik wagen und dort für Impulse sorgen können, dann hat unsere Demokratie ein gewaltiges Personalproblem!

Dieser Wahlkampf war reich an einmaligen Erfahrungen. Es gab Momente, in denen ich mich an diesen Kalauer erinnerte: »Und aus dem Chaos sprach eine Stimme zu mir: ›Lächle und sei froh, es könnte schlimmer kommen.‹ Und ich lächelte und war froh – und es kam schlimmer.« Trotzdem bleiben viele bewegende, mich anrührende oder auch fröhlich stimmende Momente. Vor allem der Zuspruch mir völlig unbekannter Menschen beim Einkauf oder auf der Straße, die Aufmunterungen von Parteifreunden, aber auch gelegentlicher Beifall aus dem gegnerischen Lager an völlig verhangenen Tagen bleiben unvergessen. Ihnen schulde ich Dank! Meiner Familie, die diese Kandidatur nicht wollte, schulde ich am meisten.

Das alles hätte ich *vor* meiner Kandidatur nüchtern abwägen und mit der Führung meiner Partei erörtern müssen, um daraus gemeinsame Schlussfolgerungen zur Strategie, zum Wahlprogramm und nicht zuletzt zur Stellung des Spitzenkandidaten im innerparteilichen Machtgefüge zu ziehen. Nicht zu reden von Organisationsfragen bis hin zu Personal, Zuständigkeiten, Agenturen und Ressourcen. Die Fehler waren gemacht, den Fehleinschätzungen habe ich nicht widersprochen. Darunter zu leiden hatten viele. Dennoch blieben aus Rücksichtnahme und mit Blick auf wechselseitige Empfindlichkeiten notwendige Klärungen aus. Manchmal kam es auch zu Entladungen; im Juni 2013 auch zwischen dem Parteivorsitzenden und mir.

Zu verantworten hatte ich das alles selbst. Aber vielleicht sind meine Erfahrungen ja für diejenigen nützlich, die demnächst einen Wahlkampf zu bestreiten haben.

Das Programm Das 118-seitige Wahlprogramm der SPD ist mir nicht aufgezwungen worden. Ich war an den Diskussionen beteiligt. Ich habe dem Text zugestimmt. Also kann ich mich nachträglich nicht damit herausreden, dass es keine Strahlkraft entfaltete. Den Eindruck mancher Kommentatoren, dem eher »rechten« Spitzenkandidaten Steinbrück sei von einflussstarken Teilen der Partei ein »linkes« Programm als Fußfessel verpasst worden, teile ich nicht. Ich war überzeugt, dass angesichts der Verwüstungen eines entfesselten Kapitalismus und beunruhigender Fliehkräfte in unserer Gesellschaft der Wahlspruch »Das Wir entscheidet« richtig war. Es ging um mehr Gemeinsinn, um einen aktiven und aktivierenden Staat, der das Feld nicht militanten Marktkräften überlassen darf, um intakte Kommunen, um mehr Chancengerechtigkeit, um weniger Ich und mehr Wir.

Dieser Katalog entsprach voll und ganz meinem politischen Credo. Er musste mir nicht erst mit der Debatte um das Wahlprogramm anerzogen werden. Es ging mir um eine Renaissance der sozialen Marktwirtschaft: In der Kombination ihrer Anreizwirkungen mit einem handlungsfähigen Staat liegt die Zukunft. Die Schäden, die deregulierte Märkte, privatisierte öffentliche Leistungen, börsenfixierte Zerschlagungen von Unternehmen und eine um sich greifende Ökonomisierung aller Gesellschaftsbereiche angerichtet haben, sind allenthalben zu besichtigen. Ein gezähmter Kapitalismus und eine sich ergänzende, nicht antagonistische Beziehung von Markt und Staat (oder Staatenverbund) scheinen mir nach wie vor die richtige ordnungspolitische Antwort zu sein.

Deshalb habe ich Botschaft, Ausrichtung und Kernanliegen des Wahlprogramms mitgetragen, wenn auch nicht jede Formulierung mit Enthusiasmus. Aber darüber streitet ein Spitzenkandidat nicht bis zum letzten Blutstropfen. Statt der weit über hundert Seiten hätte ich ein lesbares, auf wesentliche Aussagen konzentriertes, maximal dreißig Seiten umfassendes Programm vorgezogen. Das Streben nach Vollständigkeit war dem Wunsch geschuldet, alle innerparteilichen Anliegen zu berücksichtigen. Ein Wahlprogramm richtet sich nun einmal vor allem an die eigenen Leute. Die Kritik an diesem »Kompendium«, seinem Marketingjargon, seinem Aufzählungscharakter und seiner unklaren Stoßrichtung mag feuilletonistisch überzogen sein. Eine bittere Medizin ist sie dennoch. Künftige Autoren von Wahlprogrammen sollten sie schlucken.

Ich gebe zu, dass mir die Antenne für das »grenzenlose Sendungsbewusstsein«, die »globalen und alles umfassenden Ziele«, die alle Grenzen von Politik sprengen, und die »verbrämte Erlösungshoffnung«, die aus manchen Passagen des Programms sprachen, erst später durch das Buch *Der Zirkus. Ein Jahr im Innersten der Politik* von Nils Minkmar aufgesetzt worden ist.* Dem kann man entgegenhalten, dass die Autoren einem Welt- und Menschenbild folgten, das die SPD seit 150 Jahren antreibt. Richtig ist, dass der überhöhte Idealismus in unseren sachlich-nüchternen Zeiten befremdlich und wirklichkeitsfern wirken kann. Tatsächlich listete das Wahlprogramm eine Reihe von Wünschen und Verboten auf, die nicht einmal bei einer Zweidrittelmehrheit im Deutschen Bundestag durchzubringen wären, geschweige denn im nationalen Alleingang.

Dem Vorwurf mangelnder inhaltlicher Alternativen, gar der Ununterscheidbarkeit zur Union kann ich hingegen nicht folgen. Für die Union war das Wahlprogramm im Lichte des zentralen Personalfaktors Angela Merkel offenbar nicht mehr als eine formale Pflichtübung. Es wurde nicht einmal auf Parteitagen von CDU und CSU verabschiedet, sondern von den beiden Parteipräsidien gemeinsam durchgewinkt. Mit ihrer Geringschätzung inhaltlicher Fragen lag die Union nicht einmal falsch. Im Blätterwald gab es nur ein ganz leises Rauschen über das »Märchenbuch«, in dem die Union eine Vielzahl von Wohltaten – alles zusammen 40 bis 50 Milliarden Euro – ausbreitete. Reformpläne suchte man darin vergeblich. Statt ein Finanzkonzept vorzulegen, wurde ein Finanzvorbehalt formuliert, unter den man sämtliche Ausgaben stellte – und alle staunten ob dieser Dreistigkeit. Die SPD hätte sich nach einem solchen Coup in der medialen Folterkammer wiedergefunden.

Im Bundestagswahlkampf 2009 hatte sich die SPD mit direkter Kritik an CDU/CSU zurückhalten müssen, da sie nun einmal mit der Union auf der Regierungsbank saß. 2013 entschied man sich ganz klar für eine Strategie der Divergenz zur Union. Wir waren uns einig, dass wir uns dieses Mal mit klaren Gegenpositionen abgrenzen mussten. Die Wahlkampfstrategie von CDU und CSU war nicht schwer zu decodieren: Sie wollten vier Jahre Wassertreten der schwarz-gelben Koalition vergessen machen, die Kanzlerin zum eigentlichen Programm ausrufen und das Wählerpotenzial der SPD demobilisieren. Aus einer gefühlten linken Mehrheit für einzelne Themen wie Mindestlohn oder Erhöhung des Spitzensteuersatzes glaubten wir (zusammen mit den Grünen) eine politische Mehrheit zimmern zu können. Darüber verloren wir Terrain in der vielbeschworenen politischen Mitte, die mit der Propaganda vom »Linksruck« der SPD, dem Steinbrück sich unterworfen habe, leicht zu erschrecken war.

Das Wahlprogramm der SPD zielte insbesondere auf diejenigen zehn Millionen Wähler, die in der Bundestagswahl 1998 schon einmal das Kreuz für die SPD gemacht, aber dann nach und nach unsere Fahne enttäuscht verlassen hatten. Sie wollten wir mit sozialdemokratischen Kernbotschaften ansprechen, ihre Sehnsucht nach mehr Gerechtigkeit und Gemeinsinn wollten wir wecken. Der Katalog reichte vom flächendeckenden Mindestlohn über ein verschärftes Vorgehen gegen Steuerbetrug, die Abschaffung des Betreuungsgeldes, die gleiche Bezahlung von Frauen und Männern, die Rente mit 63 oder eine Mietpreisbremse bis hin zu einer höheren Besteuerung der obersten Einkommen und Vermögen. Die Wählerschaft konnte sich mit vielen dieser Anliegen der SPD anfreunden – wählte sie aber mehrheitlich nicht. Offensichtlich hatten uns zehn Millionen Wähler zwischen 1998 und 2009 aus sehr unterschiedlichen Gründen den Rücken gekehrt. Weil wir ein falsches Foto von unserem Land, seiner Gesellschaft und deren Selbst-wahrnehmung hatten, bekam unser Wahlprogramm Schlagseite – und dies führte uns weg von der Mitte. Die politische Mitte mag noch so diffus und volatil sein, und sie mag unter dem Druck eines rasanten ökonomisch-sozialen Wandels schmelzen. Dennoch ist sie der Ort, wo sich die Mehrheit der Wähler politisch, soziologisch, kulturell selbst einordnet – ob uns das passt oder nicht. Wenn es diese politische Mitte angeblich nicht gibt, dann stellt sich die Frage, warum es der CDU/CSU gelingt, ebendiese Mitte für sich zu mobilisieren und dort Wahlen zu gewinnen – und der SPD nicht.

Der Duktus des Wahlprogramms der SPD ließ immer noch eine gewisse Verklemmung gegenüber dem Erbe der Agenda 2010 spüren. Wir hätten die Agenda 2010 zunächst selbstbewusst annehmen und denen abspenstig machen müssen, die in den Genuss ihrer politischen Rendite gekommen waren, nachdem sie die Reformen 2003 abgelehnt hatten. Anschließend hätten wir über Korrekturen der Arbeitsmarktpolitik reden können – nicht lamentierend, was alles schiefgelaufen ist, sondern stolz auf den eigenen Beitrag zum verhältnismäßig guten Zustand des Landes. Die latente Distanzie-rung von der eigenen Verantwortung kommt beim Wähler nicht gut an. Er fragt sich dann, warum er eine Partei wählen soll, die ein unterentwickeltes Selbstvertrauen hat.

Im Übrigen haben weit mehr Bürger die Botschaft der Agenda 2010 – das Land ist reformfähig und bereit, sich selbst zu verändern, damit es nicht wider Willen verändert wird – und den Zusammen-hang zwischen diesem Reformprogramm und der gegenwärtig starken Stellung unseres Landes verstanden, als dies in den Selbst-zweifeln der SPD zum Ausdruck kommt. Die ließen sich aus dem Wahlprogramm 2013 herauslesen. Es vermittelte jedenfalls nicht den Nachweis, dass die SPD unter Gerhard Schröder Deutschland mit einem Reformprogramm fit für die Zukunft gemacht und 2008/2009 durch das Krisenmanagement von Frank-Walter Stein-meier, Olaf Scholz und mir vor dem Absturz bewahrt hatte.

Das Deutschland-Foto der SPD sah so aus: Altersarmut, Kinderarmut, Pflegenotstand, Wohnungsmisere, Zweiklassenmedizin, Facharbeitermangel, unterbezahlte Frauen, Verfall der Infrastruktur, Integrations- und Inklusionsdefizite und überall Menschen in Not – von der alleinerziehenden Mutter ohne Kitaplatz bis zum Jungakademiker in der Praktikantenschleife, vom abgezockten Kleinanleger bis zum verzweifelten Langzeitarbeitslosen. Ja, das alles gab es und gibt es. Die Aufzählung ist eine bittere, unsere Gesellschaft beschämende Anhäufung von Ungerechtigkeiten. Jeder dieser Missstände verdient eine politische Würdigung und Lösung.

Aber das Foto, das die SPD im Wahlkampf hochhielt, zeigte eben nicht das ganze Bild von Deutschland, sondern nur einen – und zwar kleineren – Ausschnitt. Die Mehrheit nahm das Land ganz anders wahr, und diese Selbstwahrnehmung von Millionen Menschen spiegelte sich zu wenig in den Proklamationen der SPD wider. Die Mehrheit ist leistungsbereit und will ihre Qualifikation zur Geltung bringen. Dafür erwartet sie eine gerechte Entlohnung. Die meisten streben nach sozialen Verbesserungen und wollen, dass ihre Kinder gute Startchancen haben. Sie wollen sich in ihren Kommunen und Stadtvierteln sicher fühlen und engagieren sich gern auch ehrenamtlich. Sie wollen ihren Wohlstand genießen, üben Solidarität, wollen aber nicht ausgenutzt werden. Vor allem wollen sie vom Staat nicht gegängelt oder bevormundet werden.

Im Wahlprogramm 2013 der SPD war zu wenig die Rede von den Erwartungen, Interessen und Befindlichkeiten dieser Abermillionen Durchschnittsbürger. Viele unserer Politikangebote trafen auf deren Lebenspraxis und materielle Situation gar nicht zu. Von einem Mindestlohn von 8,50 Euro profitieren 5 bis 6 Millionen Bürger. Das ist gut. Aber an der materiellen Lage von 28 bis 29 Millionen Arbeitnehmerinnen und Arbeitnehmern ändert der Mindestlohn gar nichts. Die Rente mit 63 kommt schätzungsweise 200 000 Arbeitnehmern pro Jahr zugute – überwiegend männlichen Geschlechts. Mindestens ebenso viele Bürger suchen nach Lösungen, um über die gesetzliche Altersgrenze hinaus arbeiten zu können. Die doppelte Staatsbürgerschaft, die Gleichstellung gleichgeschlechtlicher Lebenspartnerschaften, eine menschenwürdige Flüchtlingspolitik, die individuelle Förderung von Schülerinnen und Schülern mit Migrationshintergrund oder die Eingliederung von Mitbürgern mit Behinderungen sind selbstredend höchst willkommene Wahlziele. Aber nur, wenn sich auch die Mehrheit der 60 Millionen Wahlberechtigten angemessen berücksichtigt findet. Stattdessen empfand der weitaus größere Teil der Bevölkerung unsere Steuerpolitik, obwohl er gar nicht unmittelbar betroffen war, eher als bedrohlich. Das deutliche Auseinanderklaffen der Vermögen ist eine nicht zu leugnende Tatsache. Aber ebenso zutreffend ist, dass über sechs Jahrzehnte Friedenszeit und Prosperität auch in der Breite der Bevölkerung Vermögen angesammelt werden konnten, wenn auch in bescheidenerem Umfang. Die Steuerprogression im mittleren Tarifbereich wird schon von manchen Facharbeitern als ungerecht und der Steuervollzug von nicht wenigen Existenzgründern, Freiberuflern und Mittelständlern als leistungsfeindlich empfunden.

In der SPD begnügten sich viele mit dem Ausschnitt, den sie für das Ganze hielten. Aber das Panoramabild wies aus, dass Deutschland wirtschaftlich stark, sozial stabil, gesellschaftlich friedlich und politisch ziemlich einig war – mit allen Abstrichen, die man machen muss, sobald man Vergrößerungen betrachtet. Im internationalen Vergleich präsentierten wir uns allemal auf Hochglanzpapier. Die soziale Gerechtigkeit als Kernkompetenz der SPD und Schwerpunkt unseres Wahlprogramms fiel deshalb weit weniger ins Gewicht, als wir in unserer Bestandsaufnahme dachten. Sie vermochte die schlechteren Noten der SPD auf zentralen Feldern wie insbesondere der Wirtschafts- und Finanzpolitik – und selbst der Arbeitsmarktpolitik! – nicht annähernd zu kompensieren. Das war ein strukturelles Problem der SPD – nicht erst bei dieser Bundestagswahl.

Ausgerechnet im Blick auf den Arbeitsmarkt – präziser: auf die weitere Spaltung des Arbeitsmarktes – könnte uns im Bundestagswahlkampf die schmerzhafteste Fehleinschätzung unterlaufen sein.

Hier wollten wir punkten. Das Normalarbeitsverhältnis (sozialversichert, tarifgebunden und unbefristet) sollte wieder »normal« werden. Eine punktuelle Zustimmung vermuteten wir bis in die Reihen von CDU/CSU-Wählern und Unentschiedenen. Aber der gewünschte Turbolader für die SPD war dieses zentral veranschlagte Thema nicht.

Das finstere Bild vom Arbeitsmarkt, das meine Partei geradezu liebevoll ausmalte, entsprach zwar der leidvollen Situation vieler, gab aber keineswegs die tatsächliche Entwicklung auf dem Arbeitsmarkt wieder. Tatsächlich war die Zahl der sozialversicherten Arbeitnehmer seit 2005 um mehr als 4 Millionen auf über 30 Millionen gestiegen. Die Arbeitslosigkeit inklusive Unterbeschäftigung sank auf 3,6 Millionen, die registrierte auf 2,8 Millionen. Die Zahl der Hartz-IV-Empfänger sank zwischen 2007 und 2013 um eine Million. Das Normalarbeitsverhältnis ist seit 2006 um 2,0 Millionen gewachsen. Zwar gab es 2013 rund 650 000 mehr Bürgerinnen und Bürger in Niedriglöhnen als 2009. Aber hinter dieser Zahl verbargen sich auch frühere Arbeitslose, nicht nur Absteiger aus besseren und sichereren Jobs. Teilzeitbeschäftigung wird aus unterschiedlichen Gründen gesucht; nur etwa 15 Prozent der Teilzeitbeschäftigten hätten 2012 gern Vollzeit gearbeitet, fanden aber keine entsprechende Beschäftigung. Es gab einen Aufschwung am Arbeitsmarkt, der keineswegs nur von Billigjobs getrieben war, sondern überwiegend zu Normalarbeitsverhältnissen führte.

Im Rückblick erscheint mir, dass die SPD – und ich schließe mich ein – Opfer des in unseren Reihen verbreiteten Traumas wurde, dem zufolge die Arbeitsmarktreform im Rahmen der Agenda 2010 eine Flut in die prekäre Beschäftigung und den sozialen Abstieg ausgelöst hatte, was dann wiederum zur Massenflucht ehemals klassischer SPD-Wähler ab 2005 führte. Tatsächlich kollidierte auch diese Sicht der SPD (und weiter Teile der Gewerkschaften) auf die Entwicklung des Arbeitsmarktes mit den nüchternen Zahlen, die bei der Bundesagentur für Arbeit abgerufen werden konnten. Natürlich gab es und gibt es auf dem Arbeitsmarkt Phänomene der

Deklassierung und Ausbeutung sowie zahllose Ungerechtigkeiten. Aber die Wahrnehmung der breiten Wählerschaft war offensichtlich eine andere.

Zweifellos durchlebte Deutschland im ersten Jahrzehnt des 21. Jahrhunderts eine längere Phase der »neoliberalen« Deutungshoheit. Ihr ergaben sich weite Teile der Wirtschaftswissenschaften, der Medien und der Politik. Diese Grundströmung führte dazu, dass zunächst der rheinische Kapitalismus begraben wurde. Ihren Bankrott erlebte diese Ideologie dann in der von ihrem Rüstzeug maßgeblich mit ausgelösten Finanz- und Wirtschaftskrise ab 2007. Es lag deshalb auf der Hand, dass die SPD ein Wahlprogramm präsentierte, das auf ganzer Linie gegen die Verwüstungen und Beschädigungen eines »Raubtier-Kapitalismus« (Helmut Schmidt) antrat. Die Deregulierung von Finanzmärkten, die Privatisierung von Leistungen der kommunalen Daseinsvorsorge, Beispiele prekärer Beschäftigung – all das bot genügend Anlass, mit einem alternativen Entwurf aufzuwarten, dessen Kern ein handlungsfähiger Staat bildete.

Dies war sicherlich richtig. Aber im Eifer des Gefechtes haben wir wahrscheinlich überzogen. Bei unserer emphatischen Beschreibung der Rolle des Staates kamen die Sicherung der individuellen Freiheitsrechte und die Würdigung unternehmerischer Initiativen eindeutig zu kurz. Es gibt aber in Deutschland 4,4 Millionen Selbstständige, mit steigender Tendenz, und 3,7 Millionen kleine und mittlere Unternehmen mit insgesamt rund 16 Millionen Beschäftigten (2012). In unserer Verdammung allen »neoliberalen« Gedankenguts setzten wir törichterweise gleich den gesamten Liberalismus auf den Index, obwohl gute liberale Tradition sich durch ein Gesellschaftsverständnis auszeichnet, das auch der Sozialdemokratie gut zu Gesicht stehen würde.

Schließlich steckten wir in Sachen Europa in einem Schraubstock. Einerseits konnte die SPD, aus einer übergeordneten Verantwortung für die Stabilität der Europäischen Währungsunion wie der EU, den Vorlagen der Bundesregierung im Parlament zum europäischen Krisenmanagement nicht die Zustimmung verweigern. Andererseits galt es, das Krisenmanagement der Bundeskanzlerin und seine fatalen Folgen für die Wirtschaft und die Arbeitsmärkte insbesondere in den mediterranen Ländern zu kritisieren. Eine große Mehrheit der Deutschen hatte an der bitteren Medizin von Kürzungen und Verzicht (für andere!) allerdings gar nichts auszusetzen. Die »Spardiktate« waren alles andere als unpopulär bei den deutschen Wählern. Jeder sozialdemokratische Vorstoß, sich für europäische Solidarleistungen zu öffnen, flog uns als Bumerang mit der Aufschrift vom Ausverkauf Deutschlands an den Kopf.

Ich fasse zusammen: Bei der Lektüre des SPD-Wahlprogramms aus dem Abstand eines Jahres nach der Bundestagswahl sehe ich keinen Grund, mich von seinen Kernaussagen und wesentlichen Politikangeboten – und damit von meinen eigenen politischen Überzeugungen – zu distanzieren. Auf Spiegelfechtereien über einzelne Formulierungen und Absätze will ich mich nicht einlassen. Aber der grundlegende Irrtum sei ebenfalls klar und eindeutig benannt: Die implizite Erzählung unseres Wahlprogramms ging am Lebensgefühl der meisten Wähler vorbei und entsprach weder der Selbstwahrnehmung des Landes, noch traf sie den Zeitgeist.

Die weitaus bessere Erzählung der SPD und ihres Kandidaten entwarf Tobias Dürr, der Chefredakteur der *Berliner Republik*, ein halbes Jahr *vor* der Bundestagswahl. Sie lautete im Telegrammstil: Die Deutschen finden sich gut. Ihnen gefällt Deutschlands Stärke. Sie haben den Eindruck, dass sie im Großen und Ganzen in einem gut aufgestellten Land leben. Ihre Tüchtigkeit, ihre Ausdauer und Findigkeit sind zu loben. Aber unser Land, wir alle zusammen wurden vier Jahre von einer schwarz-gelben Koalition unter Wert regiert. Wichtige Weichen für die Zukunft unseres Landes wurden nicht gestellt: bei Infrastruktur, Bildung und Betreuung, Integration, Pflege, Energiewende, Lage der Kommunen oder den Schieflagen auf dem Arbeitsmarkt samt drohendem Fachkräftemangel.

Den Tugenden und Qualitätsansprüchen, die den Deutschen wichtig sind, wurde die Regierung Merkel/Rösler nicht gerecht. Wir sollten uns aber nicht mit Mittelmaß und schlechten Leistungen abfinden. Wir sollten uns etwas vornehmen, statt Probleme zu vertagen und nur zu moderieren. Die schwarz-gelbe Regierung nimmt sich aber nichts vor. Sie setzt keine Ziele, fährt auf Sicht. Sie lässt alles laufen. Sie hat keine Ambitionen. Sie ist für Millionen tüchtiger Menschen in Deutschland eine Blamage. Die SPD hat mit den Reformen von Gerhard Schröder gezeigt, dass sie das Land stark machen kann. Sie hat mit ihrem ehemaligen Finanzminister und Kanzlerkandidaten gezeigt, dass sie das Land durch eine Finanz- und Wirtschaftskrise führen kann. Der steht für Augenmaß und pragmatisches Handeln aus sozialdemokratischen Werten. Mit ihrem Spitzenkandidaten ist die SPD der Überzeugung, dass ökonomischer Erfolg und soziale Gerechtigkeit sich wechselseitig bedingen und in der Praxis von Politik zusammengeführt werden müssen.

An dieser Erzählung hätten wir arbeiten müssen. Aber wie heißt es: Hätte, hätte, Fahrradkette ...

Die Partei Die Partei hat mich in diesem Wahlkampf getragen – und gewiss auch manchmal ertragen. Dafür schulde ich ihr Dank und Loyalität. Die Parteimitglieder und Funktionsträger vor Ort haben sich trotz mancher interner und externer Beschwernisse bewundernswürdig bis in den »Häuserkampf« von Haustür zu Haustür eingesetzt. Gleichwohl will ich Friktionen und Probleme der Wahlkampagne nicht leugnen. Ich habe bereits erwähnt, dass es am Tag meiner Nominierung Ende September 2012 weder ein Drehbuch noch einen Organisationsplan für die Leitung der Wahlkampagne gab und es an Personal ebenso fehlte wie an Infrastruktur. Auch danach dauerte es noch lange, bis die Bühne für den Kandidaten stand.

Zwischen dem Stammpersonal des Willy-Brandt-Hauses und den von mir mitgebrachten Mitarbeitern knirschte es vernehmlich. Meine Leute – wenn ich sie hier so nennen darf – empfanden sich nicht selten als Fremdkörper. Ihre Sicht auf die Organisation von Veranstaltungen, Offensiv- und Defensivthemen, die Vorbereitung von Terminen oder die Wahlwerbung unterschied sich häufig von derjenigen des etablierten Parteiapparats. Die daraus erwachsenden Reibereien und Stimmungswechsel auch im Verhältnis der Führungspersonen untereinander lockerten manch einem die Zunge in sogenannten Hintergrundgesprächen mit Medienvertretern. In dem Dorf, das sich Regierungsviertel nennt, erreicht einen das Echo solcher Gespräche binnen Sekunden – meistens mit Verfremdungen und Übertreibungen nach dem Muster der »Stillen Post«. Während eines Wahlkampfes sind solche Störfeuer besonders ärgerlich und zerren an den Nerven.

Sollte es noch einmal dazu kommen, dass der Spitzenkandidat der SPD nicht der Parteivorsitzende ist, dann muss frühzeitig eine genaue Arbeitsteilung festgelegt werden. Mit Blick auf die Wahlkampforganisation und Kampagnenfähigkeit der SPD will ich einen wichtigen Punkt ergänzen. In Bayern, Baden-Württemberg, Sachsen und Thüringen leben 36 Prozent aller Wahlberechtigten. Solange die SPD dort bei Bundestagswahlen Ergebnisse um die 20 Prozent erzielt, wird sie bundesweit nicht über die 30 Prozent kommen können. Die Organisationskraft und vor allem auch die personelle Aufstellung der SPD in diesen Ländern erlangen also strategische Bedeutung für das zukünftige Gewicht der SPD im Bund. Diese kurzen Hinweise sollen helfen, es das nächste Mal besser zu machen.

Natürlich gab es Stimmen und Gruppen in der SPD, die mich als Spitzenkandidat für eine Fehlbesetzung hielten – zu rechts, zu alt, zu wirtschaftsaffin, zu abgehoben, zu wenig Stallgeruch, zu vermögend für sozialdemokratische Verhältnisse. Das war keineswegs garstig gemeint, sondern entsprang nüchterner Einschätzung. Nach dem Verzicht von Sigmar Gabriel und der Absage von Frank-Walter Steinmeier konnten die innerparteilichen Kritiker allerdings keinen alternativen Kandidaten aus dem Hut zaubern. Die Zweifel, ob ich aus der Perspektive des Jahres 2012 der geeignete Kandidat war, haben mich keineswegs empört; ich habe entsprechende Äußerungen niemandem persönlich übelgenommen. Sie gehörten ins Meinungsbild der SPD und gaben einen Ausschnitt aus einem breiten Spektrum wieder.

Entgegen manchen Erwartungen im Zuge der politischen und wirtschaftlichen Zuspitzungen seit Ausbruch der Finanzkrise hat sich die politische Achse der Republik – oder die volatile politische Mitte – nicht nach links, sondern nach rechts verschoben. Wählten bei der Bundestagswahl 2005 noch 39,1 Prozent aller Wahlberechtigten Parteien des sogenannten linken Lagers, so waren es 2009 nur noch 31,9 Prozent und 2013 noch schwächere 30,3 Prozent (SPD, Grüne, Die Linke ohne Splitterparteien). Umgekehrt steigerte sich das sogenannte rechte Lager von 34,4 Prozent in 2005 auf 36 Prozent in 2013 (CDU/CSU, FDP und AfD ohne Splitterparteien). Die SPD konnte 2013 zwar 1,2 Millionen Wähler gegenüber 2009 wieder hinzugewinnen. Aber gleichzeitig vergrößerten CDU/CSU ihren Vorsprung gegenüber der SPD auf fast 7 Millionen Wähler und reservierten sich damit einen noch bequemeren Platz im wahlentscheidenden Wählersegment. Das ist in der SPD bisher ziemlich fatalistisch zur Kenntnis genommen worden. Eine Tiefenanalyse steht jedenfalls noch aus. Dass wir uns im Besitz der besseren und gerechteren Antworten wähnen, die Wählerschaft dies aber in ihrer Renitenz bisher nicht bemerkt hat: An die Lösung dieses Rätsels hat sich bisher niemand herangewagt.

Die Bundestagswahl 2009 hatte die SPD nicht wegen ihrer Beteiligung an der großen Koalition verloren. Vielmehr scheiterte sie, weil sie ein desolates Erscheinungsbild bot. Nicht auf der Regierungsbank, aber überall sonst, wie Frank Stauss, dem die Erfahrung von mehr als zwanzig Wahlkämpfen in den Kleidern steckt, zutreffend analysierte. Die Bundestagswahl 2013 hingegen verlor die SPD nicht nur wegen mangelnder Vorbereitungen, latenter Organisationsschwäche und eines zeitweise stolpernden Spitzenkandidaten.

Verloren haben wir, wie bereits mehrfach erwähnt, weil wir keine Grundstimmung zu erzeugen vermochten, die eine Mobilisierung ermöglichte, und weil unsere Erzählung an den Wahrnehmungen der Bürger vorbeiging. Mehrheitlich wollten sie zwar etwas mehr sozialdemokratische Politik, aber keine von den Sozialdemokraten geführte Regierung.

Ich habe die Analyse, die SPD habe ihren linken Markenkern aufgegeben und deshalb in ihrer traditionellen Wählerschaft – also insbesondere der organisierten Arbeitnehmerschaft – tiefe Verstörungen und einen andauernden Vertrauensentzug ausgelöst, nie für eine durchweg überzeugende Erklärung ihres Wählerschwundes gehalten. Selbstredend gilt das in einigen auch zu Buche schlagenden Fällen. Die sind zur Linkspartei oder aus grundsätzlicher Enttäuschung in die Wahlabstinenz gewandert. Beklagenswert genug. Aber wieso hat die SPD 2013 mit einem ausgesprochen arbeitnehmerfreundlichen Wahlprogramm, das sich diverse Forderungen der Gewerkschaftsbewegung wie keine zweite Partei zu eigen machte, ihr zweitschlechtestes Ergebnis in der Nachkriegsgeschichte erzielt? Warum wählten dann 2013 nur 27 Prozent der Arbeitnehmer die SPD, dagegen 35 Prozent die CDU/CSU, deren Bewerbungsbogen doch weniger Offerten für sie enthielt?

Kann es vielmehr sein, dass die SPD mit ihrem Politikangebot keinen Bogen mehr über das gesamte gesellschaftliche Spektrum in seiner Vielfalt und Dynamik zu spannen weiß? Sie erreicht offenbar selbst die qualifiziert Beschäftigten nur noch punktuell. Zum einen, weil sie die 1998 noch erfolgreiche Doppelmelodie von »Innovation und Gerechtigkeit« nicht mehr überzeugend genug zu intonieren vermag. Sie wird also nicht mehr als die Partei des Fortschritts, des neuen Denkens und der Moderne wahrgenommen. Zum Zweiten, weil ihr entgangen sein könnte, dass selbst ihre Kernkompetenz der sozialen Gerechtigkeit in Zweifel steht. Dieses Mal nicht aus Sicht der Verlierer und Abgehängten, sondern aus Sicht der Wasserträger des Sozialstaates. Soweit diese sich und zukünftig ihre Kinder mit ihren Beiträgen zur Finanzierung des Sozialstaates überfordert sehen, wandert ihre Einschätzung, welche Partei für Gerechtigkeit steht, im politischen Spektrum von links nach rechts. Sie wandert zu denjenigen, die sie vor weiteren Belastungen durch den beständigen Ausbau staatlicher Sozialleistungen zu bewahren und weitere Ansprüche ohne vorherige Leistungen – sprich Einzahlungen in die nationalen Sozialkassen – abzuwehren versprechen. Sie verstehen soziale Gerechtigkeit nicht mehr uneingeschränkt unter dem Aspekt des Solidarprinzips gegenüber Mitbürgern in prekärer Lage. Sie definieren soziale Gerechtigkeit über ihre Belastungsgrenze in einem demographischen Trend, nach dem das Verhältnis von Einzahlern und Empfängern zunehmend instabiler wird.

Die SPD in ihrer Identität als Gerechtigkeitspartei und ihrem Selbstverständnis als Volkspartei könnte erhebliche Probleme bekommen, wenn ihre historische »Mission«, den Sozialstaat auszubauen, auf materielle und in der Folge auch auf legitimatorische Grenzen stoßen würde. Der Rückblick auf das erste Jahr der neuen großen Koalition lässt diesen Gedanken nicht völlig abwegig erscheinen: Die SPD hat in dieser Zeit zweifellos eine Reihe bemerkenswerter sozialpolitischer Initiativen durchgesetzt. Aber die Tatsache, dass sie in den Umfragen kontinuierlich bei 25 Prozent dümpelt, sie also für diesen Einsatz erkennbar (bisher) nicht belohnt worden ist, bereitet erhebliches Kopfzerbrechen.

In den Augen vieler Wähler ist es gut, dass es die SPD gibt. Sie passe schon auf, dass es in der Republik nicht zu Zerreißproben und einer »verfeindeten« Gesellschaft komme und Deutschland sich nicht in außenpolitischen Abenteuern verirre. Aber faszinierend sei sie dann doch nicht. Eher strukturkonservativ, mit dem wirtschaftlich-technischen Fortschritt hadernd, bieder und überaltert. Ihr würden Zukunftsprojekte fehlen, die begeistern könnten. Das mögen pauschale Zuweisungen sein.

Nicht in Abrede zu stellen ist aber eine Veranlagung der SPD zur latenten Unzufriedenheit mit sich selbst. Die ewigen Zweifel, ob man sich an einer Regierung beteiligen oder doch lieber in die Opposition gehen sollte; der verkrampfte Umgang mit den eigenen

Leistungen; die Neigung, Erfolge zu deklassieren oder sogar in Niederlagen umzudeuten, indem man auf die Ideallinie pocht, die nicht erreicht worden sei; die Maßregelung von Führungspersonen, die beim Publikum erfolgreich sind, aber das innerparteiliche Nervenkostüm zu strapazieren wagen (das magere Ergebnis von Olaf Scholz bei den Vorstandswahlen auf dem SPD-Bundesparteitag im November 2013 spricht Bände!) – all das ist manchmal ziemlich deprimierend. Die unselige Verquickung von Trübsal, Hader und Missgunst, der ewige Kampf der SPD mit sich selbst und der »neurotische Selbstvorwurf« (Franz Walter) wirken auf Wähler alles andere als ermunternd und überzeugend. Peter Sloterdijk spricht vom »linksliberalen Miserabilismus« und beklagt die fehlende »Dimension der Aufheiterung«. Er hat recht. Wer will schon von einer unglücklichen Partei regiert werden?

IV Die große Koalition auf dem Prüfstand

Der Triumph von Frau Merkel mit der CDU/CSU im Gefolge spiegelte die Niederlage der SPD mit mir an der Spitze. Dass ich frühzeitig erklärt hatte, im Falle einer Niederlage auf einen Kabinettsposten zu verzichten, erwies sich jetzt auch mit Blick auf die Regierungsbildung als richtig. Das Gleiche galt für meine Entscheidung kurz nach der Niederlage, keinerlei Funktion in Partei und Fraktion anzustreben. Aus einer Niederlage sind Konsequenzen zu ziehen. Am Ende der langwierigen Koalitionsverhandlungen, manchmal in Kompaniestärke, fiel die Kugel mit einem 130-seitigen Vertrag schließlich in jenes Loch, in das Frau Merkel sie von Anfang an haben wollte: eine große Koalition mit einer deutlich auf Platz verwiesenen SPD. Die sensiblen Leichtmatrosen der FDP galt es gegen eine zuverlässige SPD auszutauschen, die nach zwei Wahlniederlagen hintereinander zwar um ihre Fassung rang, sich aber bereits 2005 bis 2009 als ausgesprochen beziehungsfähig erwiesen hatte. Sie würde auch dafür sorgen, dass im Bundesrat nicht quergeschossen wird. Die Variante eines rot-rot-grünen Bündnisses, das im 19. Deutschen Bundestag eine Mehrheit von neun Mandaten aufweist, gründete auf arithmetischer Spielerei. Der SPD wären bei einem solchen Wendemanöver à la Andrea Ypsilanti alle Masten über Bord geflogen – und die Deckoffiziere gleich mit.

Die SPD verfügte mit dem Gang auf die Oppositionsbänke über

eine durchaus reale Alternative, die CDU/CSU in Wirklichkeit und trotz eines wohlwollenden Abtastens mit den Grünen nicht. Zu groß waren (dieses Mal noch) die politischen und auch kulturellen Unterschiede dieser drei Parteien auf Bundesebene. Ein solcher Sprung hätte den inneren Zusammenhalt der Grünen bedroht; aufseiten der Union fürchtete man sich nach den Erfahrungen mit der FDP davor, noch einmal ein Verhältnis mit einem Partner einzugehen, den schnell politische Neurosen ereilen könnten.

Das Bauchgrimmen der SPD, Frau Merkel in den Sattel einer großen Koalition zu heben, war hörbar. Es entsprach allerdings nicht dem Empfinden der breiten Wählerschaft. Unbenommen des späteren Ergebnisses der Mitgliederbefragung nach einer langen parteiinternen Debatte war es am Anfang des Prozesses wohl eher die Parteiaktivitas in den Gremien und auf den Konferenzen, die zur Ablehnung der großen Kollation aufrief. Ihr saß das Trauma der großen Koalition von 2005 in den Knochen, an deren Ende die Leistungen der SPD nicht ihr die politische Rendite einbrachten, sondern Frau Merkel und der Union. Viele fürchteten auch einen drohenden Profilverlust.

Die Vorbehalte gegen eine Neuauflage der großen Koalition waren im Herbst 2013 allerdings auch in den Führungsgremien der SPD stark. Die parteiinterne Debatte wurde höchst kontrovers geführt. Der Parteivorsitzende Sigmar Gabriel steuerte diese Debatte mit viel Geschick: von der frühen Ankündigung eines Mitgliedervotums über die Definition von »Prüfsteinen« bis zur regelmäßigen und ergebnisoffenen Befassung der Gremien. Flüstertöne, die es hier und da gegeben hatte, nach dem Wahltag den Parteivorsitzenden »einzuhegen« oder gar infrage zu stellen, verstummten jetzt angesichts seiner Bewährung in dieser äußerst schwierigen Lage. Gabriel verschaffte sich damit nicht nur Anerkennung in den eigenen Reihen, sondern weit darüber hinaus.

Das Ergebnis des klaren Mitgliedervotums ist bekannt. Unvergessen bleibt mir aus der Zeit des innerparteilichen Ringens ein Bundeskongress der Jusos Anfang Dezember 2013, der unter tosendem Beifall eine Beteiligung der SPD an einer großen Koalition ablehnte. Das war nun wahrlich keine Sensation. Auch die eine oder andere Schmähung, die Gabriel dort als Parteivorsitzender erfuhr, gehört zum Standardrepertoire eines solchen Kongresses, wie jüngst wieder zu erfahren war. Nein, der Höhepunkt der Veranstaltung war die Bewerbungsrede von Johanna Uekermann zur Juso-Vorsitzenden, nach der es keinen Verrat an der großen Sache geben dürfe – nämlich dem »Ziel einer sozialistischen Gesellschaft« – und die kapitalistische Produktionsweise überwunden werden müsse. Darauf haben die Leute gewartet! Damit gewinnt die SPD bestimmt die nächste Bundestagswahl. Johanna Uekermann wurde mit 207 von 296 Stimmen gewählt.

Die Absage der SPD an eine große Koalition wäre einem Desaster gleichgekommen. Das war früh absehbar. Die gesamte Führungsriege hätte zurücktreten müssen. Eine schwarz-grüne Koalition, die dann eventuell doch zustande gekommen wäre, hätte die politische Mitte bespielt und die SPD marginalisiert. Als Oppositionspartei wäre die SPD in einem Überbietungswettbewerb mit der Linkspartei gelandet und politisch verhungert. Im Übrigen konnte die CDU/CSU für den Fall, dass sowohl die Gespräche mit uns als auch die mit den Grünen gescheitert wären, den Hammer der Neuwahlen schwingen. Dafür hätte das Publikum die SPD verantwortlich gemacht und mit einem noch schlechteren Ergebnis bestraft. Es hätte eine Reise in die politische Bedeutungslosigkeit werden können.

Zahlreiche Wortführer in den Qualitätsmedien und auch einige Altvordere der CDU (Kurt Biedenkopf, Heiner Geißler) plädierten für Schwarz-Grün. Ein Teil der Presse liebt solche politisch-strategischen Höhenflüge, aber dahinter steckt auch das handfeste Verlangen nach einer politischen Erstaufführung. Ein neues politisches Ensemble bietet Stoff zum Spekulieren, Skandalisieren und Psychologisieren. Schwarz-Grün: Das hätte Spannung bei der Besetzung, viel neuen Text und noch mehr Feuerwerk versprochen. Die mediale Enttäuschung, stattdessen mit einer Wiederholung vorliebnehmen zu müssen, war in einigen Kommentaren deutlich spürbar. Das Publikum stand den Empfehlungen von Chefkommentatoren allerdings skeptisch gegenüber. Man hatte sich für eine große Koalition entschieden – und noch einmal wählen wollte man nicht. Die Koalitionsverhandlungen legten offen, wie stark der Bundestagswahlkampf der Union auf die Person von Frau Merkel zentriert war. Von übersprühenden Ideen, politischen Ambitionen oder ehrgeizigen Initiativen war bei der CDU/CSU nichts zu spüren. Ihr ging es im Wesentlichen darum, allzu forsche und unverträgliche Vorstellungen der SPD abzuwehren oder zu sedieren. Die keineswegs leise Kritik an der Ideenarmut und Anspruchslosigkeit der Union und an der blassen Rolle der Kanzlerin im Koalitionspoker verhallte. So, wie umgekehrt die klar erkennbare sozialdemokratische Handschrift im Koalitionsvertrag keine Sturzbäche der Wertschätzung auf die Mühlen der SPD lenkte. Zum 60. Geburtstag von Frau Merkel im Juli 2014 war die Karawane bereits weitergezogen. Alle kritischen Einlassungen über »Merkels Makel« in den Koalitionsverhandlungen waren in den Archiven abgelegt. Aus der Kritik an Merkels Genügsamkeit wurde eine Eloge auf ihre Gelassenheit, aus dem Vorwurf mangelnden Gestaltungswillens eine Anerkennung ihrer pragmatischen Grundhaltung. So schnell ändert sich das.

Die Leistungsbilanz der großen Koalition nach dem ersten Jahr ihres Wirkens braucht sich nicht zu verstecken. Der Mindestlohn, das Rentenpaket, eine Reform des BAföG, eine Teilreform des Erneuerbare-Energien-Gesetzes (EEG), zusätzliche Mittel für Forschung, Hochschulen, Schulen und Kinderbetreuung, Verbesserungen bei der Pflege und eine finanzielle Entlastung der Kommunen: All diese Projekte zeigen, dass die Koalition nicht untätig ist, sondern ein hohes Tempo und viel Akkuratesse bei der Umsetzung des Koalitionsvertrags an den Tag legt. Besondere Hervorhebung verdient das gemeinsame Wirken im Bereich der Außen- und Sicherheitspolitik vor dem Hintergrund der seit Frühjahr 2014 wachsenden Spannungen mit Russland.

Es wäre schlechter Stil, der großen Koalition gegen das Schienbein zu treten, um so für Unterhaltung zu sorgen. Ich kann ebenso wenig Positionen abschwören, die ich im Wahlkampf vertreten habe. Allerdings erwartet wohl auch niemand von mir, dass ich auf leisen Sohlen durch die politische Manege schleiche. Deshalb folgt der Anerkennung der bisherigen Leistungen der großen Koalition hier auch ein kritisches Blatt. Auf der politischen Metaebene lassen sich meine Anmerkungen etwa so zusammenfassen:

– Die Nebenwirkungen und Defizite einiger Verkaufsschlager der Koalition sind nicht hinreichend bedacht.
– Die Koalition profitiert von anhaltend guten Rahmenbedingungen, ohne zwangsläufig drohende Einbrüche zu antizipieren (Michel-im-Glück-Mentalität).
– Sie präferiert sozialpolitische Initiativen zulasten zukunftsrelevanter Investitionen.
– Es fehlt ihr der Mut, das Land auf zukünftige Herausforderungen und die Politik selbst auf eine »große« Agenda einzustellen.

Was mich besonders erstaunt hat, war die Tatsache, dass erst kurz nach der Wahl plötzlich heiße Eisen »entdeckt« wurden und auf dem politischen und medialen Barometer anschlugen, obwohl diese auch schon vor der Wahl offensichtlich gewesen waren. So gerieten der Datenschutz, die Investitionsschwäche, der Verfall der Infrastruktur und die desaströse Lage vieler Kommunen plötzlich ins Rampenlicht, nachdem sie während des Wahlkampfes im Schatten gestanden hatten. Das Problembewusstsein, das mit der Bekanntgabe des amtlichen Wahlergebnisses um sich griff, stand in merkwürdigem Gegensatz zur Lethargie eines als inhaltlos und langweilig empfundenen Wahlkampfs. Dabei waren die Handlungsnotwendigkeiten längst bekannt und hätten auf der Agenda des Herausforderers nachgelesen werden können.

Mein Vorwurf der verspäteten Wahrnehmung virulenter Probleme richtet sich an die Adresse der Union. Die SPD darf auf den meisten Feldern durchaus einen Erkenntnisvorsprung in Anspruch nehmen, das gehört zu den wenigen Vorzügen der Opposition. Weil die CDU/CSU bis zum Wahltag auf eine Fortsetzung der schwarz-gelben Koalition schielte, war ihr die Sicht verhagelt. Auch konnte sie schlecht ihre eigene Untätigkeit während der vergangenen vier Jahre thematisieren. Der politische Input von CDU/CSU in der großen Koalition beschränkt sich bisher auf die Maut für Ausländer, die Mütterrente, die Beibehaltung des Betreuungsgeldes (noch ein bayerisches Hobby) und die Verhinderung von Steuererhöhungen. Irgendeine Perspektive verbindet sich damit nicht. Da hat die SPD schon mehr zu bieten.

Halbzeug

Was die Qualität der bisherigen Lieferungen der großen Koalition auf den Gebieten Rente, Energiewende und digitale Agenda betrifft, ist nüchtern festzustellen, dass recht bald nachgeliefert, konkretisiert und auch korrigiert werden muss. Wahrscheinlich wäre es besser gewesen, man hätte sich mehr Zeit genommen.

1. Das Rentenpaket der großen Koalition führt zu einer jährlichen Zusatzbelastung, die nach ersten Angaben der Bundesregierung von 4,4 Milliarden Euro in 2014 auf 11 Milliarden Euro in 2030 anwachsen wird. Andere Berechnungen sehen die Gesamtkosten eher bei 200 Milliarden Euro statt 160 Milliarden Euro bis 2030.* Dafür spricht einiges, nachdem die Bundesregierung ihre Angaben für den Zeitraum bis 2018 bereits um 4,6 Milliarden Euro auf 13,5 Milliarden Euro nach oben korrigieren musste. Aufgrund des geringeren Wirtschaftswachstums, des Alterungsprozesses unserer Gesellschaft und des sich verschlechternden Verhältnisses von Einzahlern zu Empfängern steht das gesamte Rentensystem unter erheblichem Druck. Es wird schwierig werden, das derzeitige Rentenniveau einigermaßen zu halten, ohne den Deckel des Beitrags-

satzes für Beschäftigte und Arbeitgeber zu sprengen, der von derzeit 18,9 Prozent ohnehin auf immerhin 22 Prozent im Jahr 2030 steigen soll.

Jede Bundesregierung, die sich in einem solchen Szenario gezwungen sieht, das Ruder in der Rentenpolitik auf einen neuen Kurs zu legen, der tatsächlich einem Gegenkurs entspräche, ist einem massiven Vertrauensverlust ausgesetzt. Kaum etwas bringt die Volksseele so in Wallung wie politische Wendemanöver in der Rentenpolitik. Die Empörung über die Rentenreformgesetze von 1976/77, 1992 und 2001/02, die entsprechende Anpassungen an die kalte Wirklichkeit vollzogen, würde bei einer Rückrufaktion zum Rentenpaket der großen Koalition um ein Vielfaches übertroffen.

Neben den finanziellen Risiken des Rentenpakets werfen auch die Verteilungswirkungen zwischen Alt und Jung, Frauen und Männern, Arbeitnehmern mit stetigen und unterbrochenen Berufsbiographien kritische Fragen auf. Zündstoff bietet insbesondere die intergenerative Verschiebung zugunsten der geburtenstarken Jahrgänge um 1960 und zulasten der jungen Bevölkerung, die den Großteil der finanziellen Kosten stemmen muss. Auch profitieren vor allem Männer, die mit fachlichen Qualifikationen eine stetige Berufskarriere aufweisen. Etwa jeder zweite männliche Neurentner, aber nur jede siebte Frau im Alter von 63 bis 65 Jahren erfüllt die Voraussetzungen der Rente mit 63. Möglicherweise ist die abschlagsfreie Frühverrentung auch ein falsches arbeitsmarktpolitisches Signal, weil besonders geburtenstarke Jahrgänge den Anreiz nutzen, sich frühzeitig aus dem Erwerbsleben zurückzuziehen, und vor allem kleine und mittlere Unternehmen die wichtige Expertise von Fachkräften verlieren. Es liegt an den Unternehmen, älteren Mitarbeitern Angebote zum Verbleib im Erwerbsleben zu machen.

2. Die Reform des EEG als wichtige Komponente der Energiewende ist zweifellos ein dickes Brett, an dem schon die schwarzgelbe Koalition manchen Bohrer abgebrochen hat. Das Ziel der

Reform, den Beitrag der erneuerbaren Energien marktwirtschaftlicher und kostengünstiger zu gestalten, ist zweifellos richtig. Die Zensuren über die Substanz des Reformgesetzes weichen je nach Interessenlage und energiepolitischem Glaubensbekenntnis stark voneinander ab. So umfassend und tiefgreifend wie ursprünglich geplant ist das EEG bisher jedenfalls nicht reformiert worden. Die Materie ist komplex, die Interessen der Beteiligten und Betroffenen könnten gegensätzlicher nicht sein: Das Spektrum reicht von Umwelt- und Verbraucherverbänden über artikulationsstarke Lobbys, energieintensive Industrieunternehmen und Selbstversorger bis hin zu den Landesregierungen. Und hinter der nächsten Ecke lauert auch noch die EU-Kommission. Eine Schlangengrube für jeden zuständigen Bundesminister.

Im Klartext: Jede Reform des EEG läuft seinen ursprünglichen Konstruktionsfehlern hinterher. Das von einer rot-grünen Koalition im Jahr 2000 verabschiedete Gesetz folgte einem richtigen energiepolitischen Ansatz und hat Gewaltiges bewirkt – nämlich die Steigerung des Stromverbrauchs aus erneuerbaren Energien von 7 Prozent im Jahr 2000 auf heute über 25 Prozent. Aber: Es entglitt seinen Konstrukteuren und mutierte zu einem regulatorischen und ökonomischen Monster. Das ist nur zu bändigen, indem es zunächst erlegt und dann in einer neuen Konstruktion wiedergeboren wird. Das aber ist – noch – ein politisches Tabu, obwohl ein solches Vorgehen keineswegs bedeutet, von der Energiewende und ihren ehrgeizigen Zielen Abstand zu nehmen. Es ist ein Irrtum, zu glauben, das System könne durch Nachjustierung marktwirtschaftlicher, transparenter, kostengünstiger und verteilungspolitisch gerechter werden: »Zu komplex ist das Gebilde aus widerstreitenden und sich widersprechenden Kostensenkungszielen, Fördervorgaben, Ausbauversprechen und Ausnahmeregeln.«*

Die Förderung der erneuerbaren Energien über die sogenannte EEG-Umlage dürfte die privaten Haushalte und Wirtschaftsunternehmen im Jahr 2014 etwa 22 Milliarden Euro gekostet haben. Im Jahr 2000 betrug die Umlage noch 1,7 Milliarden Euro, sie hat sich bis heute um sagenhafte 1200 Prozent gesteigert. Damit drängt sich die Frage auf, wer denn in den Genuss dieser Kollekte gekommen ist. Ich beschränke mich auf ein einfaches Beispiel: Der Eigentümer einer landwirtschaftlichen Fläche erhält für eine 2005 darauf errichtete Windkraftanlage jährlich 3,5 Prozent vom Ertrag des Betreibers, mindestens aber einen Festbetrag von knapp 8000 Euro – bei vier Anlagen also, ohne einen Handschlag zu tun, einen warmen Regen von 32 000 Euro. Der Betreiber seinerseits erzielt durch diese eine Windkraftanlage Einspeiseerlöse von jahresdurchschnittlich 220 000 Euro. Kein Wunder, dass es bei der »Eroberung« windhöffiger Gebiete und der Errichtung von Windenergieanlagen zugeht wie beim Bau von Eisenbahnen in den USA während der zweiten Hälfte des 19. Jahrhunderts. Derweil klagt eine vierköpfige Familie in Essen-Hörsterfeld, die mit einem monatlichen Nettoeinkommen von 1500 Euro im 10. Stock eines Mietshauses wohnt, über steigende Strompreise. Dieses Ausmaß an Überförderung und Umverteilung ist dringend korrekturbedürftig.

Energiewirtschaftlich gesehen, ist die »Systemintegration« der erneuerbaren Energien mit einer installierten Leistung von inzwischen 87 Gigawatt (GW) aus Photovoltaik- und Windkraftanlagen (bis 2025 sollen es 142 GW sein) über Stromtrassen, Speichertechnologien, fossile Reservekraftwerke bisher nicht gelungen. Das hat die Dimension eines »Man to the moon«-Projektes.

Verteilungsprobleme, die Lasten der Subventionierung in Höhe von fast einem Prozent unserer jährlichen Wirtschaftsleistung, die stockende »Systemintegration« und ein nach wie vor gestörter Energiemarkt: Das alles weist auf ernsthafte Probleme hin. Scheitert die Energiewende an Kurzsichtigkeit, Landes- und Gruppeninteressen, wäre der Schaden für Wirtschaft und Gesellschaft unermesslich. Dies zu verhindern erfordert erhebliche Anstrengungen, die sich allerdings nicht mehr auf das Nachjustieren von Schrauben im gegenwärtigen System beschränken können.

Zurzeit wird viel über eine größere Unabhängigkeit der EU-Staaten von Energieimporten aus Russland nachgedacht. Die vielfältigen Implikationen, die sich aus den Bemühungen der USA um ein hohes Maß an Energieautarkie ergeben, werden hingegen kaum ins Kalkül gezogen. Mit dem sogenannten Fracking –»Shale gas«-Gewinnung nennen es die Amerikaner – verfolgen die USA eine größere Unabhängigkeit von Energieimporten, wenn auch zu anderen wirtschaftlichen, sozialen und ökologischen Kosten als die deutsche Energiewende. Die bisher vernachlässigte Frage lautet, welche Konsequenzen sich aus deutlich geringeren Energiekosten in den USA (bei hohen ökologischen Kosten) für zukünftige Investitionsentscheidungen im transatlantischen Rahmen und damit auch für den deutschen Industriestandort ergeben. Wir setzen dagegen auf eine Energiewende ohne Kernenergie und unter Rückführung fossiler Energien (bei höheren Energiekosten), die allerdings in einer Gesamtbetrachtung des ressourcen- und umweltschonenden Wirtschaftens und mit Blick auf Technologieentwicklung und Arbeitsplatzeffekte eine volkswirtschaftlich und gesellschaftlich positive Bilanz eröffnen und weltweit Vorbildcharakter gewinnen könnte. Ich möchte eine weitere Frage anschließen: Könnte sich die geostrategische Aufstellung der USA und ihre internationale Rolle im Fall einer hochgradigen Unabhängigkeit von Energieimporten – und damit sinkendem Interesse an energieexportierenden Regionen – ändern und sich darüber die Tendenz eines Rückzugs auf den eigenen Kontinent verstärken?

3. Wir stehen erst am Anfang der digitalen Revolution. Sie wird die Gesellschaft, die Arbeitswelt, die Wirtschaft und unser persönliches Leben weiter fundamental verändern. Deshalb ist es eine zentrale Aufgabe der Politik, die Dimensionen dieser Umwälzung rechtzeitig zu erfassen, ihre Potenziale zu fördern und ihre negative Energie zu neutralisieren. Dieser umfassenden Aufgabe wird die »Digitale Agenda 2014–2017« der großen Koalition nicht gerecht. Sie listet plausibel sieben Handlungsfelder auf – und schaltet dann auf Sendepause. Konkrete Aussagen zu Innovations- und Wachstumspotenzialen, Gemeinschaftsinitiativen und Finanzierungen feh-

len. Das meiste stand ähnlich schon im Koalitionsvertrag und geht über das Papier»Deutschland Digital 2015« der Vorgängerregierung kaum hinaus. Hier ist die große Koalition sehr kurz gesprungen. Das Defizit ist umso fataler, als sich die durchschlagenden gesellschaftlichen, wirtschaftlichen und kulturellen Auswirkungen der Digitalisierung längst abzeichnen. Weite Teile der Gesellschaft, viele Unternehmen vor allem des Mittelstandes, aber auch der Arbeitsmarkt, der Bildungssektor und die öffentliche Verwaltung sind auf diesen Wandel nur unzureichend vorbereitet. Deutschland wird es sich nicht leisten können, verspätet in der Zukunft anzukommen.

Das Thema eines schnellen Internets durch Ausbau der Breitbandinfrastruktur harrt seit Jahren einer Lösung. Manche erinnern sich, dass die Bundeskanzlerin bereits bei einer der vielen Gipfelbesteigungen im Jahr 2009 ein flächendeckendes Netz mit 50 Megabit pro Sekunde bis 2018 angekündigt hat. Schon allein deshalb machte die Wiederholung dieser Ankündigung durch drei Minister der großen Koalition keinen großen Eindruck, zumal völlig offenblieb, wie das bewerkstelligt – also finanziert – werden soll. Wenn ich im Bundestagswahlkampf davon sprach, dass der Deutsche mit durchschnittlich 6 Mbit pro Sekunde durch das Netz lahmt und damit noch etwas langsamer ist als der Rumäne, wurde gern gelacht.

Das Schlagwort»Industrie 4.0« hat inzwischen einen Bart. Es wartet immer noch auf eine Unterfütterung mit konkreten Programmen. Dazu gehören Absprachen mit Wirtschaftsverbänden ebenso wie Initiativen zur Zusammenführung von Wirtschaft und Wissenschaft, Finanzierungspläne ebenso wie Zeitpläne. Es geht immerhin um den industriellen Kernbestand der deutschen Industrie. Bleibt sie Primus in den jeweiligen Branchen, oder wird sie zum Laufburschen von Internetgiganten? Die Debatten über die Automatisierung insbesondere in der Metallindustrie durch die Einführung der Mikroelektronik, die ich an der Seite des Bundesministers für Forschung und Technologie in den siebziger Jahren hautnah erlebte, waren ein entspanntes Stelldichein im Vergleich zu den Veränderungen der Arbeitswelt durch die Digitalisierung. Dieses so wichtige Thema wird in der »Digitalen Agenda« der Bundesregierung allenfalls beiläufig aufgegriffen. Ähnlich ist es mit den Themen »e-Skills« und Medienkompetenz, die ebenfalls in der Güteklasse vager Absichtserklärungen rangieren.

Von entscheidender Bedeutung für die Zukunft des deutschen Mittelstandes dürfte ein einheitlicher IT-Kommunikationsstandard sein. Bisher wird in den mittelständischen Unternehmen, die in digitale Technologien investieren, vorwiegend mit Insellösungen gearbeitet. Das erschwert die spätere unternehmensübergreifende Vernetzung. Wie die Geschichte der Industrialisierung (DIN-Normen) und Computerisierung (MS-DOS) und Kommunikation (Android u. a.) zeigt, ermöglicht erst die Normierung und Typisierung das effiziente Zusammenspiel der Wirtschaft. Mit anderen Worten: Wer den Standard setzt, hat das Sagen. Mit Unterstützung der Politik muss es gelingen, ein »Betriebssystem Mittelstand 4.0« zu etablieren, das aus Deutschland kommt und sich als eine »Weltsprache« der digitalen Produktion durchsetzt. Aber auch davon ist in der Agenda der großen Koalition nichts zu finden.

Fazit: Die Aufzählung von Handlungsfeldern ist kein Kunststück. Die »Digitale Agenda 2014–2017« der großen Koalition bleibt in Ankündigungen und Absichtserklärungen stecken. Sie bedarf dringend der Konkretisierung und praktischen Ausgestaltung.

Gemischte Bilanz

Ihr erstes Jahr erlebte die große Koalition »On the Sunny Side of the Street«. Das Wachstum verlangsamte sich zwar, machte aber noch niemanden wirklich nervös. Finanzminister Schäuble konnte in einem phantastischen Zinstal frohlocken. Anleger zahlten ihm im Fall einer sechsmonatigen Schatzanweisung 0,1 Prozent dafür, dass sie ihm Geld leihen durften! Der nackte Neid tritt da in meine

Augen. Die gesamtstaatliche Schuldenquote sank in 2014 auf voraussichtlich 75,5 Prozent des BIP (2010: 80,3 Prozent). Die Hymne auf den Bundeshaushalt 2015 mit der ersten schwarzen Null nach 46 Jahren ersetzte das Neujahrskonzert. Auch der Arbeitsmarkt entwickelte sich mit leichten Verbesserungen stabil. Die deutsche Wirtschaft ist trotz fallender Raten unverändert wettbewerbsstark auf den Exportmärkten. Also doch alles paletti?

Die Lage ist trügerisch. Manche gute Zahl wird sich rasch verflüchtigen. Wenn nicht alles täuscht, stehen uns einige Jahre der Stagnation ins Haus, mit niedrigeren Wachstumsraten, entsprechenden Steuermindereinnahmen und Wolken über dem Arbeitsmarkt. Gleichzeitig erhöht sich der Druck an der Steuerfront; selbst die Gewerkschaften pochen auf Entlastungen im steilen Abschnitt des Steuertarifes, der ihre Facharbeiter mit mittleren Einkommen trifft. Die kalte Progression ist dagegen insbesondere in Zeiten einer Inflationsrate nahe der Null ein Mythos, dem noch erstaunlich viele anhängen. Das eigentliche Problem ist die Steuerprogression! Deshalb sollte man auch über den Verlauf des Steuertarifes streiten und sich nicht auf Nebenschauplätzen aufregen. Einem ledigen Arbeitnehmer mit einem Durchschnittsjahreseinkommen von 31 000 Euro netto werden etwa 35 Prozent an Steuern und Sozialversicherungsabgaben abgeknöpft, einem Arbeitnehmer-Haushalt mit zwei Kindern (zweimal durchschnittlicher Verdienst, zusammen 62 000 Euro) circa 34,5 Prozent abgezogen.*

Die Wirtschaft wird danach rufen, die degressive Abschreibung auf Investitionen wiedereinzuführen, um die Investitionslücke zu schließen, und Eigenkapital steuerlich nicht länger schlechter zu stellen als Fremdkapital. Die konkrete Förderung von Existenzgründern verlangt nach einer steuerlichen Begünstigung von Wagniskapital. Ich selbst trete für Erleichterungen des Steuervollzugs bei Freiberuflern, Existenzgründern und kleinen Unternehmen ein, was auch nicht umsonst zu haben ist. Ich komme darauf in Kapitel VIII zurück. Selbstredend haben andere noch weiter gehende

Phantasien. Allein die hier genannten durchaus vernünftigen Steuerkorrekturen hätten eine Schwächung der Einnahmeseite zur Folge, die mit der bisherigen Haushaltsplanung der großen Koalition krachend kollidiert.

Hinzu kommen die Risiken auf der Ausgabenseite. Man muss mit Blindheit geschlagen sein, wenn man die Kosten und Risiken nicht sieht, die Mehrausgaben verlangen oder erzwingen werden. Da sind die Zinsen, die je nach Kapitalmarktentwicklung und Zeitpunkt einer Zinswende der EZB zumindest mittelfristig wieder steigen dürften – und sei es nur um 0,5 Prozent, was den Bundeshaushalt mit einem mittleren einstelligen Milliardenbetrag belasten würde. Da ist der dringende Bedarf für den Erhalt und Ausbau der öffentlichen Infrastruktur von Schiene, Straße und Datenautobahnen. Dann weiß niemand einzuschätzen, ob die EU Mittel zur beabsichtigten Investitionsförderung und zur weiteren Bekämpfung der Jugendarbeitslosigkeit in Europa aus dem eigenen Fleisch schneiden kann oder doch den Mitgliedsstaaten ans Portepee fasst und weitere Beiträge nahelegt.

Jüngste Verabredungen der G20-Staaten, der schwächelnden Weltkonjunktur durch eine Steigerung des Bruttoinlandsprodukts der G20-Staaten um zusätzliche zwei Prozent bis 2018 auf die Beine zu helfen – das wären nicht weniger als zwei Billionen US-Dollar –, lassen nach Art und Umfang des erwarteten deutschen Beitrags fragen. Leise, still und heimlich werden wir uns unter den ohnehin kritischen Blicken des Internationalen Währungsfonds (IWF), der USA und auch unserer europäischen Freunde nicht aus solchen Verabredungen herauswinden können. Das gilt auch für den wahrscheinlichen Fall, dass uns die internationalen Krisen einen zusätzlichen Tribut in Form verstärkter humanitärer und ökonomischer Aufbauhilfe abverlangen. Und was ist mit dem deutschen Verteidigungshaushalt und der auf dem NATO-Gipfel 2014 bestätigten Richtlinie, die Militärausgaben auf zwei Prozent der nationalen Wirtschaftsleistung zu erhöhen? Müsste mit Blick auf die eingeschränkte Einsatzbereitschaft der Bundeswehr nicht aufgestockt werden? Auch der Strom von Flüchtlingen wird uns nicht nur humanitär und asylrechtlich, sondern auch finanziell fordern.

Wachstum wird uns keine zusätzlichen Einnahmen mehr in die Schürze regnen wie Sterntaler. Die verquere Maut für Ausländer und die »Digitale Dividende II« auf die Versteigerung von freiwerdenden Funklizenzen durch die Bundesnetzagentur (für den Breitbandausbau) werden auch nicht viel bringen. Und für die zurzeit vielbeschworene Mobilisierung privaten Kapitals zur Finanzierung öffentlicher Aufgaben fehlt es an konkreten Modellen und Plänen; alle bisherigen Propagandisten von Public-Private-Partnership-Projekten sind vom Acker gejagt worden. Der großen Koalition steht aller Voraussicht nach ein Wechsel auf die andere, die weniger sonnige Straßenseite bevor – ein »walk on the wild side«. Die Bewährung der großen Koalition unter ungünstigeren wirtschaftlichen und finanziellen Bedingungen steht noch bevor.

So reichhaltig CDU/CSU und SPD ihren Koalitionsvertrag formulierten und so akkurat wie rechtschaffen sie ihn umzusetzen begannen, so frühzeitig erklang ein Hintergrundrauschen, dass eine Agenda 2020 vonnöten sei. Die Rendite aus der Schröder'schen Agenda 2010 sei verfrühstückt. Der Koalitionsvertrag sei mutlos. Deutschland drohe im Stillstand ein Rückschritt. So klang es aus dem politischen Off. Die ersten Intonationen kamen aus der Kulisse der Medien und Expertokratie gleich mit dem Start der großen Koalition. Sie sind seitdem nicht verklungen. Eine Gruppe junger CDU-Abgeordneter mit Sympathien im Wirtschaftsflügel ihrer Partei lancierte im April 2014 aus erkennbarem Frust über den »attentistischen Führungsstil« der Kanzlerin ein Papier »Das Richtige tun. Für eine Agenda 2020«.

Ich will mir die verbreitete und vorbelastete Begrifflichkeit einer Reformagenda 2020 oder 2025 nicht zu eigen machen. Sie ist mit zu vielen Aufräumarbeiten, politischen Hypotheken und Empfindlichkeiten belastet, die das eigentliche Ansinnen nur erschweren. Schließlich darf von jeder Politik und erst recht jeder Bundesregierung erwartet werden, dass sie sich nicht nur in dem routinierten Abarbeiten eines politischen Kataloges und der Sisyphusarbeit eines nie endenden Krisenmanagements erschöpft, sondern das Notwendige tut, um Deutschland fit zu halten. Der Koalitionsvertrag von CDU/CSU und SPD 2013 mag eine solide Geschäftsgrundlage sein. Eine hinreichende Versicherung für ein wirtschaftlich starkes und wettbewerbsfähiges Deutschland – als wesentliche Grundlage für Wohlstand und gesellschaftlichen Zusammenhalt – ist er nicht. Dazu bedarf es weiter gehender Initiativen und richtungweisender Weichenstellungen.

Unbenommen verbreiteter Zufriedenheit mit der Arbeit der großen Koalition in ihrem ersten Jahr wird nicht selten der Vorwurf erhoben, sie habe das Füllhorn (noch) sprudelnder Steuereinnahmen überwiegend konsumtiven Zwecken zugeführt oder sich vorrangig auf Projekte sozial- oder gesellschaftspolitischer Relevanz konzentriert. Dieser Vorwurf lässt sich nicht als landläufig bekanntes Lamento von Wirtschaftsverbänden und Sachverständigen lässig abqualifizieren. Der Nachholbedarf an investiven Impulsen auf allen Ebenen des Staates und das Erfordernis, wirtschaftlich konditionsstark zu bleiben, sind einfach so offensichtlich, dass sie nicht einfach ignoriert werden können. So entdeckt denn auch der Bundesrechnungshof eine »strukturelle Schieflage« des Bundeshaushaltes und einige ins Gewicht fallende Risiken. Er kritisiert, dass die Sozialausgaben von 153 Milliarden Euro in 2014 bis 2018 auf 172 Milliarden Euro jährlich anwachsen, während die Investitionsquote von 8,9 auf 8,3 Prozent sinken würde.

Nun ist nicht in Abrede zu stellen, dass die sozial- und familienpolitischen Initiativen der großen Koalition sinnvoll und begrüßenswert sind. Aber es ist eben auch nicht blank von der Hand zu weisen, dass sie in ihrer Summe (!) den Unternehmen in Deutschland nicht geringe Anpassungen mit teilweise unproduktiven Kosten abverlangen. Die Rente mit 63 entzieht ihnen in einem schwer zu taxierenden Umfang qualifizierte Fachkräfte und verringert den betrieblichen Spielraum, jüngere Mitarbeiter für die Betreuung ihrer Kinder oder pflegebedürftiger Angehöriger freizustellen. Der Mindestlohn wird – unbenommen seiner positiven Effekte hinsichtlich Kaufkraft und Entlastung des Sozialbudgets – in einigen Fällen zu Preissteigerungen führen, die nicht in allen Fällen auf die Kunden abgewälzt werden können. Das geplante Elterngeld Plus, das Arbeitnehmern die Möglichkeit einräumt, während einer Teilzeittätigkeit doppelt so lange die Förderung des Elterngelds in Anspruch zu nehmen, dürfte die Flexibilität insbesondere kleiner und mittlerer Unternehmen ebenso herausfordern wie die – absolut notwendige! – Pflegereform mit dem Rechtsanspruch für Beschäftigte, ihre Arbeitszeit über zwei Jahre bis auf 15 Wochenstunden für die Pflege von Angehörigen reduzieren zu können. Hinzufügen ließe sich der geplante Rechtsanspruch zur Rückkehr von Teilzeit in Vollzeit, die Antistress-Verordnung oder die Frauenquote.

Ehe sich Empörung über diese Aufzählung erhebt, will ich Missverständnisse ausräumen. Ich zweifle nicht die Sinnhaftigkeit dieser Maßnahmen an. Und ich will sie auch nicht unter der Überschrift »soziale Wohltaten« abfällig beschrieben sehen. Sie zielen alle auf einen richtigen Punkt. Aber sie haben in der betrieblichen Welt eben auch ihren Preis in Form von direkten Kosten, bürokratischem Aufwand, Planungsunsicherheiten oder Erschwernissen des Personalmanagements. Dies zu ignorieren ist keine geringere Realitätsverweigerung als umgekehrt die Geringschätzung der beschriebenen gesellschaftspolitischen Mängel. Zwischen diesen Polen wird die Politik eine Balance finden müssen. Mit anderen Worten: Den sozial- und gesellschaftspolitischen Vorhaben, die bereits verabschiedet worden sind oder unter Segel gesetzt werden sollen, müssen Maßnahmen folgen, die zur Stärkung der wirtschaftlichen Basis beitragen.

Lobend hervorzuheben ist, dass die große Koalition in bemerkenswerter Geschäftigkeit und Geschwindigkeit vieles aus ihrem Koalitionsvertrag nach dem Motto »Angekündigt – Erfüllt« umgesetzt hat. Wenn der Kanzleramtschef Peter Altmaier (CDU) allerdings schon nach einem Jahr 80 Prozent des Koalitionsvertrages umgesetzt sieht, provoziert er die Frage, was denn in den verbleibenden drei Jahren der Legislaturperiode noch ausgepackt werden soll. In dieser Perspektive droht die große Koalition in Routine zu erstarren. Sie hat in der Außenpolitik geglänzt. Sie präsentiert sich – abgesehen von den notorischen Fuchteleien Horst Seehofers und wohlgesetzten Spitzen auf dem CDU-Bundesparteitag im Dezember 2014 – insgesamt harmonisch. Aber das allein legitimiert noch keine große Koalition. Eine solche ist entweder gerechtfertigt durch eine Ausnahmesituation – wie die erste große Wirtschaftskrise 1966/67 – oder durch die Bewährung im Krisenmanagement wie beispielsweise in der Finanzkrise mit anschließendem Absturz der Wirtschaft 2007 ff. Auch die dritte große Koalition in der Geschichte der Bundesrepublik wird sich zu dem einen oder anderen großen Wurf aufschwingen müssen. Oder wir bekommen österreichische Verhältnisse. Die in Wien regierende große Koalition wird von der Bevölkerung als Verwaltungsgemeinschaft ohne Mut und Tatkraft wahrgenommen, die sich von politischen Freibeutern vorführen lassen muss und von Wahl zu Wahl schmalbrüstiger wird.

Zu denken gab mir eine Beobachtung des Journalisten Matthias Geis. Eine große Koalition erzeuge nicht nur eine weitgehend konflikt- und spannungslose Szenerie, es fehle ihr immer auch an inhaltlicher Spannung. Deshalb könne sie weder auf Dauer faszinieren noch künftige Probleme erfassen, weil es an Kontroversen fehle. »Die konsensgetriebene Erfolgsgeschichte kommt an ihre Grenzen.«[*] Da ist viel dran. Bleibt die Faszination aus, dürfte dies nicht zuletzt den Zulauf in das Lager der Nichtwähler oder zu Anti-Establishment-Parteien fördern. Aus alledem drängt sich mir die Schlussfolgerung auf, dass eine große Koalition dem langsamen Muskelschwund und zunehmenden Legitimationsentzug nur entrinnt, wenn sie die riskanten Zukunftsthemen aufnimmt, darüber mitreißende Debatten in Gang setzt und so das selbstzufrieden und gleichgültig gewordene Publikum aufmischt, statt es weiter zu sedieren.

V Mediendemokratie: Wer führt Regie?

Die delikate Beziehung von Politik und Medien habe ich bereits in einem Kapitel meines Buches *Unterm Strich* zu beleuchten versucht. Dort habe ich auch berichtet, dass mein erster Berufswunsch Journalist war – was hätte aus mir werden können? Ich kann ohne tägliche Zeitung nicht leben und schneide noch immer Artikel aus. In politischen Reden vermisse ich gelegentlich die Klugheit, den Sachverstand und die Originalität mancher journalistischer Kommentare oder Features. In unserem Land ist eine wachsame Presse und in weiten Teilen wirklicher Qualitätsjournalismus am Werk.

Dieses Bekenntnis verträgt sich durchaus mit einem kritischen Blick auf einige unerfreuliche Erscheinungen des medialen Betriebs: die Tendenz, Lücken im Wissen durch Vermutungen zu füllen; die Lust an wilden Personalspekulationen, über deren Verirrungen dann die Gnade des schnellen Vergessens waltet; der investigative Eifer, der mit der Beleuchtung komplizierter Kausalitäten erlahmt; die selektive Wahrnehmung von Fakten, die – gerade auf den Feldern von Wirtschaft, Finanzen und Steuern – nicht selten persönlichen Werturteilen folgt; und nicht zuletzt das, was ich die »Kronzeugenverhaftung« nenne, die schnelle Einholung einer konfrontativen Stellungnahme meistens unter den üblichen Verdächtigen der eigenen Partei, um eine Duellsituation heraufbeschwören zu können. Nach meinem Ausflug in die »nervöse Zone« von Politik und Medien (Lutz Hachmeister) will ich im Folgenden einige Beobachtungen wiedergeben, die meinen Befund aus dem Jahr 2010 bestätigten – und meine Befürchtungen zum Teil übertrafen.

Zunächst ist festzuhalten, dass die klassischen Medien ihre »Torwächterfunktion« verloren haben. Der US-amerikanische Journalist und Autor Walter Lippmann hat über die Zeiten, in denen noch von Verlagshäusern statt von Medienkonzernen gesprochen und das Fernsehen von öffentlich-rechtlichen Sendern geprägt wurde, einmal gesagt, was in der Zeitung stehe – und das Gleiche galt auch für die Fernsehnachrichten –, sei das Ergebnis einer Reihe von Selektionen. Mit anderen Worten: Die klassischen Medien, mit denen ich aufgewachsen und groß geworden bin, bestimmten in freier Entscheidung, welche Informationen der Öffentlichkeit zugänglich gemacht wurden – oder eben auch nicht, weil sie als nebensächlich, banal oder nicht belastbar galten.

Durch das Internet hat sich diese Ausgangssituation radikal verändert. Potenziell kann nun jeder Nutzer publizieren, was er möchte, was seinen Neigungen und seinem Geschmack entspricht, und zwar ohne jede Sprachbarriere, so wie ihm der Schnabel gewachsen ist. Eine »Torwächterrolle« bei der Sichtung und Auswahl relevanter Nachrichten gibt es nicht mehr. Aber nicht nur das. Zeitungen und Fernsehsender konkurrieren jetzt um die begrenzte Aufmerksamkeit des Publikums nicht mehr nur mit ihresgleichen, sondern auch mit Bloggern, Youtubern, Social-Media-Usern und Graswurzeljournalisten. In diesem verschärften Aufmerksamkeitswettbewerb gewinnt in der Regel derjenige, der als Erster mit der spektakulärsten Nachricht auf dem Platz ist. Der Echtzeitjournalismus lebt von der Spannung. Schnelligkeit ist Trumpf. »Breaking news« schlagen in der modernen Medienökonomie die gesamte Konkurrenz aus dem Feld. Fehlt einer Nachricht das nötige Empörungspotenzial, muss nachgeholfen werden, denn nur so lassen sich weitere Eskalationsstufen kalkulieren.

Das Internet bietet uns allen neue kreative Entfaltungsmöglichkeiten, aber es öffnet eben auch Schleusen – Schleusen, durch die auch entsetzlicher Dreck gepumpt wird. Nicht wenige nutzen das Internet, um ihren Frust aggressiv loszuwerden. Völlig enthemmt können sie über alles und jeden ihre Denunziationen, Beleidigungen und Verschwörungstheorien verbreiten, ohne dass sie irgendwelche Konsequenzen zu befürchten haben. Wer in der Öffentlichkeit steht und jeden Tag mit dem Ausbruch eines organisierten Shitstorms rechnen muss, setzt dadurch möglicherweise die Schere im Kopf an und unterwirft sich vorauseilend der Selbstzensur. Artikel 1 des Grundgesetzes – »Die Würde des Menschen ist unantastbar« – gilt aber auch im Internet! »Sie zu achten und zu schützen ist Verpflichtung aller staatlichen Gewalt«, heißt es weiter – eine unlösbar scheinende Aufgabe im Zeitalter der digitalen Informations- und Kommunikationsgesellschaft.

Jenseits der Konkurrenz durch Blogger und Social-Media-Infotainment unterliegen die Zeitungen und Magazine mit ihren Onlinediensten und das Fernsehen einschließlich der öffentlich-rechtlichen Sender allerdings auch untereinander einem selbsterzeugten Trend der Beschleunigung, Banalisierung und künstlichen Erregung. Onlinedienste haben in dem Wettbewerb um Aufmerksamkeit inzwischen die Rolle von Leitmedien übernommen. Sie sind gezwungen, kurzfristig immer neue, sich überschlagende Nachrichten und zugespitzte Theorien zu bringen. In den vormittäglichen Redaktionssitzungen der analogen Medien wird die Taktvorgabe der Onlinedienste genau verfolgt. Keiner will hinterherhinken. Nichts scheinen Journalisten mehr zu fürchten als die Nachfrage aus der Chefredaktion: »Warum haben *wir* dazu nichts?« Im Hochgeschwindigkeitsjournalismus ist der journalistische Hang, auf keinen Fall abseitsstehen zu wollen, sondern sich in der Hauptströmung zu bewegen und Fertigkost auch von anderen Medien zu übernehmen – Hans-Ulrich Jörges vom *Stern* erklügelte den treffenden Begriff des »Rudeljournalismus« –, ein folgenreicher Treibriemen. Er führt zur Verfestigung wirkungsmächtiger Schemata, in die Personen und politische Themen hineingepresst werden. Er pumpt Adrenalin in Meldungen, deren Anlass von unwesentlicher Bedeutung ist, um dann auf der Welle der entfachten Empörung oder des geweckten Voyeurismus den nächsten Höhengrad zu erklimmen. So schaukeln sich Onlinedienste, Nachrichtenagenturen, Zeitungen, Nachrichtenmagazine und Talkshows in ihrem Hunger nach Stoff hoch, der die Gemüter bewegt und erregt. Die Empörung über einen entgleisten Halbsatz oder einen schusseligen Fehltritt lässt dann alle Dämme brechen, erst recht wenn dabei noch die Moral ins Spiel kommt. Jede Verhältnismäßigkeit geht auf diese Weise verloren.

Ich will ein Beispiel geben für diese künstliche Erzeugung von Erregung. In einer öffentlichen Veranstaltung Anfang April 2013 in Berlin, auf der ich mich nach dem Muster amerikanischer Townhall-Meetings auf eine schnelle Abfolge von Fragen aus dem Publikum einließ, fragte mich eine junge Frau, wie ich denn zum Schwimm- und Sportunterricht muslimischer Mädchen an Schulen stünde. Ich antwortete sinngemäß, dass ich das den einzelnen Schulen und dem Fingerspitzengefühl der jeweiligen Schulleitung überlassen würde. Mit dem Thema war ich durchaus vertraut, da meine Frau Lehrerin an einem Bonner Gymnasium war. Nach dieser spannenden und deshalb vom Publikum wohl auch als unterhaltsam empfundenen Veranstaltung pickten einige Journalisten diesen einen Satz heraus und fragten scheinbar empört, wieso ich für Ausnahmeregelungen sei. Einige Politiker aus dem bürgerlich-konservativen Lager und ein paar selbsternannte Richter stießen mit in das Horn. Dabei ging völlig unter, dass meine Antwort exakt der Praxis einiger Bundesländer entsprach.

Das sogenannte dialogische Veranstaltungsformat, das direkte Gespräch mit Bürgerinnen und Bürgern statt Frontalunterricht mit langen Reden, nutzte ich übrigens während des gesamten Wahlkampfes. Das erhöhte natürlich das Risiko, dass aus einer freien Rede und spontanen, nicht vorab präparierten Antworten Fragmente herausgebrochen wurden, die mir anschließend um die Ohren flogen. Nils Minkmar gibt in seinem Buch über meinen Wahlkampf ein Gespräch zwischen zwei Journalisten wieder, die sich gegenseitig bestätigen, sie seien nur gekommen, um zu sehen, »ob etwas passiert«. Diese Tendenz, aus Halbsätzen eine Staatsaffäre zu machen und in jeder klaren Aussage eine politisch inkorrekte Deutungsmöglichkeit aufspüren zu wollen, führt dazu, dass die Journalisten am Ende jenen Politikertypus bekommen, den sie am meisten verachten: einen angepassten, meinungslosen, glattgeschliffenen Karrieristen, der vor allem darauf bedacht ist, Fehler und Risiken zu vermeiden.

In den Zeitungs- und Rundfunkredaktionen der vordigitalen Welt wurde das Wochenende genutzt, um kalten Nachrichtenkaffee noch einmal aufzubrühen. In den Redaktionen der Nachrichtenagenturen taten samstags und sonntags Mitarbeiter Dienst, die nicht das ganze politische Themenspektrum im Blick haben konnten. Wer sich während der Woche mit Verteidigungspolitik befasste, konnte nicht die letzten Verästelungen sozialdemokratischer Parteiarbeit durchschauen. Deshalb gelang es Zeitungen – aber genauso auch Pressestellen von Ministerien und Parteien – immer wieder, mit vermeintlich neuen Fakten die Nachrichtenlage des Wochenendes mitzubestimmen. Längst Bekanntes kam nochmals frisch auf den Tisch.

Heute ist – um in diesem Zeitraster zu bleiben – jede Sekunde Wochenende. Die Onlineredaktionen sind personell allesamt weniger gut ausgestattet als die meisten Printredaktionen. Alles geht, wenn es nur schnell und knackig ins Netz gestellt werden kann. Bericht und Kommentar werden nicht mehr strikt getrennt. Beides geht fließend ineinander über. Der Bericht wird mit einer starken Meinung unterfüttert, was manchen Leser über seine mangelnde Substanz hinwegzutäuschen vermag. Viele Printkollegen, in deren Augen die Onlineauftritte dem Ansehen von Qualitätsmedien schaden, distanzieren sich inzwischen von den Onlineredaktionen: »Die machen keinen Journalismus, die generieren Klicks.« Auch bei den angesehenen Medien gibt es natürlich den einen und anderen Blinden. Ein ehemaliger Bundespräsident erzählte vergnügt von seiner Sprecherin, die dem Korrespondenten eines Qualitätsmediums einen Sachverhalt so präzise erklärt hatte, dass er sie fragte, ob sie ihm das aufs Fax legen könne. Das sei nicht nötig, antwortete sie ihm, das stehe so in der Verfassung.

Wo das Wissen fehlt, blüht nicht nur die Spekulation. Da wird jede dünne Brühe mit Emotionen angedickt: Skandal! Die aufgebauschten Empörungen sind eben nicht nur als Shitstorms im Internet zu erleben (und offenbar auch zu bestellen), sondern durchziehen als regelmäßige Wellen auch die klassischen Medien im Wettbewerb um Auflage, Klicks und Quote. Als ob die Gesellschaft ständig im Erregungszustand gehalten werden müsste. Die Tatsache, dass ein Teil des Publikums sich diesem medialen Spiel hingibt und mitmischt, darf in diesem Zusammenhang freilich nicht verschwiegen werden.

Soap-Operas, klebrige Castingshows, Ekelshows, gefälschte Rankings, kaum verhüllte pornographische Angebote, die Verwechslung von Klamauk und Kabarett oder die unablässige Präsentation von C-Prominenz in Wort und Bild deuten die Richtung an, in die es geht – die Skala nach unten ist offen, das Ende noch längst nicht erreicht. Die Nackt-Dating-Show »Adam sucht Eva« bei RTL wird uns in wenigen Jahren geradezu unbedarft erscheinen. »Tutti Frutti« ließe sich schon heute nur im Kinderkanal wiederholen.

Zwei Filmproduktionen fallen mir ein, in denen Quotenjagd und gesteuerte Sensationslust des Publikums eine zynische Verbindung eingehen. Im Fernsehfilm »Das Millionenspiel« von 1970 wird eine Menschenjagd im Stil einer Sportveranstaltung live übertragen. Ein freiwilliger Kandidat wird unter der Moderation eines Showmasters und aktiver Beteiligung des Fernsehpublikums gehetzt und muss im Finale eine Todesspirale mit Einschusslöchern für Auftragskiller durchlaufen, ehe er den Preis von einer Million Mark erhält. Der Film nach einem Drehbuch von Wolfgang Menge schrieb Fernsehgeschichte, weil er vor mehr als vierzig Jahren Entwicklungen der Mediengesellschaft hellsichtig voraussah. Der zweite Film, »Die Tribute von Panem – The Hunger Games«, stammt aus dem Jahr 2012 und beruht auf dem ersten Teil einer Fantasy-Buchreihe. Auch hier geht es um einen fernsehwirksam inszenierten Wettstreit um Leben und Tod – dieses Mal unter Jugendlichen in einer von Hunger gepeinigten Diktatur, deren Machtelite mit der Veranstaltung und Übertragung eines jährlichen »Gladiatorenkampfes« unterdrückt und ablenkt.

Diesen Ausführungen über die grundsätzlichen Veränderungen der Medienlandschaft durch die digitale Revolution möchte ich fünf Beobachtungen anschließen, die sich unmittelbar auf die Art der Berichterstattung – und auf die Qualität – auswirken.

1. Aufgrund der Umbrüche in der Medienlandschaft stehen Journalisten heute unter materiellem und existenziellem Druck, den sie bisher nicht kannten. Redaktionen wurden ausgedünnt, viele Arbeitsverträge gelten inzwischen als unsicher, die Mehrbelastungen sind deutlich gestiegen; zahlreiche Journalisten arbeiten heute für mehrere Redaktionen und müssen neben der gedruckten Ausgabe auch noch die sozialen Netzwerke bedienen. Unterdessen machen sich freie Mitarbeiter und Praktikanten auf die Piste, um exklusive Quotes einzufangen. Die Jungen um die dreißig ziehen los, um am Ende des Tages doch noch einen festen Vertrag zu bekommen oder in der Hierarchie aufzusteigen. Alle sind auf der Suche nach der Story ihres Lebens, so wie einst Carl Bernstein und Bob Woodward, als sie die Watergate-Affäre aufdeckten – der Beginn einer großen Karriere.

Von ihrer Redaktion losgeschickt mit ein paar vagen Anhaltspunkten, manchmal mit einem Zettel in der Hand, auf dem ihnen die Fragen aufgeschrieben worden sind, stehen sie plötzlich vor einem, wie aus dem Nichts. Auf dem Weg zu einer Veranstaltung wird man am Ende einer Rolltreppe plötzlich angesprungen, der Kameramann eilt mit laufender Kamera hinzu. Name, Sender, Thema werden nicht weiter ausgebreitet. Stattdessen wird einem das Mikrofon in den Hals gestopft, die Frage ist auf Provokation und Verwirrung angelegt. Ich nenne das Überfalljournalismus oder Treppenjournalismus. »Herr Steinbrück, warum haben Sie 2006 über eine nachgeordnete Behörde des Bundes öffentliche Wohnungsbestände in München veräußert? Zu welchem Preis? An wen? Wir haben eine Stellungnahme eines betroffenen Altmieters.« Diesen Umgang pflegen TV-Magazine sowohl des öffentlich-rechtlichen wie des privaten Fernsehens. Die Zuschauer sehen dann einen konsternierten, um Worte ringenden Politiker, der sein Wiedervorlagesystem bis in das Jahr 2006 zurückspult, während sein Gesichtsausdruck schon mal als schlechtes Gewissen gedeutet werden kann. Wenn eine Stellungnahme aus dem Stand verweigert, auf die Pressestelle des Ministeriums verwiesen oder ein späterer Interviewtermin angeboten wird, weil man sich erst einmal kundig machen wolle, wird dies – Kamera läuft – mit einem süffisanten Kommentar gesendet, der nur den Schluss zulässt, dass etwas stinkt und aufgeklärt werden muss. Wir bleiben am Ball!

Noch ist das, was ich hier am eigenen Beispiel geschildert habe, nicht der gängige Umgang zwischen Medienvertretern und Politikern. Aber in dem Hunger, spektakuläre Nachrichten zu liefern, gibt es längst probate journalistische Techniken, um einen Politiker auf die heiße Herdplatte zu setzen: der journalistische Überfall nach dem eben beschriebenen Muster oder wahlweise der mehrseitige Fragenkatalog an einem Donnerstagnachmittag mit der ultimativen Aufforderung, bis Freitag, 12.00 Uhr, zu antworten – wenn nicht, werden Sie schon sehen, was Sie davon haben! Dann heißt es:»Herr Steinbrück stand auf Nachfragen nicht zur Verfügung«, was so viel bedeutet wie: Er ist überführt. Natürlich ist mir geläufig, dass Journalisten umgekehrt ganze Bücher über Politiker schreiben könnten, die auf keine Frage antworten, stattdessen Leerfloskeln abspulen und mehr oder minder verdeckt die Berichterstattung zu beeinflussen suchen. Aber in der Summe gilt: Der gewachsene Arbeits- und Zeitdruck, der auf vielen Journalisten lastet, würgt notwendige Recherchen ab und drückt auf die Solidität der Berichterstattung.

2. Die zweite wesentliche Veränderung, die mit der modernen Medienökonomie einhergeht, besteht darin, dass Inhalte immer

häufiger visuell transportiert werden. Dies bezieht sich nicht nur auf die Nutzer, die Nachrichten zunehmend am Bildschirm konsumieren, sondern auch auf die den digitalen Medien eigene Tendenz zur Visualisierung. Auf Twitter und Facebook erzielen Bilder deutlich größere Reichweiten als Texte, und auch Online-Nachrichtenseiten setzen zunehmend auf Bildstrecken. Damit gewinnt eine Berichterstattung an Bedeutung, die ihre Botschaften auf Bilder und Symbole zu verdichten sucht. Laufende Bilder und Fotos von Politikern verdrängen politische Inhalte: eine Verteidigungsministerin in martialischer Pose vor einer Transall-Maschine, ein cooler Wirtschaftsminister am Times Square, ein Bundeskanzler in Gummistiefeln im Hochwassergebiet. Damit zeichnen sich klar die Prioritäten ab: Bild geht vor Bericht, Überschrift vor Text, Person vor Thema.

3. Die digitalen Medien ermöglichen eine noch nie gekannte totale Durchdringung des Marktes. Auch früher schon konnten Verlage den Erfolg ihrer Produkte an der Auflage messen, und auch früher schon trafen TV-Sender ihre Entscheidungen auf der Grundlage von Einschaltquoten. Aber solche Kennziffern können in puncto Genauigkeit und Verfügbarkeit nicht mithalten mit den neuen Möglichkeiten. Ein digitales Nachrichtenportal kann in Echtzeit mitverfolgen, wie viele Nutzer einen Artikel lesen, wie viel Zeit sie aufwenden und wo sie aussteigen. Den Betreibern eröffnet dies die Möglichkeit, Programme passgenau auf jene Inhalte zu konzentrieren, die schnelle Aufmerksamkeit versprechen. Inhalte, die auf weniger Interesse stoßen, werden weniger prominent platziert oder gleich ganz gelöscht. Das vollzieht sich innerhalb weniger Stunden. Es wird folglich nicht nur kürzer, schneller, visueller berichtet, sondern auch in höherer Frequenz. Das ist der Nährboden, auf dem Skandalisierungen wuchern.

4. Meine vierte Beobachtung richtet sich selbstkritisch auf die Politik. Sie hat sich dem Rhythmus der neuen Medienwelt nicht nur

klaglos gefügt, sie befeuert ihn noch. Politiker aller Couleur beteiligen sich an der Kakophonie. Sie posaunen fast täglich in den Nachrichtenkanal und greifen jedes Stichwort und jede ihnen querliegende Meinung von Freund und Feind auf, die ihnen Präsenz verspricht: Einige werden dabei Talkshowkönige. Schnelligkeit schlägt Gründlichkeit. Wer bei einem aktuellen Thema nicht innerhalb weniger Stunden auf Sendung ist, findet öffentlich nicht statt. Die Folge sind überhastete Statements, schnellstmöglich in die Kameras gesprochen oder in die Blogs gegeben. Würde der eine oder andere kurz innehalten und sich bewusst machen, dass er den Medien mit seinem Statement überhaupt erst den Stoff liefert, aus dem sie dann Funken schlagen, indem sie umgehend eine Gegenmeinung einholen, würde uns manche aufgebauschte Debatte erspart bleiben.

5. Die neuen Fähigkeiten und Möglichkeiten verlangen auch aufseiten der Nutzer ihren Preis. Das Internet verändert unsere Kompetenzen. Die Fähigkeit ausdauernden und kritischen Lesens nimmt ebenso ab wie die Fähigkeit, eine Korrespondenz korrekt mit Subjekt, Prädikat und Objekt zu führen. Der US-amerikanische Journalist Nicholas Carr beschreibt, wie das Internet unser Gehirn und unsere kognitiven Prozesse in neue Bahnen lenkt. Sobald wir online sind, so Carr, befinden wir uns in einer Welt, die kursorisches Lesen, hastiges Denken und oberflächliches Lernen befördert.* In den letzten zehn Jahren ist die durchschnittliche Aufmerksamkeitsspanne, die wir Nachrichten oder Kommentaren widmen, geschrumpft. Es überrascht nicht, dass die Medien darauf reagiert haben – mit kürzeren Beiträgen. Nachrichten, Kommentare, Interviews und Hintergrundberichte werden unserem veränderten Lese-, Hör- und Sehverhalten angepasst und in immer kleinere Häppchen aufgeteilt.

6. Meine letzte Beobachtung befasst sich kritisch mit dem Publikum. Das mediale Konsumverhalten hat sich in den vergangenen

Jahren grundlegend geändert. In einer kurz vor der letzten Bundestagswahl veröffentlichten Studie schreibt das in Köln ansässige Rheingold-Institut, die Stimmung in Deutschland sei von einer »diffusen Sehnsucht nach einer permanenten Gegenwart«* gekennzeichnet. Viele Bürgerinnen und Bürger kapselten sich von der als undurchschaubar empfundenen Politik ab und zögen sich ins Private zurück. Sie erwarteten von der Politik keine großen Zukunftsentwürfe und Lösungsangebote mehr. Sie seien von der Politik enttäuscht. Konsequenterweise tritt an die Stelle der Neugier auf politische Entwürfe die persönliche Neugier an den Darstellern auf der politischen Bühne: Sympathie und Popularität wiegen schwerer als Inhalte und Programme. Dementsprechend sind auch die Erwartungen an die Berichterstattung. Persönliches statt Politischem lautet die Maßgabe. Persönliche Eigenschaften und Eigentümlichkeiten von Politikern werden zur Hauptsache der Berichterstattung, während komplexe Fragen nach der Zukunft des Landes zur Nebensächlichkeit verkümmern. Im Bundestagswahlkampf 2013 machte ich hautnah diese Erfahrung mit dem paradoxen Erlebnis, dass Medienvertreter die Substanzlosigkeit des Wahlkampfes einerseits beklagten, sich aber andererseits aktiv an seiner Banalisierung beteiligten.

Noch einmal zwei Beispiele aus dem Bundestagswahlkampf 2013. Wenn meiner spontanen Bemerkung in einem Zwiegespräch auf der Bühne eines Berliner Theaters zu Pinot-Grigio-Preisen medial mehr Beachtung gewidmet wird als dem Verfall öffentlicher Infrastruktur, dann bewegen wir uns wirklich auf der Oberfläche. Wenn die freche Bezeichnung zweier italienischer Politiker als Clowns – von denen der eine diesen Berufsstand tatsächlich ausgeübt hat, während der andere inzwischen rechtskräftig verurteilt ist und diese ehrwürdige Berufsbezeichnung gar nicht verdient – die Schlagzeilen mehr bestimmt als meine Aussagen zum Beispiel über eine notwendige Pflegereform, dann bewegt sich die öffentliche Debatte in der Tat in sehr seichten Gewässern.

Ebenso sollte sich ein Nachrichtenmagazin von der Güteklasse des *Spiegel* selbstkritisch mit der Frage beschäftigen, warum es dem flammenden Boykottaufruf eines Nichtwählers zur Bundestagswahl – und seinem Hinweis auf die (natürlich durchgängige) Unfähigkeit und Verbohrtheit der politischen Klasse – Raum gibt,* um sich dann bei nächster Gelegenheit mit dem demokratisch ach so schrecklichen Phänomen der geringen Wahlbeteiligung zu beschäftigen. Um der Wahrhaftigkeit willen ist zu ergänzen, dass der *Spiegel* anschließend Jürgen Trittin Gelegenheit gab, diesen Beitrag zu zerreißen.

Die Entpolitisierung erreicht ihren vorläufigen medialen Höhepunkt in der Veröffentlichung von Charakterbenotungen und Psychogrammen. Was als politisches »Porträt« daherkommt, ist in Wirklichkeit eine weitgehend apolitische Beschreibung von Spitzenpolitikern aus der höchsteigenen Sicht von Journalisten, die ihre eigenen Schrullen dabei oft nur mit Mühe zu übertünchen vermögen. Diese Anmaßung, ihr persönliches Testergebnis eines Politikers einem breiten Publikum als Wahlempfehlung anzudienen – so einen kann man nicht wählen! –, wird nur noch überboten von der Kaltschnäuzigkeit, mit der man den Delinquenten zum Essen einlädt und eine Entenzungensuppe servieren lässt, ohne ihm zu sagen, dass er sich damit in einem Kommentar wiederfinden wird.

Fazit: Die Bewertung des Politischen wird zugunsten einer Charakter- und Moraldebatte abgelöst.* Die Skandalisierung von Politikern als Privatpersonen übertrumpft noch den genuinen politischen Skandal, der durch ein Fehlverhalten im öffentlichen Amt gekennzeichnet ist.*

Kaum ein Bericht über den Auftritt eines Politikers kommt ohne solche Schilderungen aus: wie seine Körperhaltung war, wie sein Mundwinkel stand, ob er sich wie ein nervöses Pferd oder wie ein müder Gaul bewegte, wem er sich wie zuwandte und wem weshalb nicht, von welchen inneren Kräften er getrieben wurde, ob er zu Späßchen aufgelegt war und ob diese möglicherweise nicht mehr ganz mit dem guten Geschmack konvenierten – all das überlagert die inhaltlichen Botschaften. Eine Boulevardzeitung engagierte einen Experten für Körpersprache, der das Seelenleben von Klaus Wowereit bei seinem Rücktritt als Regierender Bürgermeister von Berlin entschleiern sollte. Andere lassen durch bestallte Graphologen die Handschrift von Politikern interpretieren. Ein Doyen der Politikwissenschaft lässt sich in einem Magazin dazu herab, ein Foto von Frau Merkel mit den Herren Gabriel, Steinmeier und de Maizière auf der Regierungsbank tiefenpsychologisch zu kommentieren. Jeder Satz und jede Bewegung werden darauf abgeklopft, ob sie journalistisch verwertbar gemacht werden können – wahlweise als Fauxpas oder als Fettnäpfchen. Die Definition dessen, was eine Stilverletzung ist, steht im Belieben der Skandalisierer. Die Wächterfunktion der Journalisten »schrumpft zum Ratgeber für Geschmacks- und Gourmetfragen«.*

Im Mai 2014 habe ich bereitwillig einer Anfrage der *Zeit* entsprochen, das Buch des ehemaligen Bundespräsidenten Christian Wulff *Ganz oben – Ganz unten* zu rezensieren.* Ich empfand nicht nur den Medienhype, sondern auch den staatsanwaltschaftlichen Ermittlungsprozess, die Häme und Diffamierung, die sowohl über den höchsten politischen Repräsentanten des Landes als auch über Wulff als Privatperson ausgegossen wurden, als ein demütigendes und absurdes Schauspiel. Mir selbst nahm ich übel, dass ich den richtigen Zeitpunkt für eine Geste und solidarische Adresse gegenüber Christian Wulff verpasst hatte.

Aber das hochsensible Verhältnis von Politik und Medien beschäftigte mich schon viel länger – weit vor der »Wulff-Affäre«, in der die Skandalisierer selbst zum Skandal wurden, und auch weit vor meiner Nominierung zum Kanzlerkandidaten. Schon 2010 hatte ich die düstere Prophezeiung gewagt, dass die Medien eines Tages die Politik ablösen, Nachrichtenproduzenten und Meinungsmacher also an die Stelle der politischen Klasse treten könnten. Eine gewisse Bereitschaft, eine solche Machtverschiebung zu akzeptieren, zeichnet sich beim Publikum durchaus ab. Je kläglicher die

Politik im Urteil der Bürger versagt, desto mehr vertrauen diese den Nachrichten (und zunehmend den Bildern) als Fenster zur Realität sowie kritischen Kommentaren. Die Selbstbescheidung von Medienverantwortlichen, ihre Aufgabe bestehe in dem Dreiklang von Berichterstattung, Aufklärung und Kontrolle, habe ich immer für eine Verharmlosung gehalten. Zwar geht ihr Einfluss in Deutschland nicht so weit wie in Großbritannien, wo der Medienmogul Rupert Murdoch die Meinungsmacht seines Imperiums nicht nur für seine geschäftlichen Interessen, sondern auch für politische Richtungsentscheidungen einsetzt. Aber auch in Deutschland muss man sich inzwischen mit der Frage beschäftigen, ob manche Medienhäuser sich nicht bereits selber als politisch Handelnde verstehen und damit zu einer tatsächlichen vierten Gewalt im Staat geworden sind. Alphatiere des Journalismus, tonangebende Redaktionen, mächtige Konzernherren und -damen wollen mitmischen. Sie wollen Einfluss nehmen auf die inhaltliche und vor allem personelle Ausgestaltung von Politik. Sie wollen Stimmungen nicht nur beschreiben, sondern auch erzeugen.

Die Lektüre des Buches von Christian Wulff – wie auch die eine und andere Erfahrung im Wahlkampf – weckte zwei Fragen: Wenn die Politik und ihre Protagonisten zu Recht der Kontrolle durch eine freie Presse unterliegen und jedwede Kontrolle über die Presse in einer freiheitlich-demokratischen Gesellschaft zu Recht tabu ist, wie ist es dann um die Selbstkontrolle der Medien bestellt? Und: Wer diktiert eigentlich die Bedingungen für politische Rücktritte in Deutschland? Die »Causa Wulff« gab und gibt jedenfalls Anlass, einen gewalttätigen Journalismus, der sich hinter der Pressefreiheit und einem investigativen Auftrag verschanzt, aber den Sinn für Verhältnismäßigkeit und den Respekt vor der Würde eines Politikers, auch eines fehlbaren und fehlerhaften, verloren hat, näher zu mustern. Hier ist zweifellos eine Gleichgewichtsstörung im Verhältnis zwischen Politik und Medien zu konstatieren – und deren Konsequenzen für unsere Demokratie sind zu beleuchten.

Deprimierend waren die selbstgerechten, empört-beleidigten

oder dürftigen Reaktionen auf das Buch von Christian Wulff. »Der Vorwurf des Meinungskartells ist kompletter Blödsinn«, hieß es etwa in einer Stellungnahme des Deutschen Journalisten-Verbandes.* Wenn ein ehemaliger Bundespräsident anregt, die Umgangsformen zwischen Politikern und Medienvertretern zu überdenken, dann verdient dies eine substanzielle Reaktion; stattdessen wurde Wulff abgewatscht. Diese Art der Immunisierung gegen Kritik könnte sich ein Politiker nicht leisten.

Sogar den Flaggschiffen des deutschen Journalismus fehlte jene Portion Selbstkritik, die sie von anderen erwarten. Einige – darunter Hauptdarsteller im Wulff-Buch, die es anging – folgten dem Grundsatz: Das ignorieren wir nicht einmal. Insgesamt zeigten sie wenig Bereitschaft, sich auf ein Thema von so grundsätzlicher Bedeutung für unsere Demokratie einzulassen. Statt im Rückblick Gewissensforschung zu betreiben und das eigene Verhalten zu hinterfragen, unterstellten Journalisten Christian Wulff, er verfolge eine Verschwörungstheorie, stilisiere sich zum Opfer und mache sich zum Märtyrer. Statt sich mit seiner Kernbotschaft und seinem tatsächlichen Anliegen auseinanderzusetzen, nutzten sie eine ungeschickte Formulierung bei der Vorstellung seines Buches und nannten ihn uneinsichtig. Sie reagierten damit nicht anders als jene von ihnen zu Recht kritisierten Politiker, die verharmlosen, unter Druck zum Gegenangriff blasen und beleidigt reagieren, wenn sie erwischt worden sind.

Die Reaktion auf das Wulff-Buch entsprach meiner eigenen Erfahrung, dass Vertreter der Medienbranche sehr dünnhäutig reagieren, sobald sie selbst Zielscheibe der Kritik werden. Kritische Einlassungen von Politikern an die Adresse der Presse werden reflexartig als Angriff auf die Pressefreiheit und ihren investigativen Auftrag gedeutet. Dieses Talent, sich für unantastbar und außerhalb jeder Kritik zu erklären, findet auch in dem Begriff der »Medienschelte« seinen Ausdruck. Er ist der ultimative Hammer, der jedem Politiker entgegengeschleudert wird, der sich dreist dazu verstiegen hat, über eine Berichterstattung oder einen Umgangston zu klagen. Als ob Politiker jede Unterstellung, Falschmeldung, Manipulation und Geschmacksverirrung in devoter Ergebenheit hinzunehmen hätten. Gewisse Angriffe sind aber auch bei einem noch so ausgeprägten Sportsgeist schlicht nicht akzeptabel. Dabei will ja kein Politiker der berühmten englischen Kriminalautorin Agatha Christie folgen, die einmal gesagt hat: »Ich habe Journalisten nie gemocht, ich habe sie alle in meinen Büchern sterben lassen.« Ich kenne auch – fern jedes ironischen Ausfluges – keinen ernstzunehmenden Politiker, der je die Pressefreiheit infrage gestellt oder der Presse ihre Aufklärungs- und Kontrollfunktion abgesprochen hätte. Deshalb könnte diese Unterstellung aus dem Handbuch journalistischer Selbstverteidigung gestrichen werden. Zur qualifizierten Meinungsbildung, zur demokratischen Kontrolle und zur Sicherung der Meinungsvielfalt brauchen wir Medien. Die unterliegen einer grundgesetzlich geschützten Freiheit. Allerdings sollte diese nicht als Freibrief missverstanden werden.

Nach fast zwanzig Jahren in Regierungsämtern sitze ich heute nicht mehr in der ersten Reihe der Politik, muss nicht mehr in eigener Sache reden und brauche mich deshalb auch nicht vorauseilend anzupassen. Mein Plädoyer für ein von wechselseitigem Respekt getragenes Verhältnis zwischen frei gewählten Politikern und einer freien Presse richtet sich auf die Zukunft. Ich frage mich, wie es um den politischen Nachwuchs bestellt ist, wenn wir den Umgang zwischen Politikern und Medienvertretern nicht auf eine neue Grundlage stellen. Dann gilt wohl irgendwann: Wer in die Politik geht, ist entweder das Produkt einer Negativauslese oder ein Masochist, ein mehr oder weniger heroisches Opfer zukünftiger Intrigen und Skandale. Was aber heißt das auf Dauer für unsere demokratische Substanz?

Es ist keineswegs selbstverständlich, dass sich auch morgen genügend Frauen und Männer um politische Mandate bewerben und damit unsere Demokratie lebendig halten. Bei Kommunalwahlen gibt es bereits heute quer durch die Parteien erste Schwierigkeiten, genügend Bewerberinnen und Bewerber zu finden. Sie wollen sich weder der Hitze in der politischen Küche noch den Kabalen in den Hinterzimmern aussetzen. Vor allem aber fürchten viele das Risiko, unvermutet und schon aus geringstem Anlass öffentlich gegrillt zu werden. Nur allzu oft haben sie in den letzten Jahren beobachten können, wie gnadenlos perfekt der Mechanismus aus journalistischem Jagdfieber und öffentlicher Empörungsbereitschaft funktioniert. Dem setzt sich keiner freiwillig aus.

Verschärfter Wettbewerb ist keine Rechtfertigung dafür, dass kritischer Journalismus auf der Jagd nach der nächsten Enthüllung jegliche Selbstkontrolle und Distanz zum Objekt seiner Recherchen verliert. In der Politik gibt es Fehler und Fehlbesetzungen. Aber das ist kein Grund für die Anmaßung einiger Journalisten, in die Seelenforschung einzusteigen und Personalempfehlungen auszusprechen. Noch einmal, damit Missverständnisse gar nicht erst aufkommen: Es geht nicht um eine virtuelle Bannmeile für Politiker, nicht um einen Freibrief für alle Arten politischer und moralischer Verfehlungen. Es geht um Verantwortung für unser Gemeinwesen und ein Mindestmaß an Respekt gegenüber den Frauen und Männern, die sich für das öffentliche Wohl engagieren. Damit andere nicht aus Furcht vor dem öffentlichen Laufsteg abgehalten werden, sich ihrerseits einzusetzen.

Den Profis der Medienbranche und Mitgliedern der journalistischen Zunft, denen dieses Kapitel möglicherweise zu stark pro domo argumentiert, zu stark von den Interessen eines Politikers gefärbt zu sein scheint, halte ich entgegen: Die Politik hat seit Jahren mit einem spürbaren Vertrauensverlust bei den Bürgern zu tun. Ein ähnlicher Vertrauensentzug bahnt sich auch gegenüber den etablierten Medien an, deren Tendenz zur Banalisierung, Personalisierung und Skandalisierung vielen Bürgerinnen und Bürgern Unbehagen bereitet. Grelle mediale Inszenierungen, die demonstrative Unterforderung des Publikums oder die zunehmende Orientierung an People- und Personality-Formaten – vieles wird inzwischen mit Verdruss registriert. Der Druck wächst. Schon vor einem halben Jahrzehnt kritisierte Bodo Kirchhoff: »Statt Ironie gibt es

Comedy oder im Feuilleton die Meinung aus der Hüfte. Das Coole hat den Charme abgelöst, das Gelächter das Lächeln, der Schnellschuss die Distanz, auch zu sich selbst.«* Andererseits wird das Publikum begreifen müssen, dass journalistische Qualität auch im Onlineangebot nicht umsonst zu bekommen ist. Wenn die wirtschaftliche Basis von Qualitätsmedien erhalten bleiben soll – und sei es nur als Gegengewicht zum verbreiteten Ramsch –, werden wir dafür bezahlen müssen.

Das Nachfrageverhalten hat sich geändert. Es ist nicht mehr auf die abonnierte Zeitung zum Frühstückskaffee, die *Tagesschau* um 20 Uhr oder den Kauf einer CD fixiert, sondern nimmt zunehmend digitale Plattformen und dialogische Formate in Anspruch. Das ist sicherlich ein Hauptgrund für die Veränderungen im Medienmarkt. Gleichzeitig aber haben diese Veränderungen auch etwas mit dem bewussten Rückzug der bisherigen Kundschaft zu tun, die sich aus unterschiedlichen Gründen vom medialen Establishment abwendet. Die Verantwortlichen in Intendanzen, Verlagsspitzen und Redaktionen ahnen das.

Während in der Welt der Politik die Wahlbeteiligung sinkt, geht im Kosmos der etablierten Medien die Zahl der Leser und Zuschauer zum Teil massiv zurück. Und so, wie viele Menschen das Vertrauen in die Problemlösungsfähigkeit der Politik verloren haben, so stellen viele inzwischen die Informationskompetenz der etablierten Medien infrage. Nicht wenige Leser dürften den Qualitätsmedien verlorengegangen sein, weil in ihren Augen die redaktionelle Qualität nicht mehr stimmte und die Zeitung, deren Abonnenten sie bis gestern waren, ihr Geld nicht mehr wert ist. Kein Mensch bezahlt Medien dafür, dass sie ihm zeigen, was er selbst sehen kann. Leser, Zuhörer und Zuschauer erwarten tatsächliche Aufklärung statt bloßer Aufzählung, Einsicht statt Draufsicht. Sie sind weder an einem Fassadenjournalismus interessiert noch an pseudo-psychologisierenden Exkursen, die sich mit den Eitelkeiten von Politikern beschäftigen und zugleich die der journalistischen Autoren zu erkennen geben.

Hier zeigt sich, dass die Digitalisierung nicht allein am Elend »der Medien« schuld ist. Die zunehmende Medienverdrossenheit, die Abkehr vieler Bürger von den klassischen Formaten, bleibt bisher journalistisch unterbelichtet. Auch ARD und ZDF müssen auf der Hut sein – trotz der Sicherheit, die ihnen die gesetzlich garantierten Gebühreneinnahmen zu bieten scheinen –, denn die Überalterung ihrer Zuschauer wird über kurz oder lang zu einer Legitimationsdebatte führen. Wie groß die Schnittmenge zwischen Politikverdrossenheit und Medienverdrossenheit tatsächlich ist, sei dahingestellt – die Parallelität der Entwicklung ist jedenfalls nicht zu übersehen.

Noch debattiert man in den Chefetagen der Qualitätsmedien nach meinem Eindruck nur die Folgen, nicht aber die Ursachen der durch die Digitalisierung ausgelösten Krise. Es genügt nicht, den Rückgang von Auflagen und Quoten und den damit verbundenen Verlust an Werbeeinnahmen zu beklagen und etwa nach Bezahlschranken im Internet zu rufen. Es gilt vielmehr, die Kernkompetenz der Medien neu zu definieren, nämlich den Strom von Informationen zu kanalisieren und nach News-Wert zu kalibrieren, während das Internet alle Schleusen öffnet und die Bürger im Informationsüberfluss zu ertrinken drohen.

Qualitätsmedien – die ihren guten Ruf in der analogen Welt errungen haben – müssen Inseln im digitalen Meer bleiben. Leider sind ihre Onlineufer längst überschwemmt. Eine funktionierende freie Presse ist für jedes demokratische System konstitutiv. Die Formel »content is king« ist mir – ob mit oder ohne Bezahlschranke – allerdings zu billig. Welche Inhalte? In welcher Form? Wie kalibriert, wie präsentiert? Ich bin davon überzeugt, dass Qualitätsmedien die Inseln im digitalen Meer und seinen Sumpfgebieten bleiben müssen. Als Mann von der Waterkant weiß ich, dass man Überschwemmungen nicht dadurch verhindert, dass man immer mal wieder Schleusen öffnet und dafür Gebühren erhebt, sondern dadurch, dass man die Deiche sichert. Der wirtschaftliche Erfolg, den nur noch wenige Medienhäuser erzielen, ist zugleich ein essenzieller Beitrag zur Sicherung der demokratischen Öffentlichkeit. Gossip und Trash gibt's im Netz reichlich und umsonst. Der Wettbewerb um den ersten Platz im Sumpf trägt kein Geschäftsmodell. Qualitätsjournalismus kann nur überleben – und er muss überleben! –, wenn er sich auf sich selbst besinnt. Auswählen, einordnen, zuspitzen, informieren: die Nachrichtenflut kanalisieren, nicht alles laufenlassen. Sonst wird er von der digitalen Informationsflut weggeschwemmt.

VI Die Misstrauensgesell-
schaft: Andeutungen einer
Beziehungskrise

Vertrauen ist das Band in jeder Beziehung und die Grundvoraussetzung für gesellschaftliches Zusammenleben. Erst Vertrauen ermöglicht langfristiges Miteinander und einen gemeinsamen Aufbruch – zumal in eine unsichere Zukunft. Es ist die wichtigste Währung in der Politik – und nicht weniger bei Geldgeschäften. Wird es untergraben oder verletzt, braucht es Millionen Worte, um es zurückzugewinnen. Und am Tag danach sind es schon Billionen. Wenn Worte nicht mehr reichen, bröckelt erst die Fassade, dann bricht das Fundament weg.

Seit Jahren wird ein Verfall an Vertrauen beklagt. In der Finanz- und Wirtschaftskrise der Jahre 2007 ff., die durch die Zockereien von Spielern in Banken ausgelöst wurde, verloren viele nicht nur Häuser, Ersparnisse, Arbeit und Teile ihrer Altersvorsorge, sondern auch ihr Vertrauen in die Solidität von Banken als ehrbare Treuhänder ihres Geldes. Ein schnöder Kapitalismus, der alle Gesellschaftsbereiche seiner Renditejagd zu unterwerfen sucht und die Umverteilung von unten nach oben befördert, wenn nicht sogar als leistungsbezogen rechtfertigt, zerstört das Vertrauen in die soziale Marktwirtschaft. Ein Europa, das die Jugendarbeitslosigkeit nicht in den Griff kriegt und Steuerbetrug – jedenfalls lange Zeit – für ein Kavaliersdelikt hielt, wendet jede Hoffnung in die Vorteile des europäischen Projekts in Missmut.

Dass viele Bürger den etablierten Parteien misstrauen, scheint fast schon als Normalität durchzugehen, obwohl es ein bedenkliches Schlaglicht auf den Zustand der repräsentativen Demokratie wirft. Die Entfremdung zwischen Politik und Gesellschaft ist jedenfalls viel zu weit fortgeschritten, als dass darüber mit gleichgültigem Schulterzucken hinweggegangen werden könnte. Claus Leggewie und Harald Welzer beklagen in dem lesenswerten Buch *Das Ende der Welt, wie wir sie kannten* die Diskrepanz zwischen der allgemeinen Zustimmung zur Staats- und Gesellschaftsform der Demokratie einerseits und der Unzufriedenheit vieler mit der Praxis andererseits: Dies führe zu einer »inneren Erosion der Demokratie« und einem schwindenden »Demokratievertrauen«.*

Ulrich Becker, dem ich zahlreiche Anregungen zu diesem Thema verdanke, spricht vom Vertrauen als Wagnis und Erfordernis. Wer einem anderen vertraut – einer Bank, einem Geschäftspartner, staatlichen Institutionen oder Politikern –, handelt sozusagen »auf Verdacht«. Erst die Zukunft wird erweisen, ob das geschenkte Vertrauen gerechtfertigt war oder nicht. Der Vertrauende, der ja keineswegs »blind« handeln soll, sondern sein Vertrauen in der Regel auf Erfahrungen stützt, wird für seinen Vorschuss allerdings auch mit einem Gegenwert belohnt. Durch den Akt des Vertrauens, so Ulrich Becker, wird Komplexität verringert: Vieles, was ohne Vertrauen nicht zustande käme, würde dadurch erschlossen, denn auch dem Adressaten des Vertrauens eröffneten sich zusätzliche Chancen. So nehme derjenige, der einem anderen Vertrauen erweise, Zukunft vorweg, und derjenige, dem es gewährt wird, werde sich als vertrauenswürdig erweisen wollen. Das heißt nichts anderes, als dass Zukunft ohne Vertrauen nicht möglich ist. Das Wagnis, zu vertrauen, ist also zugleich ein Erfordernis.*

Tatsächlich hat sich in unserer Gesellschaft eine Kultur des Misstrauens ausgebreitet, das den Zusammenhalt und damit die Zukunft unseres Gemeinwesens bedroht. Fälle von Versagen, Fehlurteilen, Missgriffen, Verantwortungslosigkeiten bis hin zur kriminellen Vorsätzlichkeit sind nicht zu leugnen. Sie werden jedoch schnell verallgemeinert – und das ist gefährlich. Das Misstrauen erstreckt sich auf Unternehmer und Manager, denen von der Ausbeutung bis zur leichtfertigen Zerstörung der Umwelt alles Mögliche unterstellt wird. Es richtet sich gegen Wissenschaftler und Fachleute, denen Laien mit Halbwissen vorgezogen werden, die als »unverdächtig« gelten. Es gilt Ausländern und Migranten, denen man üble Absichten bis hin zu terroristischen Anschlägen unterstellt. Es bezieht sich auf öffentliche Bedienstete, die als inkompetent, bürokratisch und amtsanmaßend hingestellt werden. Dieses Misstrauen richtet sich sogar gegen Journalisten, die als Sprachrohr von Interessengruppen, Propagandahelfer einer politischen Partei oder Vertreter einer angeblich gleichgeschalteten Presse denunziert werden.

Ein Ergebnis dieses Misstrauens sind die aberwitzigen Dokumentationspflichten, mit denen wir uns inzwischen gegenseitig überziehen: Lehrer dokumentieren Abiturprüfungen, um sich gegen spätere Klagen von Eltern wegen der Verkennung ihrer Sprösslinge zu wappnen; Ärzte lassen Operationen minutiös dokumentieren, um Regressforderungen wegen angeblicher »Kunstfehler« entgegentreten zu können; Hebammen versichern sich teuer zu ihren eigenen Lasten aus den gleichen Gründen; Bankangestellte füllen Festmeter an Papier aus, um eine umfassende Beratung nachweisen zu können; Pflegerinnen notieren selbst für das Haare kämmen von Pflegebedürftigen den Minutenaufwand und würden statt Berichtspflichten lieber Betreuungsaufgaben wahrnehmen; Polizisten verbringen mehr Zeit mit der Ausfüllung von Protokollen als auf Streifenfahrten oder -gängen. Die Republik droht eines Tages in all diesen Formblättern, Dokumentationen und Listen zu ersticken.

Ein besonderes Misstrauen gilt der Politik und ihren Hauptdarstellern. Sie unterliegen dem Generalverdacht, hinter verschlossenen Türen oder in exklusiven Netzwerken wie der Bilderberg-Konferenz die nächste Verschwörung vorzubereiten, Klientelinteressen gegen das Allgemeininteresse durchzusetzen, sich dabei auch gern selbst zu bedienen und die wahren Probleme des »kleinen Mannes« und der »guten Frau« zu ignorieren. Das Misstrauen hat sich sogar in den Parteien und Fraktionen selbst verbreitet, in denen der jeweiligen Führung unlautere oder listige Absichten unterstellt werden. Damit die Führung nicht aus dem Geschirr bricht, wird sie mit Auflagen und Spiegelstrichen – nicht selten auch Stichen – in Anträgen festgezurrt.

Wir sind eine Misstrauensgesellschaft! Wir schauen skeptisch in die Zukunft. Wir sehen in Forschungs- und Entwicklungsergebnissen als Erstes die Risiken. Wir orientieren uns daran, Nachteile zu verhindern, statt Chancen zu eröffnen. Und wenn uns dann doch etwas gelingt, ist das Wasserglas halb leer und nie halb voll. Das verbreitete Misstrauen droht unser Land in einen sozialen, wirtschaftlichen und kulturellen Stillstand zu versetzen.

Die Politik hat zu diesem Zustand beigetragen. In den Ritualen der politischen Auseinandersetzung sind die anderen immer die Deppen und die eigenen Leute durchweg im Besitz der Erkenntnis. Das glaubt kein Bürger mehr. Die Selbstinszenierung der Politik, ihre wortreiche, aber nichtssagende Sprache, folgenlose Ankündigungen, abrupte Kehrtwendungen, die Winkelzüge zur Absicherung von Posten und Einfluss, falsche Freunde, das Buhlen um Aufmerksamkeit oder die Dauerpräsenz auf allen Sendern nach dem Motto »Meine Damen und Herren, ich weiß was: Im Keller ist das Licht an« – all das belastet das Konto der Politik.

Ich sehe im Wesentlichen vier Gründe, die zum Vertrauensverlust der Politik beigetragen haben:

Erstens die Versuchung der Politik, mehr zu versprechen, als sie zu halten vermag. Häufig wird der Anschein der politischen Allmacht erweckt und so getan, als könnte man das Räderwerk der Gesellschaft, ja der ganzen Welt bedienen; tatsächlich verfügt die Politik aber weder über die Mittel noch über die Reichweite und muss oft ziemlich ohnmächtig zuschauen. Diesen Widerspruch registrieren die Bürger und wenden sich enttäuscht ab. Das große

Wort, das nicht gehalten werden kann, korrespondiert mit der offensichtlichen Geringschätzung lebensnaher Probleme vieler gesellschaftlicher Gruppen. Beides bewirkt politischen Verdruss.

Zweitens das Versagen der Politik, das Erreichbare auch durchzusetzen, nämlich diejenigen Missstände zielstrebig zu beseitigen, die sie tatsächlich beseitigen könnte. Offenbar mangelt es an der Fähigkeit, das Machbare auch zu erkennen. Hier hilft das Stoßgebet:»Herr, gib mir die Gelassenheit, Dinge hinzunehmen, die ich nicht ändern kann; den Mut, Dinge zu ändern, die ich ändern kann; und die Weisheit, das eine vom anderen zu unterscheiden.«

Der dritte Grund für den Vertrauensverlust der Politik scheint mir darin zu liegen, dass die ordnungs- und rechtspolitische Verlässlichkeit in Zweifel gezogen wird. Man traut der Politik nicht mehr zu, dafür sorgen zu können, dass es im Großen und Ganzen korrekt, gerecht und mit Augenmaß zugeht – wie sich Bundestagspräsident Lammert in einem gemeinsamen Interview sinngemäß äußerte. Viele gesellschaftliche Gruppen sehen sich benachteiligt beziehungsweise durch andere Gruppen übervorteilt und die sozial- und wirtschaftspolitische Ordnung willkürlich gedehnt.

Viertens – das mag paradox klingen – folgt die Politik zu häufig Stimmungen der Bürger, statt ihnen die Dinge zu erklären und das als richtig oder besser Erkannte durchzusetzen – auch mit dem Risiko des politischen Scheiterns. Politik wird als opportunistisch wahrgenommen. Eine Stimmungsdemokratie, die nach Maßgabe demoskopischer Erhebungen entlang von Wohlfühlthemen geführt wird, darüber aber kaum Reibungsflächen bietet, stellt die Bürger ruhig. Da sie weder Interesse für Politik noch Engagement für die öffentlichen Angelegenheiten weckt, trägt sie zur Entfremdung von Politik und Gesellschaft bei. Darüber wird dann das Klagelied von der Politikverdrossenheit angestimmt, während an den Rändern politische Kräfte aufsteigen und mit einfachen, leicht verständlichen – und durchweg falschen – Antworten auf Fischfang gehen.

Wenn von dem Vertrauensentzug der Politik die Rede ist, wird ein heikles Thema nicht ausgeklammert werden können: die innere Sicherheit des Landes und die innere Befindlichkeit vieler Bürger. Wenn sich die Politik Themen nicht stellt, die aber Erfahrungen und Wahrnehmungen vieler Bürger beherrschen, fördert sie im harmlosesten Fall die Auflage populistischer Bücher wie die von Thilo Sarrazin oder Akif Pirinçci. Gefährlich wird es, wenn sich größere Wählergruppen darüber von den demokratischen Parteien abwenden und hinter Fahnen mit fremdenfeindlichen Parolen versammeln und Bürger selbst nach Gutdünken für geordnete Verhältnisse sorgen wollen.

Es wäre ein Fehler, zu glauben, das Thema der Integration von Zuwanderern und der öffentlichen Sicherheit sei »nur« der Rohstoff, der rechtsextremistische Kräfte eint und trommeln lässt. Die Teilnehmer oder Mitläufer der »patriotischen« Demonstrationen wie in Dresden irren, aber viele von ihnen fühlen sich offenbar mit ihren Anliegen heimatlos. Es wäre auch falsch, sie ausnahmslos als rechtsradikal abzustempeln (hinsichtlich der Organisatoren stellt sich dies anders dar). Dort finden sich auch Wähler aus sozialdemokratischen und christdemokratischen Milieus ein – wie schon 2001 bei den Wanderungsbewegungen in klassischen Hamburger SPD-Hochburgen zur Partei des rechtspopulistischen Richters Ronald Schill.

Mir scheint, dass dieses Thema und die Frage nach der Fähigkeit staatlicher Organe, Rechtsnormen durchzusetzen und auf den Straßen und in den Quartieren für sichere Verhältnisse zu sorgen, in den Tagesgesprächen der Bürger eine weitaus größere Rolle spielen als manches andere auf Parteikonferenzen hochgehandelte Thema.

Die langjährige Tabuisierung durch CDU/CSU, dass Deutschland längst ein Einwanderungsland ist, hat fatale Folgen. Denn darüber wurde es unterlassen, den einheimischen Bürgern die Vorteile – ja Notwendigkeit – einer Zuwanderung bis hin zur Stabilisierung unseres Sozialsystems zu vermitteln. Da dieses Erklärungsmuster unterbelichtet wurde, blühen Vorurteile, die nun von rechtsextremen Agitatoren ausgebeutet werden. Richtig ist, dass die innere Befindlichkeit vieler Bürger, die sich vor Kriminalität und Fremdartigem ängstigen, keineswegs der objektiven Lage der inneren Sicherheit und den Millionen gelungener Beispiele einer Integration und Bereicherung von Gesellschaft, Kultur und Wirtschaft entspricht. Aber die Mitläufer dieser Demonstrationen vornehmlich als Verführte einer rechten Propaganda zu sehen und verlorenzugeben, halte ich für riskant.

Tatsächlich entspricht die Realitätsnähe der Politik nicht durchweg den Realitätserfahrungen der Bürger. Unter dem Meinungsdruck artikulationsfähiger Gruppen und auch intellektueller Eliten hebt die politische Themenauswahl nicht selten von den Lebenswelten und Sorgen breiter Bevölkerungsschichten ab. Parteien wissen bestimmte Themen in »Heimspiel« und »Auswärtsspiel« einzuteilen. Das tun aber die Bürger nicht. Sie diskutieren heiß, was ihnen auf den Nägeln brennt. Und dazu gehört eindeutig ihre alltägliche Sicherheit und die Fähigkeit des Staates, seine Rechtsnormen durchzusetzen. Die Diskreditierung einer entsprechenden Politik als Law-and-Order-Kurs führt in die Irre. Denn es geht maßgeblich um Prävention – also um Bildung, Sprachkenntnisse, Ausbildungsplätze, Jugendhilfe, Sozialarbeit, Städte- und Wohnungsbau, Integrationsprojekte und Ähnliches. Aber es geht eben auch um die Ausstattung von Polizei und Strafvollzugsbehörden, ihre Zusammenarbeit mit den unterschiedlichsten Ämtern und den Respekt, der Lehrern, Polizisten, Justizbeamten und anderen Amtsträgern entgegenzubringen ist.

Wenn die Politik der demokratischen Parteien verunsicherte Bürger nicht in die falschen Arme treiben will, dann darf sie über offensichtliche Sicherheitsbedürfnisse und Integrationsprobleme nicht hinweggehen. Mir ist sehr bewusst, dass diesem Thema schwer zu begegnen ist. Von welcher Seite man sich ihm auch nähert, das Gelände ist vermint. Wie vorsichtig man es auch aufgreift, es droht parteipolitisches Glatteis. Wie abgewogen man auch formuliert, die Schablonen sind bereits gezeichnet. Die Annäherung an dieses Thema wird durch eine erstaunliche Indifferenz und Unsicherheit gegenüber der eigenen Kultur erschwert. Das Thema wird auch nicht dadurch verschwinden, dass sich die Sprache der Politik in dem Bemühen, korrekt zu sein, bis zur Inhaltslosigkeit verbiegt. Wenn Politik nicht zu leugnende Probleme der Integration kleinredet und auf diejenigen empört reagiert, die diese beim Namen nennen, führt dies zu weiterer Politikverdrossenheit. Mehr Mut und Bereitschaft, heikle Themen auch gegen Widerstände in den eigenen Reihen aufzugreifen und konkret zu debattieren, wären nötig.

Auch ich habe mehr Fragen als Antworten zur Lösung von Integrationsproblemen und einer erfolgreichen Kriminalitätsbekämpfung. Aber eines weiß ich: Nehmen sich die etablierten Parteien dieses Themas nicht an, dann verlieren Politik und Staat weiter an Vertrauen. Das dadurch entstehende Vakuum wird Kräften zugutekommen, die uns erhebliche Schmerzen bereiten könnten.

Der Verlust an Vertrauen in die Politik ist allerdings nicht ausschließlich selbstverschuldet. Zu registrieren sind einige übergreifende Entwicklungen, die sowohl die politische Steuerungsfähigkeit als auch die politischen Spielräume im nationalen Radius einengen. Das beginnt damit, dass die Verteilungsspielräume für Investitionen, Sozialtransfers und die Bereitstellung öffentlicher Güter kleiner geworden sind. Mehr noch, die Politik könnte dazu gezwungen werden, Dringlichkeiten neu zu definieren, Besitzstände infrage zu stellen und Ansprüche zurückzuweisen. Da liegt Zündstoff für heftige gesellschaftliche Konflikte.

Hinzu kommt, dass die Nationalstaaten immer tiefer in den Sog der Globalisierung geraten. Dadurch wächst die Abhängigkeit von Prozessen und Institutionen, die sich dem Zugriff eines einzelnen Staates entziehen. Die unzähligen internationalen Foren, Konferenzen und Institutionen sind Ausdruck einer langsamen, aber stetigen Verschiebung von »Government« zu »Governance«. Regieren auf der nationalstaatlichen Ebene wird abgelöst durch Steuerungsprozesse in internationalen Strukturen. Manchen Nichtregierungs-organisationen (NGO) wird heute schon mehr zugetraut als den einzelnen Staaten. Dabei werden die Zuständigkeiten nationaler Parlamente, die allein aus demokratischen Wahlen hervorgegangen und deshalb legitimiert sind, massiv beeinträchtigt; internationale Institutionen ihrerseits entbehren weitgehend der demokratischen Legitimierung. Wer allerdings die Übertragung nationaler Kompetenzen auf internationale Institutionen beklagt, muss die Frage beantworten, wie denn sonst grenzüberschreitende Probleme wie die Regulierung von Finanzmärkten, der Klimaschutz, die Energie- und Rohstoffversorgung, die Sicherung von Handelswegen, der Datenschutz, Wanderungs- und Flüchtlingsbewegungen oder der Seuchenschutz bewältigt werden sollen.

Die Handlungsmöglichkeiten der Politik sind auch durch den technologischen Wandel eingeschränkt. Die digitale Revolution wird bald die gesamte ökonomische Wertschöpfungskette erfassen und die Globalisierung noch weiter vorantreiben. Unternehmen entziehen sich zunehmend dem Einflussbereich nationaler Politik. Die einzige Chance, den damit verbundenen Risiken und schäd-lichen Begleiterscheinungen wie wirtschaftlichen Machtkartellen, Steuervermeidung, Lohndumping, Verletzung von Umwelt- oder Arbeitsschutzstandards zu begegnen, ist die Internationalisierung von Politik – womit der Kreis sich wieder schließt.

Die rapide Beschleunigung wirtschaftlicher Prozesse gibt Regie-rung und Parlament inzwischen den Takt vor und treibt die Politik vor sich her. Im Vergleich zur »Temporalität wirtschaftlicher Pro-zesse« nimmt sich der politische Prozess mit seinen Ausschüssen, Anhörungen und Kompromissverhandlungen äußerst zäh aus. Manchmal schlägt er auch Haken und Volten. Oft sieht es so aus, als hinkte die Politik den Entscheidungen global agierender Unterneh-men und aktuellen Marktentwicklungen, insbesondere auf den Finanzmärkten, bloß hinterher. Sie hat für die Risiken und Neben-wirkungen wirtschaftlicher Dynamik einzustehen, scheint selbst aber jede Steuerungsgewalt verloren zu haben. Dieser Befund gilt für die Politik insgesamt, nicht nur für das Parlament, das durch den erhöhten Zeitdruck, wie Herfried Münkler schreibt, zum Vollzugsgehilfen der Regierung degradiert worden sei. Im Übrigen weist Münkler zu Recht darauf hin, dass wir es nicht nur mit Folgen der Globalisierung, sondern auch mit Beschleunigungseffekten aus den modernen Kommunikations- und Informationstechnologien zu tun haben.*

Nicht zuletzt sehe ich in der Spaltung unserer Gesellschaft selbst eine Gefahr für die Handlungsfähigkeit von Politik. Je stärker sich relevante Gesellschaftsgruppen abkapseln und oben wie unten ihre Parallelgesellschaften einrichten, desto schwerer fällt es dem Staat, staatsbürgerliche Solidarität – pathetisch gesprochen, das Versprechen freier und gleicher Bürger, füreinander einzustehen – zu organisieren. Solidarität ist der Kitt, der das komplizierte Konstrukt zusammenhält. Der Parallelgesellschaft im Penthouse ist es tendenziell egal, ob der Staat bestimmte öffentliche Güter und Dienstleistungen bereitstellen kann. Sie ist nicht darauf angewiesen. Sie kann sich Bildung, Mobilität, Kultur und Sicherheit kaufen. Die Parallelgesellschaft im Souterrain hat dem Gemeinwesen bereits mehrheitlich den Rücken gekehrt, weil sie nicht mehr daran glaubt, dass die notwendigen Güter und Dienstleistungen für einen sozialen Wiederaufstieg bereitgestellt werden. Die erste Gruppe ist an einer handlungsfähigen Politik nicht unbedingt interessiert. Die zweite Gruppe hat das Vertrauen in sie verloren.

Die zentrale Frage, wie die Politik Vertrauen zurückgewinnen kann, harrt noch einer Beantwortung. Vollmundige Proklamationen, das Volk möge nun aber mal wieder Vertrauen entwickeln, wenn auch kein blindes, werden es nicht bringen. So schnell der Vorschuss an Vertrauen verbraucht werden kann, so langwierig und schwierig ist der Prozess, ihn wiederzugewinnen. Um einen Anfang zu machen, erinnere ich an das Wort des 1989 ermordeten Vorstandssprechers der Deutschen Bank, Alfred Herrhausen: »Wir müssen das, was wir denken, sagen. Wir müssen das, was wir sagen, tun. Wir müssen das, was wir tun, dann auch sein.« Versuchen wir, dieser Verhaltensmaxime täglich Geltung zu verschaffen! Eine neue Vertrauensbasis schaffen wir, indem wir gültige demokratische Verfahren anwenden und befolgen, also eine politische »Legitimation durch Verfahren« erreichen. Darüber hinaus müssen wir geeignete Formen der »Legitimation durch Kommunikation« entwickeln: Zuhören, Erklären, Beteiligen, Schlussfolgern – und schließlich Umsetzen.

Das bedeutet keineswegs, dass Politik sich nach dem Wind drehen und versuchen sollte, es allen recht zu machen. Im Gegenteil: Opportunismus, eine Politik des Ungefähren, die Diskrepanz zwischen Rhetorik und Substanz, die kurze Halbwertszeit von Beschlüssen, die hinter dem Rücken gekreuzten Finger bei Verabredungen, die Pflege von Herrschaftswissen über den Köpfen von Betroffenen, nicht selten Konfliktschwäche – all das weckt kein Vertrauen. Politik bedarf einer klaren Haltung und eines klaren Blickes auf die Dinge, wie sie sind. Mit Haltung ist nicht die Körpersprache gemeint (die im Übrigen hoch einzuschätzen ist). Haltung verstehe ich hier als eine sittlich und politisch begründete Überzeugung. Bewiesen hat sie Konrad Adenauer bei der Westbindung der jungen Bundesrepublik, Willy Brandt bei der Ost- und Friedenspolitik, Helmut Schmidt bei dem Umgang mit dem RAF-Terrorismus der siebziger Jahre und auch beim NATO-Doppelbeschluss, Helmut Kohl bei der Wiedervereinigung, Richard von Weizsäcker bei seiner großen Rede zum 40. Jahrestag der Beendigung des Zweiten Weltkrieges am 8. Mai 1985 und Gerhard Schröder bei der Ablehnung einer deutschen Beteiligung am Irak-Krieg 2003 und der Reformagenda 2010. Daraus erwuchs ihnen Anerkennung und auch Vertrauen – selbst im Widerspruch. Heute bedürfte es einer solchen Haltung in Sachen Europa. Politik ohne Haltung verändert ihre Meinung im Wochenrhythmus – oder noch schneller, wofür es kabarettreife Beispiele in den Führungsetagen der Parteien gibt.

Vertrauen erwächst aus Überzeugung und Begründung. Aus Konsistenz und Erkennbarkeit. Aus einer nachvollziehbaren Haltung und einem dialogbereiten Politikstil.

Wenn die Distanz zur Politik überbrückt oder verringert werden soll, muss sie jeder weiteren Erosion ihrer Steuerungs- und Handlungsfähigkeit entgegentreten. Mit anderen Worten: Die unentschiedene Frage, bei wem der Taktstock des Geschehens liegt, muss zugunsten der Politik und gegen entgrenzte Märkte, einen enthemmten Finanzkapitalismus und global operierende Technologiegiganten entschieden werden. Darin lag – über die krisenhaften Folgen ihrer Hymnen auf das entfesselte Spiel der Kräfte hinaus – die eigentliche Verwüstung der Markttheologen: in der Diskreditierung einer regel- und standardsetzenden Politik und damit in der Schwächung ihrer Steuerungsfähigkeit mit der Folge ihrer Delegitimierung in den Augen eines großen Teils der Bürgerschaft.

Einfluss auf Entwicklungen, die sich jedweder nationalen Grenzkontrolle entziehen, die aber ganze Staaten und ihre Gesellschaften betreffen und sogar demolieren können, gewinnt Politik nur noch auf der internationalen, aus deutscher Sicht in erster Linie auf der europäischen Ebene. Sie muss nachvollziehen, was Märkte und Unternehmen längst vollzogen haben: sich internationalisieren, um auf Augenhöhe zu kommen. Also genau das Gegenteil von dem bewerkstelligen, was die Trompete des Rückzuges auf die eigene Scholle signalisiert. Der fortgesetzte Weg aus dem Gefäß der nationalen Politik auf das internationale Plateau ist zweifellos steinig und steil.

Politische Parteien gelten vielen als selbstbezogen, abgehoben, unsachlich und als Brutkästen für politische Karrieristen. Weder ihre Kämpfe untereinander noch die internen Kabalen stoßen beim Publikum auf Wohlgefallen. Das ist der Resonanzboden, auf dem Parteienverachtung blüht. Die hat in Deutschland lange Tradition – »Ich kenne keine Parteien mehr, ich kenne nur noch Deutsche« (Wilhelm II.) – und hat uns einen funktionierenden Parlamentarismus erst nach zwei Katastrophen beschert. An all jene, denen politische Parteien suspekt sind, richte ich seit Jahr und Tag die gleiche Frage: Wer soll und kann denn an der Stelle politischer Parteien demokratisch legitimierte Mehrheiten gewährleisten und damit für gesellschaftliche Stabilität sorgen? Ich will mich nicht langatmig wiederholen. Deshalb hier nur so viel: Ohne Parteien gibt es in einer repräsentativen Demokratie keine Organisationsform für Frauen und Männer, die sich um ein parlamentarisches Mandat bewerben wollen. Ohne Frauen und Männer, die sich politisch engagieren wollen, sind Mandate in den Parlamenten auf kommunaler, Landes- und Bundesebene nicht zu besetzen. Ohne Mandatsträger gibt es keine lebenden und lebendigen Parlamente. Ohne Parlamente haben wir keine Demokratie. Natürlich gibt es auch andere Formen des politischen Engagements als die Bewerbung um ein Parlamentsmandat – etwa in Bürgerinitiativen, Verbänden oder Nichtregierungsorganisationen. Aber die parlamentarische Demokratie lebt von Frauen und Männern, die mit ihren Fähigkeiten wie auch Fehlbarkeiten in der Fraktion ihrer jeweiligen Partei Verantwortung zu übernehmen bereit sind. Deshalb sollte die Anerkennung – sowohl des persönlichen Engagements als auch der Bedeutung von demokratischen Parteien als solchen – nicht erst erfolgen, wenn man sie händeringend vermisst. Dann ist es nämlich zu spät!

Gelegentlich kann ich mich des Eindrucks nicht erwehren, dass auf der öffentlichen Bühne politische Ahnungslosigkeit, Naivität – echte und gespielte – und der moralische Nimbus eher honoriert werden als Expertise und Sachverstand. Das mag daran liegen, dass Amateure als unverdächtig und unbelastet gelten. Den Profis dagegen unterlaufen nicht nur Irrtümer, es gibt auch genügend Beispiele, wo Eliten aus Politik, Wirtschaft und Wissenschaft versagt, ihre Vorbildrolle verletzt, moralische oder gesetzliche Grenzen übertreten haben. Gewiss ist ihr Versagen in konkreten Fällen zu häufig folgenlos geblieben. Aber was passiert mit einer Gesellschaft, in der Eliten schon suspekt sind, nur weil sie Eliten sind? Was heißt es für die Zukunft, wenn Vertreter aus Politik, Wirtschaft und Wissenschaft einem Generalverdacht unterliegen und ihnen deshalb »unschuldige« Laien vorgezogen werden? Wenn politische, ökonomische oder wissenschaftliche Zusammenhänge allein dadurch infrage gestellt werden können, dass der Fragesteller mit dem provozierenden Gestus eines Rebellen auftritt, der gegen die vermeintliche Arroganz des Experten zu Felde zieht. Und wehe, dieser gerät dabei aus der Fasson!

In der öffentlichen Debatte, zumal in der medialen Präsentation, finden all jene schnell Zustimmung, die sich als Bedenkenträger, Alarmisten und Tiefbetroffene gegen politische Vorhaben, technische Innovationen, Investitions- oder Infrastrukturprojekte wenden. Dabei müsste unsere Gesellschaft mit Blick auf ihre Zukunftssicherung ans Gelingen glauben und nicht ins Verhindern verliebt sein. Es geht hier nicht um einen naiven Fortschrittsglauben, sondern um das Abwägen von Risiken. Aber am Anfang müsste der Glaube an den Aufbruch stehen, der Mut, auf Entdeckungsreise zu gehen und Neuland zu betreten, die Aufgeschlossenheit für den wissenschaftlich-technischen Fortschritt und unternehmerisches Risiko – statt Verzagtheit, Angst und Misstrauen. Wir suchen viel zu oft Lösungen, die mit Hosenträgern, Gürtel, Sockenhalter und Sturzhelm abgesichert sind. Das stellt sich – fern jeder Stilisierung – im Fall der US-amerikanischen Can-do-Kultur und asiatischer Aufsteigergesellschaften anders dar. Ist Bestandsschutz ein Merkmal alternder Gesellschaften, weil Zukunft vielen egal ist, wohingegen sie bereit sind, sich beispielsweise für einen geliebten Bahnhof anketten lassen? Mit welchen Folgen für die Dynamik der Gesellschaft?

Die Politik greift jenen pessimistischen, technikfeindlichen Grundton auf, der mir in Deutschland ausgeprägter zu sein scheint als in anderen Ländern, und verstärkt ihn zugleich. Je mehr die Politik die Gesellschaft mit tatsächlichen oder behaupteten Sachzwängen konfrontiert und Alternativlosigkeit predigt, desto stärker regen sich Beharrung und Protest, desto eher entwickeln sich romantische Vorstellungen als Gegenentwurf. Dabei ist der Aufstieg Deutschlands zur wissens- und technologiebasierten Industrienation, die zugleich ein Wohlfahrtsstaat ist, maßgeblich technischen und gesellschaftlichen Innovationen zu verdanken. Auch in Zukunft werden Wohlstand, Wettbewerbsfähigkeit und Standortqualität entscheidend von unserer Bereitschaft und Fähigkeit abhängen, innovativ zu bleiben und Innovationen in die Praxis zu übertragen. Angesichts der hochgradigen Technikabhängigkeit unseres Landes erscheint die verbreitete »philosophische Technikfeindlichkeit« geradezu grotesk. Michael Naumann führt sie sowohl auf den deutschen Konservatismus zurück, welcher der technischen Moderne die Vernichtung der Natur und die Entzauberung der Welt anlastet, als auch auf die Linke, die in der modernen Technik den Kern der kapitalistischen Produktionsweise und damit den Garanten der bürgerlichen Herrschaft sieht.*

Der Journalist und Autor Gerhard Matzig hat sich unter der Überschrift »Wir Neobiedermeier« den Masterplan »Innovationspolitik aus einem Guss« der Bundesregierung vorgeknöpft. Er führt jedoch nicht die Bundesregierung mit der zuständigen Ministerin Johanna Wanka durch den Ring, sondern uns alle. Die Neubiedermeier sitzen nicht im Bundeskabinett, sie sitzen auf dem Sofa zu Hause. Wichtigste Voraussetzung für den wünschenswerten Erfolg eines solchen Masterplans sei nämlich, so Matzig, »die Einsicht eines Landes und seiner Bevölkerung in die Notwendigkeit technischer, gesellschaftlicher letztlich kultureller Innovationen. Die Lust am Fortschritt, die Freude am Morgen, die Sehnsucht nach einer anderen, besseren Welt: Nichts davon ist in Deutschland, in diesem Oberjammergau der Bedenkenhaftigkeit, zu spüren.«* Treffer! Bei allen Unterschieden, auf die wir zu Recht Wert legen: Sowohl die Amerikaner mit ihrem Spirit als auch die Chinesen mit ihrem Aufstiegswillen sind anders gepolt!

Der Widerspruch, dass wir in hohem Maße von der Technik abhängig sind und gleichzeitig die Skepsis gegenüber der Technik weit verbreitet ist, ist nicht unser einziger Widerspruch. Wir wollen lange leben, aber persönlich nicht viel dafür tun. Statt uns gesünder zu ernähren und uns mit Bewegung fit zu halten, erwarten wir unsere Instandhaltung von Ärzten und teuren Medikamenten. Niemand geht so häufig zum Arzt wie wir Deutschen. Die Gesamtausgaben für Medikamente liegen in Deutschland pro Kopf über 30 Prozent höher als im Durchschnitt der OECD-Staaten. Gleichwohl empört es uns, dass der Beitrag für die Krankenversicherung regelmäßig steigt. Wir wollen hochwertige Nahrungsmittel, aber sie sollen billig sein. Gegen Massentierhaltung sind wir ohnehin. Bei der Wahl zwischen bio und billig greift die Mehrheit allerdings doch zum Schnäppchen und blendet aus, dass auch Dumpingprodukte ihren Preis haben in Form von Massentierhaltung, Rodung von Regenwäldern oder Ausbeutung von Bauern in der Dritten Welt.

Da wir schon beim Thema Tiere sind: Sie essen von unseren Tellern, sie sitzen auf unserem Schoß, sie schlafen in unseren Betten. Kurz, Haustiere sind unsere besten Freunde. Über 30 Millionen sollen es in Deutschland sein – »Zierfische nicht mitgezählt«.* Hingegen leben in Deutschland nur zwölf Millionen Kinder – in etwa so viele wie Katzen. Davon fast 1,8 Millionen in Armut. 800 000 Deutsche sind Mitglied im Tierschutzbund. Der Deutsche Kinderschutzbund zählt 50 000 Mitglieder. Fast vier Milliarden Euro werden jährlich für Haustiere und ihr Zubehör ausgegeben.

Wir haben ein inniges Verhältnis zu unseren Ferien und wollen unsere Lieblingsinsel im Mittelmeer mit dem Flugzeug schnell, bequem und für höchstens 99 Euro erreichen. Ansonsten sind wir generell gegen Luftverschmutzung und Flughäfen in der Nähe unserer Wohnung. Wir halten die Bürger mediterraner Länder für faule Säcke, aber in kaum einem anderen Land wird so wenig Erwerbsarbeit (in Jahresstunden) geleistet wie in Deutschland. Wir werden nicht müde, unsere europäischen Nachbarn zu Reformanstrengungen zu ermahnen, sehen dafür aber bei uns keinen Anlass. Im Übrigen sollen die gefälligst ihr Renteneintrittsalter erhöhen – bei uns wurde es soeben auf 63 abgesenkt. Wir sind für die verstärkte Aufnahme von Flüchtlingen beispielsweise aus Syrien, treten aber einer Bürgerinitiative gegen die Bereitstellung von Unterkünften in der Nachbarschaft bei. Wir haben keine Lust, uns mit den Angelegenheiten unserer Stadt und den zuständigen Kommunalpolitikern zu beschäftigen, erwarten aber, dass alles reibungslos funktioniert – von der Kita bis zum Altenheim, vom öffentlichen Nahverkehr bis zum Parkplatzangebot, von der Polizei bis zur Gewerbeaufsicht. Dafür wollen wir so wenig wie möglich Steuern und Abgaben zahlen. Die Zustimmung zu den Sozialgesetzen der großen Koalition wie der Rente mit 63 übersteigt die 70-Prozent-Marke; gleichzeitig wünschen fast ebenso viele, dass sich die Politik stärker um mehr Vorsorge für die kommenden Generationen kümmert. Der Politik trauen wir nicht von hier bis zur nächsten Türklinke, aber sie soll bitte schön für ein prosperierendes und soziales Land sorgen. Dabei soll sie uns nicht mit Bürokratie überziehen, aber wenn mein Nachbar auf dem Balkon grillt, dann erwarte ich eine Änderung des Bundesimmissionsschutzgesetzes.

In ihrer individuellen Lebensführung mögen viele experimentierfreudig sein – von Patchwork-Familienmodellen über Sport und Fitness, spirituelle und kulturelle Interessen, außergewöhnliche Hobbys, Essen und Gesundheit bis hin zu Reisen. Politisch und gesellschaftlich soll es aber behaglich zugehen. Dann ist derjenige schnell ein Unruhestifter, der das aufmischt. Dann würde der Streit um die Zukunft des Gemeinwesens die Gegenwart stören.* Gejammert wird auf hohem Niveau. Alles wird bezweifelt, nur nicht die eigene Urteilsfähigkeit. Nebensächlichkeiten wie der »Veggieday« – also die Einführung eines fleischlosen Donnerstags –, die Deutschlandkette von Frau Merkel in dem TV-Duell mit mir, Übernachtungen von Kabinettsmitgliedern in ihren Ministerien können zu Hauptsachen werden. Und immer dann, wenn mal wieder jemand mit der Moralkeule niedergestreckt werden kann, gibt es höchste Aufmerksamkeit.

Sind wir überfordert? Jedenfalls wirken wir erschöpft und lassen uns zur Entlastung in eine Versorgungshaltung fallen. Und wir lassen uns emotional von Empörungswellen mitreißen, die oft genug auch den Verstand lahmlegen. Denn der Aufwand, zu hinterfragen und zu verstehen, verdirbt nur die gute Laune. Lieber Zerstreuung und Spaß als Aufklärung.

Dies trägt zur Entpolitisierung bei. Die Politik setzt dem nichts entgegen. Sie entfacht keine Spannung, geschweige denn Enthusiasmus. Im Gegenteil, ihr wird Undurchschaubarkeit, Unvermögen und Distanz zur Lebenspraxis der Bürger unterstellt. Nicht wenige halten sie für korrumpiert. Dafür mag es einzelne Beispiele und Anlässe geben. Aber das Generalurteil ist ungerecht, falsch und gefährlich. Es ist an der Zeit, dass die Politik hartnäckige Klischees nicht mehr katzbuckelnd hinnimmt, sondern selbstbewusster widerspricht. Also warum nicht hier und jetzt?

Ich will eine beim Leser möglicherweise entstehende Übellaunigkeit nicht weiter befeuern. Aber bei aller berechtigten Kritik am »politischen Geschäft« und am Gebaren der Parteien scheint es mir erlaubt, den Spiegel auch einmal umzudrehen. Da erscheint die bundesdeutsche Gesellschaft keineswegs so frisch und knackig, wie sie sich selber gern sieht, weder sehr neugierig noch an der Zukunft orientiert. Sie ist auf Gemütlichkeit getrimmt, mit einer Portion Angst vor Veränderungen, und richtet sich in ihren Widersprüchen bequem ein. Sie erwartet offensichtlich, die Zukunft mühelos zu gewinnen. Wann schreckt sie auf, dass dies nicht gelingen wird – und die Verantwortung dafür nicht allein auf die Politik abzuwälzen ist?

VII Wohlstand und Stabilität auf dünnem Eis

Unsere Selbstzufriedenheit und die daraus erwachsende scheinbare Gewissheit, alles in allem gute Jahre bedenkenlos in die Zukunft fortschreiben zu können, drohen vor allem aus drei Richtungen erschüttert zu werden:

– Die Annahme eines andauernden auskömmlichen Wirtschaftswachstums steht auf tönernen Füßen. Jenseits aller Kennziffern versperrt die Fixierung auf quantitatives Wachstum als Bindemittel für den gesellschaftlichen Zusammenhalt und Treibriemen für materiellen Wohlstand im Übrigen den Blick für die indirekten Folgestäden dieses Denkens. Damit meine ich nicht nur die Zerstörung unserer natürlichen Lebensgrundlagen. Wir zahlen den Preis auch in Form sozialer und sozialpsychischer Beschädigungen unserer Gesellschaft, die als Ganzes darunter leidet, wenn das Konkurrenzprinzip auf die Spitze getrieben und Beschleunigung mit Fortschritt verwechselt wird. Zum anderen blockiert uns die Fixierung auf die jährlichen Zuwachsraten des Bruttosozialproduktes gegenüber der Frage, wie denn Wohlstand und gesellschaftliche Friedfertigkeit gewährleistet werden können, sollten die Wachstumsraten verkümmern.

– Nicht zuletzt unter dem Einfluss eines entfesselten Kapitalismus entfernen sich manche Pole in unserer Gesellschaft immer weiter voneinander – Oben und Unten, Alt und Jung, sichere Arbeitsplätze und prekäre Beschäftigung. Spaltungstendenzen sind unübersehbar. Gesellschaftliche Fliehkräfte gefährden die innere Friedfertigkeit und stellen einen verbindenden Normenkatalog infrage.

– Ein internationales Krisenmanagement hat die Turbulenzen auf den Finanzmärkten zwar eindämmen können. Aber nicht wenige Risiken sind nur abgetaucht und führen heute ein verstecktes Dasein in Schattenbanken, Zombie-Banken oder Krediten an schwache, oft staatliche Schuldner. Der Knall von 2008/09 ist von vielen gehört worden, aber keineswegs von allen »systemrelevanten« Finanzakteuren. Leitplanken und Verkehrsregeln sind national wie international aufgestellt worden, aber unzureichend. Das Europäische Zentralbanksystem fühlt sich von der Politik zum Handeln verurteilt – und fährt einen riskanten Kurs.

Diesen drei Gefahren will ich im Folgenden etwas genauer auf den Grund gehen.

Achtung, Wachstumsillusionen!

Wirtschaftswachstum gilt als wichtigster Motor unseres Wohlstandes. Zwar wird die durchgängige Fixierung auf das quantitative Wachstum schon seit Jahrzehnten infrage gestellt, aber bisher ist kein Indikator gefunden und durchgesetzt worden, der Qualitäten und nicht nur Quantitäten spiegelt. Dessen unbenommen gilt: Ohne Wirtschaftswachstum sinken die Spielräume für die Lohn- und Gehaltsentwicklung, für Investitionen in den Kapitalstock von Unternehmen mit entsprechenden Beschäftigungseffekten, für die Finanzierung öffentlicher Aufgaben wie insbesondere den Erhalt und Ausbau der Infrastruktur, für Sozialleistungen und auch für internationale Verpflichtungen.

Die allgemeine gute Laune, die positive Wachstumsprognosen

verbreiten, ist verständlich. Wer ist schon in schlechte Zahlen vernarrt? Und Deutschland kann sich zweifellos auf die Schulter klopfen. Wir haben unser Potenzialwachstum in jüngster Zeit offenbar besser ausgeschöpft als die meisten unserer Partner im europäischen Konvoi. Aber die gute Laune und die Zufriedenheit mit uns selbst machen auch blind. Umso bitterer könnte das Erwachen sein. Die halbjährlichen Berichte der Konjunkturforscher, die zuletzt im Herbst 2014 einen Konjunkturabschwung prognostizierten, oder die abschüssigen Indizes von Geschäftserwartungen, Produktion und Konsum sind nur Momentaufnahmen. Aktuell spiegeln sie die Ukraine- und Nahost-Krise, die Flaute der Eurozone und Unsicherheiten im Investitions- und Vertrauensverhalten wider. Es ist mit diesen Berichten ähnlich wie mit den Wetterberichten. Wie aber ist es langfristig um Deutschland bestellt, wie sieht unsere Wachstumsperspektive auf fünf oder zehn oder zwanzig Jahre aus?

Im Zuge der demographischen Entwicklung wird die Erwerbsbevölkerung in Deutschland bis 2030 um etwa 3,2 Millionen zurückgehen. Wir werden durchschnittlich nicht ganz 300 000 Erwerbspersonen jährlich verlieren. Fachleute reden davon, dass der Wachstumsbeitrag des Arbeitsvolumens abnehmen wird. Das würde das Potenzialwachstum in Deutschland von heute rund 1,3 Prozent jährlich bis Ende der 2020er Jahre halbieren. Das jährliche Arbeitsvolumen ist in absoluten Zahlen zwar von 56,2 Milliarden Stunden im Jahr 1960 auf 57,9 Milliarden Stunden in 2000 und 58,0 Milliarden Stunden in 2013 gestiegen. Dem liegt eine Rekordbeschäftigung bei deutlich gesunkener Arbeitslosigkeit zugrunde. Aber diese hohe Zahl von Erwerbstätigen wird aus demographischen Gründen nicht zu halten sein, wenn nicht ehrgeizige Anstrengungen unternommen werden, das Arbeitskräftepotenzial zu erhöhen. Gelingt das nicht, geraten wir in den Abwärtssog der jährlich geleisteten Arbeitsstunden je Erwerbstätigem. Die ist nämlich von 2154 Stunden (1960) auf 1471 Stunden (2000) und 1388 Stunden

(2013) gesunken. Vor diesem Hintergrund wird die überragende Bedeutung einiger Arbeitsmarktthemen deutlich: Zuwanderung, Vereinbarkeit von Beruf und Familie insbesondere für Frauen, Renteneintrittsalter, Anreize für eine höhere Erwerbsbeteiligung und Bildungsinvestitionen. Leider wird diese Debatte immer noch von Vorbehalten und Empfindlichkeiten beschwert.

Doch es ist nicht allein der demographische Druck, der uns mächtig einheizt. Hinzu kommt, dass Investitionen in Deutschland mit Langzeitwirkung in den letzten Jahrzehnten sträflich zurückgegangen sind. Das bezieht sich sowohl auf die privatwirtschaftlichen als auch die öffentlichen Investitionen. Der Kapitalstock der Unternehmen insgesamt stagniert, weil Erweiterungsinvestitionen mit entsprechenden Wachstums- und Beschäftigungseffekten unterblieben sind. Bei der öffentlichen Infrastruktur leben wir von der Substanz – und die verfällt ganz offensichtlich. Allein in der überörtlichen Verkehrsinfrastruktur beträgt die jährliche Investitionslücke rund 5 Milliarden Euro (Stand 2012). Die Kommunen werden von den Ausgaben für Sozialleistungen erdrückt, die sich trotz abnehmender Arbeitslosigkeit inzwischen auf 46 Milliarden Euro (Stand 2013) erhöht haben. In den letzten zehn Jahren haben die Abschreibungen der Kommunen ihre Bruttoinvestitionen um über 40 Milliarden Euro übertroffen, was den massiven Verfall der kommunalen Infrastruktur dokumentiert, mit allen Folgen für das städtische Zusammenleben, das kommunale Gewerbe und die Gewährleistung der Daseinsvorsorge für die Bürger. Die Kommunen schieben einen geschätzten Investitionsstau von 50 Milliarden Euro vor sich her.

Im Jahr 1999 betrug die Investitionsquote (also das Verhältnis der Bruttoanlageinvestitionen zum BIP) noch 20 Prozent. Heute liegt sie bei etwa 17 Prozent. Das bedeutet, dass im Jahr 2014 fast 80 Milliarden Euro weniger in neue Maschinen und in die materielle Infrastruktur geflossen sind, als bei Fortschreibung der Investitionsquote aus dem Jahr 1999 investiert worden wäre. Seit

15 Jahren liegen die Anlageinvestitionen in Deutschland durchschnittlich um vier Prozent unter denen der OECD-Staatengemeinschaft. Kumuliert entspricht dies einem Investitionsrückstand von einer Billion Euro. Fazit: Die Anlageinvestitionen der Unternehmen stützen das Trendwachstum in Deutschland nicht. Stattdessen sind seit 2005 rund 600 Milliarden Euro in Auslandsinvestitionen abgeflossen. Die fortwährende Investitionslücke im internationalen Vergleich erschwert unsere künftige Wettbewerbsposition. Der Wert des öffentlichen Kapitalstocks ist in den letzten 30 Jahren um zehn Prozent gesunken. In dieser Zeit haben wir mehr als die Hälfte (!) des Staatsvermögens verfrühstückt oder verkommen lassen. Die Reallöhne sind seit 1995 um magere zwei Prozent angestiegen. Dementsprechend konsumieren wir in Deutschland rund zehn Prozent weniger als 1999. Die Staatsverschuldung gemessen am BIP ist seit der Jahrtausendwende um etwa 15 Prozent angestiegen. Tatsächlich ist das Wirtschaftswachstum weitgehend von Schulden getrieben, in anderen Ländern noch mehr als bei uns. Das klingt verrückt – und ist es auch. Für die Schulden haften kommende Generationen.

Unsere Wirtschaftsstruktur mag – mit dem im internationalen Vergleich hohen Anteil des produzierenden Gewerbes an der gesamten Wirtschaftsleistung, mit einer (noch) intakten industriellen Wertschöpfungskette und dem starken Segment mittelständischer Firmen – ein enormer Pluspunkt und einer der Gründe für die gute wirtschaftliche Präsentation Deutschlands auf der internationalen Bühne sein. Dagegen zeigen Länder, die eine Deindustrialisierung entweder hingenommen oder zugunsten eines (Finanz-) Dienstleistungssektors aktiv betrieben haben, erhebliche Konditionsschwächen im Wettbewerb. Die Kombination unserer industriellen Fertigkeiten mit dem Potenzial der Digitalisierung könnte Deutschland zu einem herausragenden Spieler im globalen Wettbewerb um zukünftige Märkte machen. Aber aus dem schon arg strapazierten Schlagwort »Industrie 4.0« muss mit vereinten Kräften eine Strategie werden. Leider zeichnet sich ab, dass nicht allein Deutschland, sondern ganz Europa bei der Digitalisierung massiv ins Hintertreffen zu geraten droht. Die europäischen Unternehmen der Informations- und Kommunikationstechnologie haben einen Anteil von höchstens zehn Prozent am weltweiten Umsatz dieser Branche. Was unter der Überschrift der Digitalisierung stattfindet, ist in der Tat eine Revolution. Im globalen Maßstab und tiefgreifend wird die Wirtschaft in eine Datenökonomie umgewandelt, die ihrerseits »die etablierten Industrien durch neue Modelle und Dienstleistungen ersetzt, die schneller, klüger und billiger sind«*. Wir erleben eine Vernetzung der digitalen mit der physikalischen Welt in einer Dynamik, die herkömmliche Geschäftsmodelle in allen Branchen kollabieren lassen wird, wenn man nicht rechtzeitig aufspringt oder gar den Pilotensitz übernimmt. Wie schnell das Aus kommt, war jüngst am Beispiel der Musikindustrie zu beobachten. Derzeit werden die Verlagsszene, die Film- und Fernsehbranche sowie der Einzelhandel total umgekrempelt. In Kürze wird es die Energiewirtschaft, den Automobilbau, Banken und Versicherungen erwischen.

Der Kapitalismus setzt zu einem nächsten Quantensprung an. Tatsächlich kann von der Ablösung einer kapitalgetriebenen durch eine datengetriebene Wirtschaft gesprochen werden. Diese befleißigt sich einer neuen Ideologie der ungebremsten millionenfachen Sammlung von Daten und ihrer Umwandlung in ökonomische Macht. Abzulesen ist dies am Aufstieg US-amerikanischer Internetfirmen, die in weniger als zwanzig Jahren zu Giganten heranwuchsen: Apple, Microsoft, Google, Amazon, Facebook oder Ebay. Hier sind Unternehmen entstanden, deren Börsenkapitalisierung in einem Fall (Apple) fast der Hälfte und in zwei Fällen (Microsoft und Google) fast einem Drittel derjenigen aller 30 Unternehmen im DAX entspricht. Alle diese Unternehmen erheben hohe Autonomieansprüche gegenüber staatlichen oder international gesetzten Spielregeln (Kartellrecht, Datenschutz) und entziehen sich leicht steuerlichen Verpflichtungen am Ort ihrer Gewinne. Sie verstehen sich als exterritorial, als eine Art Suprastaat.

Bedrohlich ist auch die enorme Vermögensakkumulation in den Händen einer »Techno-Elite« durch Börsengänge und Firmenverkäufe. Die Gewinne werden in die Übernahme von Unternehmen, Neugründungen und Technologieentwicklungen reinvestiert, um den technologischen Vorsprung und die Marktstellung der Giganten in einem sich selbst verstärkenden Prozess weiter voranzutreiben. Was die Auswirkungen der digitalen Revolution auf unsere Privatsphäre, auf Freiheit und Demokratie angeht, stehen wir noch ganz am Anfang einer grundsätzlichen Debatte. Die dreht sich um die Bewahrung von Bürgerrechten, um Möglichkeiten der individuellen und kollektiven Manipulation durch Daten und Algorithmen, um das Verhältnis von demokratisch legitimierter Politik und privatwirtschaftlichen Unternehmen mit stark expansionistischen Gelüsten. Ich werde im nächsten Kapitel darauf zurückkommen.

Mir geht es an dieser Stelle allein um die Ungewissheit, ob der Wirtschaftsstandort Deutschland mit seinen stark produktorientierten Unternehmen und seinem erstklassigen Know-how bei allen Fertigungsprozessen der umwälzenden Kraft der digitalen Vernetzung und physikalischen Aneignung standhalten kann. Oder ob Unternehmen, die in den letzten 15 bis 20 Jahren im Umfeld der Universitäten von Stanford und Berkeley in Kalifornien gegründet worden sind, ökonomisch inzwischen eine so kritische Masse und technologisch ein so großes Potenzial entwickelt haben, dass sie ihre globalen Strategien unaufhaltsam durchsetzen und dabei auch deutsche Marktführer in industriellen Kernbereichen marginalisieren können.

Henning Kagermann, ehemaliger Chef von SAP, der einzigen deutschen Neugründung der letzten Jahrzehnte, die in die Top-Liga der Softwarebranche aufgestiegen ist, warnt die deutschen Kernbranchen: Es bestehe die Gefahr, dass selbst derzeitige Marktführer »zu austauschbaren Zulieferern von Smart-Service-Anbietern degradiert werden«.* Der Telekom-Chef Timotheus Höttges schlägt einen ähnlichen Ton an. Statt einer Hoch-Zeit unseres industriellen Know-hows in Verbindung mit der digitalen Technik unter dem Stichwort »Industrie 4.0« könnte bei weiteren Versäumnissen und Fehlanreizen, insbesondere durch eine falsche Regulierung, auch ein Abstieg auf »Industrie 0.0« drohen. Eine solche Kernschmelze der deutschen Industrie unter dem Druck digitaler Transformation würde auch andere europäische Länder in Mitleidenschaft ziehen. Denn die deutsche Industrielokomotive zieht mit ihrer Nachfrage nach Vorleistungsprodukten auch andere EU-Mitglieder. Insgesamt 3,5 Millionen Arbeitsplätze in europäischen Nachbarländern (allein in Polen über 600 000, in der Tschechischen Republik, Rumänien und den Niederlanden mehr als 300 000) hängen an der deutschen Industrie. In Ländern wie der Tschechischen Republik oder Ungarn tragen die Vorleistungen für die deutsche Industrie sechs bis acht Prozent zur Bruttowertschöpfung bei.

Die Marktposition der Internetgiganten kann sich zu einer quasimonopolistischen Stellung verfestigen. Google ist auf dem Weg dahin. Wenn wir uns den »Gatekeepern« zur digitalen Wirtschaft, die aus ihren Datensammlungen Dienstleistungen generieren und mit diesen Dienstleistungen reale Güter aufwerten und damit transformieren, mangels eigener Strategie ergeben müssten, dann hätte dies weitreichende Auswirkungen auf die Entwicklungspotenziale unserer Industrieunternehmen sowie deren Standortwahl. Deutschland und ganz Europa würden zu einem Anhängsel nichteuropäischer Internetgiganten, die »Macht durch Technik« (Evgeny Morozov) ausüben.

Damit würde ein sich bereits abzeichnender Effekt der digitalen Umwälzung noch verschärft: der Verlust von Arbeitsplätzen. Das Automatisierungspotenzial, das durch digitale Technik in Gestalt von Roboter-Heeren erschlossen werden kann, mutet gewaltig an – und dürfte nicht minder gewaltige Auswirkungen haben. Dabei rollt nicht nur die Bedrohung durch eine strukturelle Massenarbeitslosigkeit an. Es zeichnet sich auch eine weitere Spaltung des Arbeitsmarktes in hochdotierte qualifizierte Jobs an der Spitze und schlechtbezahlte unsichere Jobs im unteren Bereich ab. Das wiederum dürfte Verteilungskonflikte verschärfen. »Ein immer größerer Anteil des Mittelstandes kommt einem immer kleineren Anteil der Bevölkerung zugute. Der Prozess beschleunigt sich durch den technischen Fortschritt.«*

Unsere Erwartung, die Rente sei ebenso sicher und fest gemauert in der Erde wie das ganze Sozialsystem, beruht auf einer einzigen Prämisse: Wachstum! Das deutsche Sozialsystem mit seinen vier Säulen (Renten-, gesetzliche Gesundheits-, Pflege- und Arbeitslosenversicherung) ist darauf gebaut, dass es genügend prosperierende Unternehmen, eine hohe Anzahl gutbezahlter Arbeitnehmerinnen und Arbeitnehmer und sprudelnde Einnahmen der öffentlichen Hände zur Finanzierung der Zuschüsse an die Sozialkassen gibt. Aber der internationale Wettbewerbsdruck im Zuge der Globalisierung wächst, die Zahl der Erwerbspersonen nimmt ab, wir beobachten ein zunehmendes Missverhältnis zwischen älteren und jüngeren Generationen, und die Rentenbezugsdauer hat sich bei Männern von 1960 bis heute verdoppelt (bei Frauen sogar mehr als verdoppelt). Es ist mit einer weiter steigenden Lebenserwartung zu rechnen, die zusammen mit dem medizinisch-technischen Fortschritt einen entsprechenden Handlungs- und Finanzierungsdruck im Gesundheitswesen nach sich zieht. Nicht zu vergessen der Bereich der Pflege, der ohne umfassende Reformen auf einen Notstand hinausläuft.

Ein intaktes und leistungsfähiges Sozialsystem ist einerseits auf Wachstum angewiesen und absorbiert andererseits Anteile des Mehrwerts. Was passiert, wenn sich die herkömmlichen Wachstumserwartungen aus strukturellen Gründen nicht mehr erfüllen? Wie stellen wir uns auf, wenn ein – nicht zuletzt demographisch bedingter – wachsender Finanzierungsbedarf unseres Sozialsystems zusammenfällt mit einer stagnierenden Wirtschaftsleistung und mit Investitionen konkurriert, die essenziell für die Zukunftssicherung sind?

Während das Potenzial- oder Trendwachstum in Deutschland perspektivisch abnimmt, wozu der Investitionsrückstand beiträgt, dürfte der Anteil der Sozialtransfers an den öffentlichen Ausgaben eher zunehmen und einen wachsenden Anteil unserer jährlichen Wirtschaftsleistung absorbieren. Die explizite Staatsverschuldung von zwei Billionen Euro – erst recht unter Berücksichtigung der sogenannten impliziten Staatsverschuldung von geschätzten 4,4 Billionen Euro (also unter Hinzurechnung von zukünftigen Ansprüchen an den Staat, wie zum Beispiel Pensionen, für die aber keine Rücklagen gebildet worden sind) – wirft ein so grelles Licht auf die damit verbundene Verschiebung zulasten kommender Generationen, dass kaum einer hinsehen mag. Jede weitere Steigerung der Sozialleistungen, die nicht aus den Verteilungsspielräumen von Zuwachsraten finanziert werden kann, also über öffentliche Kredite finanziert werden müsste (oder in Konkurrenz mit notwendigen Investitionen), verschärft dieses unterschätzte Problem der intergenerativen Lastenverschiebung. Gegenwartsinteressen obsiegen über Zukunftsinteressen. Gegenwartskonsum schlägt Zukunftsinvestition.

Die »Verhandlungsposition« der jüngeren Generationen, ihre Vetomacht, wird dabei immer schwächer, weil ihr Anteil an der Wahlbevölkerung gegenüber den Begünstigten und Anspruchsberechtigten von Renten, Pensionen und Transferzahlungen abnimmt. Die Empfänger von Transferzahlungen plus der Rentnerinnen und Rentner (insgesamt circa 27 Millionen) befinden sich bereits in der Mehrheit gegenüber den Beschäftigten in einem Normalarbeitsverhältnis (circa 24 Millionen), die im Wesentlichen, zusammen mit ihren Arbeitgebern, die Maschine ölen und am Laufen halten. Die Befürchtung, dass an den Strukturen und Größenordnungen des Sozialstaates politisch kaum noch etwas verändert werden kann, ist keineswegs abwegig, weil die Protagonisten eines solchen Versuches von der politischen Bühne gefegt würden. In Frankreich ist eine Verkrustung bereits zu beobachten.

Weil Politiker und Parteien bei Wahlen auch noch der Versuchung unterliegen, eine Ausdehnung des sozialstaatlichen Angebots unabhängig von dem erwirtschafteten Verteilungsspielraum zu versprechen, erhöhen sich die Spannungen zwischen einer tendenziell abnehmenden »produktivistischen Klasse« (Peter Glotz), die den Kuchen backt, und einer tendenziell wachsenden Gruppe, die ihn aufisst. Den heute 18- bis 35-Jährigen wird abverlangt, die Versorgungsansprüche der über 60-Jährigen zu erwirtschaften, ohne dass sie sicher sein können, dass das System noch funktioniert, wenn sie selber eines Tages Ansprüche geltend machen können. Eine Kündigung des Generationenvertrages liegt keinesfalls außerhalb der Vorstellungskraft.

Schließlich erweist sich auch der Trend einer wachsenden Kluft in der Einkommens- und Vermögensverteilung, der verstärkt nach der Wiedervereinigung in den neunziger Jahren einsetzte, als keineswegs nebensächlich, wenn es um die Wachstums- und Wohlstandsaussichten des Landes geht. Diese Kluft öffnete sich in den letzten Jahren weniger schnell, hat aber an den Proportionen nichts geändert. Die Ungleichheit in der Einkommens- und Vermögensverteilung führt – wie der Nobelpreisträger Joseph Stieglitz für die USA gezeigt hat – zu einem Nachlassen bei Innovationen und Investitionen. Da die Sparquote bei einer kopflastigen Einkommens- und Vermögensverteilung höher ist als bei einer ausgeglichenen Verteilung, dürfte diese Schlussfolgerung auch für Deutschland kaum unter Ideologieverdacht stehen. Wenn das Steuersystem dann noch zusätzlich für hohe Einkommensbezieher und Vermögensbesitzer den Fehlanreiz liefert, eher in (spekulative) Finanzanlagen statt in Unternehmensgründungen, Erweiterungen und Technologieprojekte von produzierenden Unternehmen zu investieren, schlägt der negative Effekt der auseinanderklaffenden Verteilungsschere noch stärker zu Buche.

Nicht nur in Deutschland, auch in den USA und der OECD gibt es Stimmen, die vor einer weltweit einsetzenden Phase des Niedrigwachstums warnen. Die Arbeitsproduktivität werde sinken. Die Investitionsraten in vielen entwickelten Industrieländern würden sich verlangsamen und lägen unter dem Niveau, um das Wachstum im Trend zu stützen. Da die realen Löhne und Gehälter in diesen Ländern unter dem globalen Kostenwettbewerb kaum gestiegen seien, entstehe ein Nachfragemangel. Die Ungleichheit zu dem Spitzen- und Vorreiter USA werde weiter wachsen. Es gäbe zwar genügend Kapital, aber die Anleger fänden nur wenige produktive Verwendungen – und würden diese sogar meiden. Sie investierten eher in Finanzprodukte mit der Aussicht auf höhere Renditen, als Realkapitalinvestitionen zu tätigen. Angesichts nach wie vor bestehender Fehlfunktionen der Finanzmärkte begünstige diese Entwicklung auch Blasen- und Infektionsherde, die wiederum auf das Wachstum zurückschlagen könnten. Im Übrigen ist der globale Schuldenberg (Staat, Unternehmen und Privatpersonen) von 174 Prozent an der jährlichen globalen Wirtschaftsleistung (2008) auf 212 Prozent (2013) gestiegen, ohne dass dieses Defizit zu einem selbsttragenden Aufschwung geführt hat. Das (spärliche) Wachstum ist also maßgeblich schuldenfinanziert.

Man muss sich diese Analyse mit ihren düsteren Aussichten nicht zu eigen machen. Aber man sollte sie kennen und ins Kalkül ziehen, zumal einige der Begründungen keineswegs von der Hand zu weisen sind. Allein die zehn größten Industrieländer haben seit Ausbruch der Finanzkrise 2007, eskalierend in 2008 mit der nachfolgenden Konjunktur- und Fiskalkrise, eher sechs als fünf Billionen Euro für staatliche Rettungs- und Wiederbelebungsmaßnahmen von Banken aufgebracht. Soweit es sich um Garantien handelt, müssen die nicht zu 100 Prozent fällig werden, aber solche Garantien hängen den Staaten wie eine große eiserne Kugel am Bein. Hinzu kommen jene rund zwei Billionen Euro, die über konjunktur- und beschäftigungsstützende Maßnahmen mobilisiert worden sind. Das sind weitgehend Mittel, die in den vergangenen Jahren eben nicht in Zukunftsfelder wie Infrastruktur, Forschung und Entwicklung, Bildung, Integration oder eine familienfreundliche Arbeitsgesellschaft geflossen sind.

Soweit die Rettungsschirme für Banken und Maßnahmen gegen

den Absturz von Konjunktur und Arbeitsmärkten kreditfinanziert waren – und das waren sie zum überwiegenden Teil –, drückt die entsprechende Verschuldung viele dieser Länder bis heute an die Wand, ihnen droht ein Verlust an Zukunftsfähigkeit. Schon nach den ersten schweren Brechern auf den Finanzmärkten Ende des ersten Jahrzehnts war absehbar, dass es Jahre dauern würde, bis sich die Realwirtschaft in diesen Ländern erholt. Deutschland stellt mit einer erstaunlich schnellen Erholung eine Ausnahme dar, während die Wirtschaftsindikatoren einiger Nachbarn und internationaler Partner belegen, dass das Vorkrisenniveau bisher noch nicht wieder erreicht ist und die Folgen der Finanz- und Fiskalkrise keineswegs überstanden sind.

Im Gegenteil: Die öffentliche und nicht weniger die private Verschuldung überschreitet in Staaten wie Japan das Doppelte ihrer jährlichen Wirtschaftsleistung. Die hohe Arbeitslosigkeit insbesondere der Jugendlichen und der Verlust an Wettbewerbsfähigkeit lassen in einigen Ländern auf eine sehr viel längere und schmerzhafte Anpassungsphase schließen, als offizielle Medizinmänner in die Bulletins schreiben lassen.

Überzeugte Wachstumskritiker gehen noch einen Schritt weiter. Sie sehen im Wirtschaftswachstum schon seit langem eine Droge. Von der müssten wir uns entwöhnen, wenn die systematische Überforderung von Mensch und Ökologie durch eine »Entgrenzung« auf sämtlichen Gebieten nicht zu einem Kollaps führen soll. Was wir als Krise wahrnehmen würden, gäbe es in dieser Form gar nicht. Vielmehr ginge eine »menschheitsgeschichtliche Epoche« zu Ende, die ideologisch auf »schneller, höher, weiter« getrimmt sei. Die gegenwärtige Krise betreffe nicht nur die Staats- und Wirtschaftsformen, sondern unsere gesamte Kultur der Unersättlichkeit. Ein Mann wie Meinhard Miegel plädiert für einen Paradigmenwechsel, der sich nicht mit den Instrumenten des bisherigen Krisenmanagements meistern lasse und für den es weder Blaupausen noch Montageanleitungen gebe.* Miegel hält einen Sprung ins Dunkel offenbar immer noch für besser, als so weiterzumachen wie bisher. Aber wie soll das gehen in einer 80-Millionen-Gesellschaft mit einer hoch ausdifferenzierten Wirtschaft in einem international so vernetzten Land wie Deutschland?

Ein solcher Paradigmenwechsel wäre nichts anderes als ein Systembruch mit unserer kapitalistischen Wirtschaftsform – nicht marxistisch, sondern konservativ begründet. Eine derartige Verzichts- und (Selbst-)Beschränkungslogik wirft nicht nur praktische, existenzielle Fragen auf, sondern setzt, fast noch anspruchsvoller, auch einen Wandel des »expansionistischen Denkens, Fühlens und Handelns« voraus, wie Miegel nahelegt. Dadurch dürften zum einen Neugier, Wettbewerb, Innovationsdrang und Leistungsbereitschaft beeinträchtigt werden, zum anderen könnte ein solcher kollektiver Sinneswandel leicht eine Erziehungsdiktatur auf den Plan rufen. Solche Perspektiven versperren mir den Zugang zu dieser Art der Wachstumskritik.

Willkommen ist sie dennoch! Denn sie unterstreicht die nur allzu berechtigte Frage, ob unser Wohlstand, die soziale Stabilität unseres Landes und der Grad gesellschaftlicher Zufriedenheit maßgeblich, wenn nicht ausschließlich von den Zuwachsraten des Bruttoinlandsproduktes (BIP) abhängig sein müssen. Sollte sich die Politik nicht auch mit der keineswegs abwegigen Variante beschäftigen, dass sie ihre Legitimation und einen gesellschaftlichen Grundkonsens auch dann gewährleisten muss, wenn Wachstum wegbricht? Da das Wachstum in den vergangenen Jahren in vielen Ländern maßgeblich durch Schulden getrieben wurde, deren Höhe zukünftige Wachstumspotenziale mindert, während der Wachstumsimpuls aus dem Produktivitätsfortschritt kontinuierlich abnimmt, erschiene es mir jedenfalls angebracht, dass Politik sich verstärkt mit einem anderen Szenario beschäftigt. Zu den Antriebskräften in diesem Szenario gehören Fortschritte bei Bildungsabschlüssen, soziale Teilhabe, Umweltschutz oder verschiedene Formen auch der nichtgewerblichen Beschäftigung. Die Aussichten auf eine ungebrochene Wohlstandsentwicklung durch Wirtschaftswachstum und das über Generationen gültige Versprechen von Eltern an ihre Kinder, sie sollten es einmal besser haben, sind nämlich keineswegs so rosig, wie wir es bequemerweise voraussetzen.

In Anlehnung an den Wirtschaftsprofessor Henrik Enderlein lassen sich die mittelfristigen wirtschaftlichen Aussichten in folgende Gleichung mit einer nicht geringen Eintrittswahrscheinlichkeit fassen:* Investitionsdefizite von Bund, Ländern und Gemeinden sowie der Wirtschaftsunternehmen führen zusammen mit einer tendenziell sinkenden Arbeitsproduktivität und einer demographisch bedingten Abnahme der Erwerbspersonen zu einem schwächeren Trendwachstum, mit der Folge sinkender öffentlicher Einnahmen, und damit zu schärferen Verteilungskonflikten.

In dieser Perspektive eines auch nur stagnierenden Wachstumspotenzials bei gleichbleibenden oder sogar zunehmenden Ungleichheiten in der Gesellschaft steht die Politik vor einem Dilemma: Entschließt sie sich, die Ungleichheit zu korrigieren – über die Erhöhung von Steuern zur Finanzierung zusätzlicher Sozialleistungen oder Umverteilungen –, kollidiert dies mit der Wettbewerbsfähigkeit in einer globalisierten Welt. Entschließt sie sich zum Anreiz und zur Förderung von Investitionen im Sinne von Wettbewerbsfähigkeit – mit niedrigen Steuern und Verringerung konsumtiver Ausgaben –, birgt dies das Risiko einer weiter wachsenden Ungleichheit und damit einer Ablehnung der Gesellschafts- und Wirtschaftsordnung, was den Zulauf zu populistischen politischen Kräften befeuern könnte.

Die Politik muss eine Agenda formulieren, die aus diesem Dilemma herausführt und fähig ist, diese auch gegen Widerstände und Beharrungsvermögen durchzusetzen. Aber hat die Politik die Courage, die Alternative beim Namen zu nennen? Hat sie die Courage, zu erklären, dass wir uns unter den obwaltenden Bedingungen der internationalen Konkurrenz, der Demographie und Grenzen öffentlicher Verschuldung entweder mit einem abnehmenden Lebensstandard anfreunden oder zu Anstrengungen und Veränderungen fähig sein müssen, für die es Beifall weder aus den Logen noch von den Stehplätzen der Gesellschaft gibt? Denn es geht dann wohl kein Weg daran vorbei, dass die Logen mehr Steuern zu zahlen hätten, der Sozialstaat konsolidiert werden müsste – und wir alle mehr arbeiten.

Fliehkräfte

Jeder, der es wissen will und sich selbst keine Scheuklappen verordnet, weiß es: Die oberen zehn Prozent der Einkommensbezieher und vor allem der Vermögenden haben sich über die letzten zwanzig Jahre in einem drastischen Konzentrationsprozess von den restlichen 90 Prozent abgekoppelt. Das gilt für Deutschland, und das gilt weltweit, mit den USA als Vorreiter und unangefochtener Spitzenreiter. China holt auf. Auch der Internationale Währungsfonds (IWF) kommt zu dem Ergebnis, dass die Ungleichheit in Deutschland, selbst unter Berücksichtigung staatlicher Ausgleichsmaßnahmen, zugenommen hat. Wir unterscheiden uns von den USA und anderen Ländern graduell. Aber auch wir haben ein ernstes Verteilungsproblem!

Eine gewisse Korrektur der Lohnquote (des Anteils der Löhne an der jährlichen Wirtschaftsleistung gegenüber dem Anteil von Gewinnen und Vermögenserlösen) von ihrem Tiefpunkt mit 64,7 Prozent in 2007 auf 67,7 Prozent in 2013 ändert an dem Befund nichts. Ludwig Erhards Klassiker »Wohlstand für alle« ist kein Versprechen mehr, sondern eine Mahnung. Die OECD beklagt die soziale Spaltung in Deutschland mit sinkenden Aufstiegschancen von Geringverdienenden. Die Warnung vor einer deutlich zunehmenden Altersarmut lässt sich nicht mehr als Panikmache abwehren, ein zu großer Teil der Arbeitnehmerschaft ist bereits von der wirtschaftlichen Wohlstandsentwicklung abgehängt. Schienen sich in den Aufbaujahrzehnten der alten Bundesrepublik und der stolzen Präsentation des »Modells Deutschland« die Klassenstrukturen aufzulösen und der Rheinische Kapitalismus dafür zu sorgen, dass der Sinn für Proportionen nicht aus den Fugen geriet, so hat sich seit den neunziger Jahren eine Entwicklung durchgesetzt, die zur Auferstehung einer formatierten Gesellschaft führte.»Die Behauptung, die Klassengesellschaft sei überwunden, ist Ausdruck einer trügerischen republikanischen Ideologie.«*

Zweifellos gibt es nicht wenige Advokaten in Politik, Wissenschaft und Medien, die in jeder verteilungspolitischen Debatte die »Umverteiler« am Werk sehen. Die Verdrängungsleistung dieser »Experten« ist imposant, ihre Verharmlosung des sozialen Sprengstoffs riskant. Übertroffen werden sie noch von jenen Ideologen, die in der wachsenden Kluft zwischen Arm und Reich einen Motor der Kreativität und des Aufbruchs sehen. Sie vermögen offensichtlich nicht zwischen leistungsbezogenen Entlohnungen und Einkommen aus leistungslosen Vererbungen zu unterscheiden.

Angesichts der harten Fakten, die eine strukturelle Ungleichheit und systematische Benachteiligung auch in Deutschland belegen, ist es erstaunlich, wie schnell jeder Versuch einer moderaten Umverteilung hierzulande mit dem Bannstrahl sozialistischer Machenschaften belegt werden kann. Unter Mitwirkung »interessegeleiteter Bescheidwisser« (Nils Minkmar) wird jede Verteilungsproblematik kleingeredet. Dies geschieht nicht selten unter Hinweis auf die soziale (!) Marktwirtschaft und unter Mobilisierung jener Mittelschichten, die gar nichts zu befürchten haben, denen aber erfolgreich die Angst eingeimpft wird, sie könnten ihr Einfamilienhaus nicht mehr steuerfrei an ihre Kinder vererben.

Der Armuts- und Reichtumsbericht von 2013 (in Auftrag gegeben von der schwarz-gelben Bundesregierung!) liefert ernüchternde Fakten. Demnach besaß das reichste Zehntel der Bevölkerung im Jahr 2008 über 50 Prozent des Vermögens an Immobilien, Geld und Wertpapieren, während die unteren 50 Prozent der Bevölkerung zusammen gut ein Prozent des Vermögens ihr Eigen nennen konnten. Löhne und Gehälter von Arbeitnehmerinnen und Arbeitnehmern sind zwischen 2000 und 2013 nominell (!) um

28 Prozent gestiegen, während die Einkünfte aus Gewinnen und Vermögen um 62 Prozent zunahmen. Das verfügbare Einkommen des unteren Zehntels der Einkommensbezieher soll in Deutschland nach Berechnungen des Deutschen Instituts für Wirtschaftsforschung (DIW) Berlin zwischen 2000 und 2011 um etwa 5 Prozent abgenommen und für das oberste Zehntel um rund 13 Prozent zugenommen haben. Dazu trug gewiss auch die Explosion von Managergehältern und Bonuszahlungen bei. Während das Gehalt des Vorstandsmitglieds einer großen deutschen Aktiengesellschaft im Jahr 1985 ungefähr zwanzigmal so hoch war wie die durchschnittliche Entlohnung der Arbeitnehmerschaft dieses Unternehmens, betrug dieses Verhältnis 200:1 im Jahr 2013.

Diese Verzerrungen gelten erst recht, wenn man die Erbmasse in den Blick nimmt, mit der rund acht Millionen Haushalte in Deutschland heute und in naher Zukunft gesegnet sind. Rund 60 Prozent der Erbmasse aus Geld-, Betriebs- und Immobilienvermögen liegen bei zwei Prozent derjenigen Haushalte, die überhaupt etwas vererben können, das sind rund 20 Prozent aller Haushalte. In der laufenden Dekade von 2010 bis 2019 dürften insgesamt über drei Billionen Euro vererbt werden. Die Konzentration des Vermögens im Penthouse der Gesellschaft wird sich darüber märchenhaft verstärken. Der Grund ist, dass in Deutschland eine Vermögensteuer ausgesetzt ist und die Erbschaftsteuer lediglich 1,8 Prozent der jährlichen Erbmasse abschöpft; mit rund 5,3 Milliarden Euro trug sie 2014 kärgliche 0,8 Prozent zum gesamten jährlichen Steueraufkommen bei. Deutschland ist mit einem Anteil von knapp einem Prozent vermögensbezogener Steuern am BIP ein El Dorado für betuchte Bürger im Vergleich zu anderen europäischen Ländern, die wie Frankreich vier Prozent oder Großbritannien über vier Prozent aufweisen. Im Übrigen verfügt in Deutschland nicht etwa der Durchschnitt selbstständiger Unternehmer über das höchste Vermögen; vielmehr sind Pensionäre – also Beamte im Ruhestand – durchschnittlich die wohlhabendsten Bürger.

Neu ist das alles nicht. Einige Autoren haben sich über diese

Drift in der Einkommens- und Vermögensverteilung einschließlich der Explosion von Managergehältern die Finger wund geschrieben. Erstaunlich ist deshalb, mit welcher Hartnäckigkeit die Ungleichheit weiterhin tabuisiert und verdrängt wird, obwohl sie doch Sprengstoff ist und das Vertrauen in unsere Gesellschafts- und Wirtschaftsordnung bedroht. Konkret: Ungleichheit bildet den Nährboden für Bildungsabbrüche, Aggressionen, Kriminalität, Verwahrlosung von Stadtvierteln und Feindbilder.

Das alles müsste zu denken geben. Stattdessen überwiegen immer noch die Stimmen jener Politiker, Medienvertreter, Wirtschafts- und Sozialwissenschaftler, die das Auseinanderdriften der sozialen Schichtung für ein unvermeidliches, ja natürliches Ergebnis einer Leistungsgesellschaft halten. Sie verstehen es bis heute erfolgreich, jeden Ansatz einer Korrektur über steuerliche Lösungen unter der Überschrift »Neiddebatte« zu erschlagen oder gar als beabsichtigte »Umverteilung von oben nach unten« zu diskreditieren.

Das Meinungsbild könnte sich allerdings ändern. 2014 sorgte der französische Wirtschaftswissenschaftler Thomas Piketty mit seinem Buch *Das Kapital im 21. Jahrhundert* weltweit für Furore. Piketty untersucht in einer langen, bis ins 18. Jahrhundert zurückreichenden empirischen Betrachtung die Akkumulation von Kapital (Vermögen) und fragt nach den Gründen, die zu einer immer größeren Ungleichheit in der Gesellschaft führten. Wenn die Rendite auf den Kapitalstock vier bis fünf Prozent beträgt, das Wirtschaftswachstum aber, das den Spielraum für (reale) Lohnerhöhungen beschreibt, deutlich darunterliegt, dann nimmt die Ungleichheit beständig zu, dann »wird das vererbte Vermögen tendenziell wichtiger« als das erarbeitete. »Dieser Prozess verstärkt sich selbst. Weder ist er ökonomisch sinnvoll noch sozial und politisch verträglich.«*

Pikettys Analyse stimmt in zweierlei Hinsicht pessimistisch. Sie beschreibt erstens eine Entwicklung, in der die Demokratie in einen immer größeren Gegensatz zu ihrem postulierten Anspruch gerät, dass allen Bürgern unabhängig von Herkunft und Vermögen gleiche Chancen eingeräumt werden. Gleichheit im Ergebnis kann und sollte Demokratie nicht gewährleisten, weil viel von der Leistung und dem Einsatz des Einzelnen abhängt. Aber wenn sie nicht in der Lage ist, für gleiche Startchancen und einen sozialen Ausgleich als Voraussetzung für eine faire Teilhabe und Teilnahme zu sorgen, bekommt sie ein Legitimationsproblem. Zweitens legt Piketty eine gewisse Ausweglosigkeit nahe. Seine Analyse kollidiert mit dem Impetus von Politik, dass es immer eine Alternative gibt und geben muss.

Piketty geht davon aus, dass das mittelfristige Wirtschaftswachstum nicht das Niveau der Rendite auf den Kapitalstock von vier bis fünf Prozent erreichen wird, sondern eher bei 1,0 bis 1,5 Prozent liegen dürfte. Sein Vorschlag, angesichts dieser unterschiedlichen Dynamik eine progressive Steuer auf das Nettokapital in Privatbesitz zu erheben (unter Verschonung der kleinen Vermögen der Mittelschicht), mutet realitätsfern an. Piketty weiß natürlich, dass Kapital ein flüchtiges Reh ist. Deshalb rät er zu einer globalen Kapitalsteuer auf der Grundlage einer »größtmöglichen Transparenz« internationaler Finanzmärkte, wozu ein »internationales Vermögenskataster« erstellt werden müsste. Angesichts des Umstands, dass wir derzeit nicht einmal in Europa in der Lage sind, unsere Steuersysteme zu harmonisieren und die Scheinlegalität aktiver Steuervermeidung durch große Unternehmen zu unterbinden, erscheint ein solcher Vorschlag geradezu naiv. Die Gefahr, dass das Kapital unsere Zukunft auffrisst, wie Piketty andeutet, ist ungebrochen.

Ich bleibe dabei: Die Aufspaltung unserer Gesellschaft in Parallelwelten oben und unten bedroht den inneren Zusammenhalt unseres Gemeinwesens. Ob man nun denen folgt, die unsere heutige Gesellschaft in etwa zehn Milieus mit einer zerfasernden bürgerlichen Mitte aufgefächert sehen, oder denen, die wie der verstorbene Sozialhistoriker Hans-Ulrich Wehler die hartnäckige Resistenz von Ungleichheit als dauerhafte Ursache einer in Klassen gegliederten Marktgesellschaft ins Feld führen: In jedem Fall haben die inneren Bindekräfte abgenommen. Die Hürden des sozialen

Aufstiegs sind keineswegs niedriger geworden. Die sozialökonomische Entfremdung zwischen Oben und Unten hat zugenommen. Das drückt sich auch in der Erosion eines verbindlichen Normenkodex aus. Der pflegliche Umgang mit öffentlichem Eigentum, der Respekt gegenüber dem Mitbürger, die Wertschätzung von Dienstleistungen, die – privat oder öffentlich von der Pflegerin bis zum Polizisten – täglich erbracht werden, oder der Erziehungsauftrag von Eltern, die ihn selber wahrnehmen, statt ihn bei den Lehrern abzuladen: Vieles gilt heute nicht mehr als selbstverständlich.

Der Befund ist nicht neu: Soziale Desintegration befördert minderheiten- und fremdenfeindliche Einstellungen, die sich ein Ventil suchen; der Abstieg auf der Sozialleiter macht anfällig für Parolen, die Schuldige und Sündenböcke präsentieren. Sollten verunsicherte Mittelschichten, die als zentraler Stabilitätsfaktor der Gesellschaft gelten, aus ihrer Verankerung gerissen werden, könnte es brenzlig werden. Tatsache ist, dass wachsende Ungleichheit und soziale Abstiegsängste zu antiliberalen und antidemokratischen Reaktionen führen. Krasse Schieflagen in der Verteilung von Einkommen und Vermögen berühren deshalb die Legitimationsgrundlagen unseres politischen Systems. Denn sie setzen sich fort in der Ungleichheit von Bildungschancen, der ungleichen Verteilung von Gesundheit und Krankheit, den völlig anderen Bedingungen in der Alltagswelt – von den Wohnverhältnissen bis zu den Heiratsmärkten.

So stehen sich zunehmend unversöhnliche Gruppen gegenüber. Das Erstaunliche für mich ist, dass die Gewinner, die Begüterten und Erfolgreichen, die Sonnenkinder und reichen Erben, nur selten von der Erkenntnis angekränkelt werden, dass eine sich verstärkende Ungleichheit über kurz oder lang Gegenkräfte auf den Plan ruft, die ihren Status infrage stellen und ziemlich ungemütlich werden könnten. Ihre größte Bedrohung sind nicht etwa revolutionäre Kräfte von unten, sondern vielmehr ihre eigenen Übertreibungen. Die Auswüchse eines ruchlosen Kapitalismus mit Lohndumping, Finanzspekulationen, exzessiver Renditejagd, Marktmanipulationen, Machtkartellen, Korruption, der Privatisierung öffentlichen Eigentums und der Selbstbereicherung von Wirtschaftseliten: All diese Erscheinungen können das Schiff ins Schwanken bringen, auf dessen Oberdeck die Gewinner bisher noch weitgehend unbestritten die Fahrt genießen. In ihrem eigenen Interesse müssten sie eigentlich darauf hinwirken, dass die Verlierer und Mittellosen im Unterdeck nicht abgehängt und von der Wohlstandsentwicklung ausgeschlossen werden. Es sind die Fundamentalisten, die den Markt zur Ikone erhoben haben, die bedrohlich sind. Sie provozieren die Systemfrage.

Verschleppte Entzündungen: Risikofaktor Finanzmärkte

Die Finanzkrise ist nicht vorbei. Sie schläft nur. Wie tief, ist unklar. Aber es gibt ernstzunehmende Leute, die warnen: William White zum Beispiel, der bereits 2003 (!) als damaliger Chefvolkswirt der Bank für Internationalen Zahlungsausgleich (BIZ) in Basel eine einschneidende Finanzkrise vorhersagte, oder den amerikanischen Nobelpreisträger Robert Shiller oder den langjährigen Chef der britischen Finanzaufsicht (FSA) Lord Adair Turner. Sie erkennen mehrere Zündschnüre, die eine Finanzkrise in neuer Gestalt, aber mit gleicher Explosivität auslösen können.

Im Telegrammstil: Die Schulden der öffentlichen Hände, der Privathaushalte und der Unternehmen in den G20-Staaten seien 30 Prozent höher als 2007 zu Beginn der Finanzkrise. Bei mittelfristig wieder ansteigenden Zinsen seien sie kaum zu bedienen. Schuldenschnitte mit entsprechenden Verlusten wären die Folge. Die Politik des billigen Geldes, die maßgeblich zur Finanzkrise beitrug, jage nicht nur institutionelle Investoren, sondern auch Privatanleger in riskante Geschäfte und führe auf einigen Märkten bereits wieder zu Feuerwerken. Neue Blasenbildungen seien unverkennbar. Durch das billige Geld, das die Zentralbanken in die Märkte pumpen, würden auch »Zombie-Banken« und »Zombie-Unternehmen« am Markt gehalten, weil sie sich günstig finanzieren könnten. Die müssten aber nach den Spielregeln der Marktwirtschaft eigentlich verschwinden. Nun wandelten sie als »Untote« mit Ansteckungsgefahr unter uns. Im Übrigen würden die billigen Kredite nicht wenige Unternehmen ermuntern, eigene Aktien zurückzukaufen, anstatt zu investieren. So, wie viele Banken bereit seien, in erheblichem Umfang Staatsanleihen ihrer Länder zu kaufen und auf ihre Bilanzen zu nehmen.

»Die Geldflut der Zentralbanken wirkt [...] wie hochaggressiver Kunstdünger.«* Es verwundert daher nicht, dass sich die Preise auf den Finanzmärkten tendenziell wieder deutlich von den ökonomischen Fundamentalwerten abkoppeln. Der Marktwert vieler Unternehmen (Börsenwert) steht in einem absoluten Missverhältnis zu ihren Vermögenswerten. Große Anleger sind – offenbar auch in Ermangelung von Anlagen, die ihren Renditevorstellungen entsprechen – bereit, für ihre Beteiligungen an Unternehmen Preise zu bezahlen, die sich in der Größenordnung ordentlicher Gewinne dieser Firmen über die nächsten 15 oder 20 Jahre bewegen. Das zeichnet sich offenbar insbesondere für sogenannte Technologiewerte ab und gilt auch für Börsengänge mancher Neugründungen in der Internetwirtschaft. Die Stimmen werden lauter, die nach dem Platzen der sogenannten Dotcom-Blase im Jahr 2000 mittelfristig eine zweite Blase von Tech-Aktien für möglich, ja für wahrscheinlich halten. Drei Ökonomie-Nobelpreisträger – Robert Shiller, Lars Peter Hansen und William Sharpe – warnten im Herbst 2014 unabhängig voneinander vor einem Einbruch an den Börsen. Gemessen an ihren Erträgen seien die Aktien vieler börsennotierter Unternehmen zu teuer.

Wenn die Nummer zwei von Goldman Sachs, Gary Cohn, im publizistischen Zentralorgan des New Yorker Finanzplatzes, dem *Wall Street Journal*, für eine Reform des Hochfrequenzhandels eintritt, dann nähert sich der Zeiger dem roten Bereich. Oder hat ihn längst erreicht, denn US-Aufsichtsbehörden und das FBI ermitteln bereits wegen des Verdachts auf Insiderhandel und Manipulation des Marktes. Unfaire und illegale Geschäftspraktiken sind das eine. Für das Finanzsystem als Ganzes sind die inhärenten Risiken des Hochfrequenzhandels aber noch viel unheimlicher.

Dieser Handel, in dem mit hochleistungsfähigen Computern in Millisekunden Geschäfte in gigantischen Größenordnungen unter Ausnutzung von marginalen Kursschwankungen und Reaktionszeiten des Marktes bewegt werden, hat seit zehn Jahren eine zunehmende Bedeutung. Der alte Parketthandel in den Börsen mit irren Fingerübungen schwitzender Händler ist Steinzeit. Inzwischen hat der Hochfrequenzhandel in den USA einen Marktanteil von über 50 Prozent, in Europa von rund 40 Prozent.

Was passieren kann, zeigt der »Flashcrash« vom 6. Mai 2010: Da sackte der Dow-Jones-Index an der Wall Street innerhalb von wenigen Minuten um fast 1000 Punkte ab. Das war der größte Einbruch an einem Tag innerhalb von 114 Jahren der New Yorker Börse. Die Aktien von Großkonzernen fielen in den Keller. Panik auf Handelsplätzen und Vorstandsetagen, auch in der Politik – was war passiert? Irgendwo hatte ein Händler beim Tippen die falsche Taste erwischt. In der Sprache der Wall Street heißt das »Fatfinger«. Er hatte auf »B« wie »Billion« (in der deutschen Zählweise Milliarde) gedrückt statt auf »M« wie »Million« und damit aus einem 16-Millionen-Dollar-Auftrag versehentlich einen 16-Milliarden-Auftrag gemacht. Das computergesteuerte Hochfrequenzhandelsprogramm hatte weltweit in Sekundenschnelle automatische Verkäufe ausgelöst und so eine rapide Abwärtsspirale in Gang gesetzt. Solche Programme machen heute Schätzungen zufolge 70 Prozent des Aktienhandels an großen Börsen aus. Ob es genau so passiert ist, wie hinterher behauptet wurde, ob ein »fetter Finger« oder ein anderer Impuls automatische Verkäufe in gigantischen Dimensionen ausgelöst hat: Murphys Gesetz – »Anything that can go wrong, will go wrong« – gilt auch für den Hochfrequenzhandel. In einer Millisekunde kann eine Kettenreaktion ausgelöst werden, die den globalen Finanzmarkt aus den Angeln hebt.

Der Sachbuch-Autor Michael Lewis beschreibt in seinem Buch *Flash Boys. Revolte an der Wallstreet** den Missbrauch und die Gefahren, die von diesem computergetriebenen Handel in einem hochkomplexen Markt ausgehen können. Der Romanautor Robert Harris hingegen entwirft in seinem Buch *Angst** ein Szenario, in dem der Börsenhandel von Algorithmen gesteuert und der Mensch von einer selbstlernenden künstlichen Intelligenz überwältigt wird. Ich halte das in weiten Teilen nicht mehr für Science-Fiction.

Gewiss sind die Anforderungen an die Eigenkapitalausstattung der Banken gestiegen. Dito sind die Regeln zur Rechnungslegung im Sinne eines vorsichtigen Kaufmanns verschärft geworden. Kundige Beobachter ermittelten rund 40 Regulierungsvorhaben, die dem Finanz- und Bankensystem seit 2008 auferlegt wurden, um ihm größere Stabilität zu geben. Tatsächlich sind einige inkonsistent und liegen nicht im Interesse einer effektiven Versorgung des Marktes mit Finanzdienstleistungen. So ist der Papierkram, den Bankangestellte und Kunden inzwischen zu bewältigen haben, alles in allem eine aufwendige Alibiaktion im Sinne des Verbraucherschutzes. Die Frage einer Folgenabschätzung dieser Regulierungsmaßnahmen steht daher zu Recht im Raum.

Der Stresstest für die etwa 130 größten Banken in der EU, den die EZB zusammen mit der European Banking Authority (EBA) 2014 durchführte, hatte zweifellos ein anderes Kaliber als die fehlgeschlagene Übung 2011. Viele Banken sind in diesen neuen Testlauf mit einem höheren Eigenkapital und größerem Risikopuffer gegangen. Die Eigenkapitalanforderungen nach internationaler Standardsetzung (Reformpaket Basel III) beziehen sich allerdings auf die »risikogewichteten« Vermögenswerte einer Bank. Risiken kann eine Bank so oder so bewerten. Im Ergebnis wird sie Zahlen vorlegen, die sie nicht zwingen, sich weiteres Eigenkapital zu besorgen. Die Fassade aus Glas und Chrom mag glänzen, dennoch könnte der ganze Büroturm im Sturm einer Finanzkrise ins Wanken geraten. Was die deutschen Banken betrifft, wirkt – neben der nach wie vor dürftigen Eigenkapitalausstattung – eine weitere Schwäche fort: die Überkapazitäten, die sich auch auf den immer noch nicht konsolidierten Sektor der Landesbanken erstrecken. Dies verleitet manche Bank in Ermangelung eines tragfähigen Geschäftsmodells zu riskanten Geschäften. Hochgerechnet auf Europa halten Fachleute nicht wenige Banken für Zombies. Sie würden künstlich am Leben gehalten, indem sie zum einen ihre Vermögenswerte hoch und ihre Risiken niedrig rechnen. Zum anderen werden sie von der EZB zu 0,15 Prozent (Herbst 2014) mit frischem Geld versorgt; gegebenenfalls kauft die EZB ihnen dann auch noch Staatsanleihen und verbriefte Kredite mit intransparenten Risiken ab.

Das Hauptproblem liegt allerdings nicht bei den »klassischen« Banken, die immerhin einer Regulierung und Aufsicht unterliegen. Allerdings beträgt die Bilanzsumme aller inländischen Banken in Großbritannien immer noch das über 5-Fache, in den Niederlanden das über 4-Fache und in Frankreich das über 3-Fache der gesamten jährlichen Wirtschaftsleistung dieser Länder (in Deutschland das 2,5-Fache). Das Hauptproblem sind die Schatten- oder Parallelbanken, ein Konglomerat aus Hedgefonds, Private-Equity-Fonds, Geldmarktfonds, Zweckgesellschaften. Sie blühen und gedeihen häufig in Steueroasen. Sie sind weitgehend unreguliert. Sie unterliegen keiner Einlagensicherung. Diese »Offshore-Industrie« ist von den »klassischen« Banken mit geschaffen worden. Sie befreien ihre Bilanzen von illiquiden und giftigen Papieren, die sie an Schattenbanken verlagern oder verkaufen. Damit verschwinden Risiken zwar von ihren Bilanzen, aber nicht aus dem System. Auch im Jahr 2014 haben europäische Banken solche Portfolios in beträchtlichen Größenordnungen an Schattenbanken verkauft. Das gesamte Anlagevolumen der Schattenbanken schätzt der Internationale Ausschuss für Finanzstabilität in Basel für 2013 auf sagenhafte 75 Billionen Dollar, nachdem es zehn Jahre zuvor gerade einmal 25 Billionen Dollar betragen haben soll. Nichts spricht dafür, dass die Schattenbanken ihre Geschäftspolitik unter dem Eindruck der

Finanzkrise 2007 ff. geändert haben. Sie hatten diese allerdings auch nicht verursacht. Heute sind es in erster Linie die Schattenbanken mit ihren riesigen Volumina, die auf der Jagd nach fetten Renditen die Kontinente überfluten – und den Trigger für einen Crash auslösen könnten.

Für den herkömmlichen Bankensektor mögen in den letzten Jahren die Brandmauern erhöht worden sein. Aber die Anzahl der Affären und Regelverletzungen, die seit den staatlichen Rettungsmaßnahmen auf dem Höhepunkt der Bankenkrise 2008 aufgedeckt wurden, und die kriminelle Energie, die dabei zutage trat, haben das Vertrauen in einen »Kulturwandel« des Bankenwesens und die Selbstheilungskräfte des Systems eher weiter beschädigt. Die Vorwürfe sind schwerwiegend. Zu nennen ist die Manipulation der Referenzzinssätze Libor und Euribor im Kreditgeschäft – möglicherweise ist sogar die Bank of England verwickelt. Justiz und Aufsicht mehrerer Länder ermitteln gegen einige führende Bankinstitute wegen des Verdachts der Manipulation von Wechselkursen im Devisenhandel, bei dem täglich ein Volumen von über fünf Billionen Dollar bewegt wird. Einige Banken zocken weiterhin mit hochspekulativen obskuren Finanzprodukten – und setzen dabei mal eben zwei Milliarden Dollar in den Sand wie J. P. Morgan. Verbriefte Kreditpapiere, die 2007/08 an den Abgrund führten, wurden allein im ersten Halbjahr 2013 in einem Volumen von 420 Milliarden US-Dollar verkauft. Im Geschäft mit Kreditausfallversicherungen stehen unerlaubte Absprachen zwischen Banken in Rede.

Die EZB hat die Eurozone in der kritischen Lage des Sommers 2012 unter eigenwilliger Definition ihres Mandates stabilisiert, indem sie dem Bankensektor Kredite zu extrem günstigen Konditionen verschaffte und den Finanzmärkten klare Signale ihrer Handlungsbereitschaft sendete. Das war grenzwertig, aber erfolgreich. Jetzt geht sie einen gefährlichen Weg. Sie kauft den Banken sogenannte forderungsbesicherte Wertpapiere ab (und zukünftig evtl. in erheblichem Umfang Staatsanleihen). Damit steht den Banken wieder mehr Eigenkapital zur Verfügung, das sie neuen Krediten zur Ankurbelung der Wirtschaft unterlegen können. Klingt gut – ist es aber nicht.

Erstens dürften Banken mit Eigenkapitalschwächen ein Freudenfeuer anzünden, dass sie riskante Kredite von ihrer Bilanz auf die Bilanz der EZB schieben können. Aber deshalb versorgen sie Unternehmen nicht zwingend mit neuen Krediten, sondern halten ihr Eigenkapital zusammen. Zweitens sind die Geldschleusen so sperrangelweit offen wie nie zuvor, und zwar ohne dass die Pferde saufen und die Wirtschaft in den Galopp kommt. Also sind die Probleme offenbar nicht durch ein noch höheres Kreditangebot zu therapieren. Drittens gibt die EZB den Banken das falsche Signal, die Bonität ihrer Kreditnehmer nicht mehr zu hinterfragen. Denn in den gebündelten Papieren können diese ja das Risiko der EZB zuschieben. Viertens hält die EZB mit ihrem Vorgehen Zombie-Banken am Leben, die eigentlich ordentlich beerdigt werden müssten. Fünftens wird die EZB zum Hauptgläubiger von Banken, die sie in einer anderen Abteilung unter ihrem Dach beaufsichtigen soll. Das ist jener Interessenkonflikt, den es mit der Gründung einer europäischen Bankenaufsicht und – in Ermangelung einer anderen Institution, die schnell über das notwendige Know-how verfügt – der Beauftragung der EZB eigentlich zu verhindern galt. Sechstens nimmt die Strategie der EZB, die Märkte mit billigem Geld zu fluten, den Druck auf die Politik, notwendige Strukturverbesserungen in Angriff zu nehmen. Wo doch die wesentliche Ursache der Krise in verkrusteten Strukturen und einer mangelnden Wettbewerbsfähigkeit liegt.

All diese Einwände wiegen bereits schwer. Aber es gibt noch einen weiteren äußerst kritischen Befund: Die EZB kauft den Banken eine Sorte Wertpapiere ab, die schon die Finanzkrise 2007 ff. befeuerte. In diesen Papieren verstecken sich Tausende Kredite der unterschiedlichsten Güteklassen, die alle in einen großen Sack gesteckt werden. Der kriegt dann eine blendende Aufschrift in Bankenenglisch. In den kann die EZB aber nicht hineingucken, um zu prüfen, wie viel Ramsch dabei ist. Sie ist absolut blind gegenüber den Risiken, die sie sich auf die Bilanz zieht. Treten die ein, muss sie entsprechende Abschreibungen vornehmen. Davon hätte Deutschland als »Gesellschafter« der EZB 28 Prozent zu übernehmen. Und »Deutschland« ist der Sammelbegriff für die Steuerzahler. Der Präsident der EZB, Mario Draghi, will bis zu einer Billion Euro mit »unkonventionellen Maßnahmen«, wozu auch der Aufkauf von Staatsanleihen zählen könnte, in die Arterien des Bankensystems pumpen. Diese »atemberaubende Liquidität« könnte eine Unwucht ins System bringen, die krisenhafte Züge trage – so der Vorstandsvorsitzende der Munich Re, des größten Rückversicherers der Welt, Nikolaus von Bomhard.* Gleichzeitig wird deutlich, welch hohe Hausnummer Abschreibungen erreichen könnten, wenn sich in den gebündelten Krediten viel Ramsch befinden und Staatsanleihen nicht oder nur teilweise zurückgezahlt werden könnten. Deshalb gibt es Stimmen aus der Finanzwelt, die den Aufkauf dieser Wertpapiere zweifelhafter Bonität und weiterer Staatsanleihen für den Sargnagel des europäischen Zentralbanksystems und damit des Euro halten.

Moral ist etwas für Philosophen und Romantiker. Wenn eine Gesetzeslücke es zulässt, den deutschen Fiskus auszuhebeln, indem man sich eine einmal gezahlte Kapitalertragssteuer mehrmals erstatten lässt, dann wird diese Möglichkeit skrupellos genutzt. Die Termingeschäfte einiger Banken mit Nahrungsmitteln haben sich längst vom ursprünglichen Zweck entfernt, den Markt gegen Preisschwankungen abzusichern. Es gibt Hinweise, dass Banken vielerlei Rohstoffe horten, um die Preise zu beeinflussen. Und nicht zuletzt bleibt festzuhalten, dass auch im Jahr sieben nach Lehman die Vergütungen für Bankmanager einschließlich ihrer Boni nicht selten 30 bis 40 Prozent der Bankgewinne betragen und höher ausfallen können als die Gesamtdividende, die an die Aktionäre ausgeschüttet wird. Wieso sich die Eigentümer das gefallen lassen und nicht auf eine höhere Dividende oder eine Stärkung des Eigenkapitals pochen, ist kein Geheimnis: Unter den Aktionären finden sich viele Manager der Bank als Begünstigte der Bonuszahlungen.

Richtig ist, dass es inzwischen Fortschritte bei der Regulierung und Aufsicht von Banken bis hin zu einer europäischen Bankenunion gegeben hat. Richtig ist aber auch, dass es trotz des Schocks von 2008/09 weiterhin eine Kette von Verfehlungen, Dreistigkeiten und Gesetzesverstößen selbst unter den angesehensten internationalen Banken gegeben hat; von Fehlspekulationen über den Verkauf von Schrottpapieren, Missbräuchen beim Devisenhandel, Manipulationen des Interbankenzinses und Beihilfe zur Steuerhinterziehung bis hin zum Bruch von Finanzsanktionen wurde nichts ausgelassen. Die Strafzahlungen, die den betroffenen Banken darüber seit 2009 auferlegt worden sind, belaufen sich (Stand Dezember 2014) insgesamt auf knapp 100 Milliarden Euro, und immer noch bilden Banken Rücklagen für weitere Strafzahlungen. Die größte Gefahr für ihre Rendite kommt nicht von einer strengeren Zügelführung durch die Politik, sondern aus ihrem eigenen Gebaren. Mich erfassen zunehmend Zweifel, ob diese Fehlentwicklungen allein einzelnen Delinquenten zugeordnet werden können oder nicht vielmehr fundamental im Bankensystem angelegt sind.

Die New Yorker Anwaltskanzlei Labaton Sucharow hat 250 Manager im Umfeld der Wall Street über Ethik und Moral in ihrer Branche befragen lassen. Mehr als die Hälfte ist überzeugt, dass ihre Wettbewerber illegale oder unethische Geschäfte machen. Und nahezu ein Drittel der Befragten vertrat die Auffassung, dass sich Bankmanager geradezu illegal oder unethisch verhalten müssen, um erfolgreich zu sein.* Nachwuchskräfte seien die größte Bedrohung. Weil sie schnell gefeuert werden, wenn sie kein Geschäft machen und den Vorgaben nicht entsprechen, entwickeln sie den größten Ehrgeiz – so wie Jordan Belfort, dargestellt von Leonardo di Caprio in dem Film *The Wolf of Wall Street* (2013). So wie sich ihre Vorgängergeneration mit der fiktionalen Figur des Gordon Gekko als Freibeuter des Finanzkapitalismus identifizierte, dargestellt von Michael Douglas in dem Film *Wall Street* (1987), dem die beiden Wall-Street-Millionäre Ivan Boesky und Carl Icahn als Vorlage gedient haben sollen.

Die Umfrage von 2013 mag von den besonderen Verhältnissen des Finanzplatzes New York gefärbt und nicht ohne weiteres auf kontinentaleuropäische Verhältnisse übertragbar sein. Dennoch führt die darin zum Ausdruck kommende Tendenz, dass Erfolg im Finanzgeschäft Regel- und Ethikverletzungen voraussetzt, zu einer grundsätzlichen Frage. Kann es sein, dass die Finanzindustrie inzwischen gar nicht mehr von Bankmanagern gesteuert wird, die zu unterscheiden wissen zwischen Gut und Schlecht, zwischen Verantwortungsbereitschaft und Verantwortungslosigkeit, zwischen Augenmaß und Maßlosigkeit? Dass die Finanzwelt vielmehr inhärenten Mechanismen und den systemischen Zwängen aus einem krassen Wettbewerb und einer exzessiven Renditeorientierung unterliegt? Dass ihre ungeschriebenen Gesetze vorschreiben, alle Möglichkeiten auch jenseits von Ethik und Legalität bis hin zur Manipulation des Marktes zu nutzen, um die Rendite und den Börsenwert zu steigern? Weltweit scheinen Bankmanager nach diesen Gesetzen zu handeln. Einige von ihnen geben zu, dass »das System« kaum beherrschbar und eine Wiederholung des Tsunamis von 2008/09 deshalb keineswegs ausgeschlossen sei.

Das wäre eine Erklärung dafür, warum es so schwer ist, eine neue Bankenkultur aufzuziehen, obwohl das die erklärte Absicht kontinentaleuropäischer Bankvorstände ist. Denn zum einen folgt das Finanzsystem maßgeblich einer angloamerikanischen (zunehmend auch asiatischen) Dynamik, bei der die Provision an erster Stelle steht. Zum anderen sind die Sicherheit des Jobs, die Höhe der Bezahlung und die Perspektive der Karriere in den unteren Hierarchien davon abhängig, dass die Bank unter dem krassen Wettbewerbsdruck besteht und möglichst die besseren »Deals« abschließt.

Jedenfalls dämmert die Erkenntnis, dass die Antriebskräfte und die Wirkungsmechanismen, die zur Finanzkrise 2007 ff. geführt haben, fortbestehen und zu einer Wiederholung führen können. Die neue Krise hätte zweifellos einen anderen »Charakter«, aber ihre Dynamik könnte Wohlstand und Stabilität erneut gefährden. Allen Akteuren der Finanzindustrie sollte klar sein, dass die europäischen Parlamente eine zweite Rettungsaktion wie 2008/09 nicht noch einmal zulasten der Steuerzahler rechtfertigen könnten. Im Rahmen dieser Rettungsaktionen haben die EU-Länder seit 2008 mehr als fünf Billionen Euro zur Unterstützung ihrer Banken bewilligt, von denen über 1,6 Billionen Euro bisher in Anspruch genommen worden sind. Allein in Deutschland wurden den Banken rund 650 Milliarden Euro bewilligt, von denen rund 260 Milliarden Euro abgerufen wurden. Den deutschen Steuerzahler dürfte die Rettung insgesamt bisher mindestens 50 Milliarden Euro gekostet haben. Das entspricht dem Jahresetat des Bundesverkehrs- und -verteidigungsministeriums zusammen.

Noch gravierender als die Kapitalvernichtung und die realwirtschaftlichen Folgen eines neuerlichen Finanzcrashs wäre die Legitimationskrise, in die unsere marktwirtschaftliche Ordnung käme. Deshalb sollten sich die Akteure im Bankenwesen und auf den Finanzmärkten selbst das größte Interesse an einer funktionierenden Regulierung und Aufsicht über das gesamte System haben. Ich wiederhole mich: Die größte Gefahr für eine soziale und gebändigte Marktwirtschaft kommt nicht vom linken oder rechten Rand, wo mit Ladenhütern wie Bankenzerschlagung, Verstaatlichung oder Devisenbewirtschaftung geworben wird. Die Branche ist vielmehr von ihren eigenen schnöden und vulgären Profiteuren bedroht, die Maß und Mitte, Gemeinwohl und Fairness für romantische Anwandlungen halten und deren Gier größer ist als ihr Selbsterhaltungstrieb.

»Der nächste Crash ist nicht weit weg. Wir wissen nicht, wo es losgeht, aber es wird nicht schön«, sagt ein Hedgefonds-Manager. Es besteht Anlass zur Unruhe.

VIII Gestaltete Zukunft

Wenn ich die Brennpunkte ausblende, die eine Bedrohung der internationalen Sicherheit bilden, sieht sich die Politik im Zeitalter der Globalisierung und Digitalisierung mit drei Entwicklungen konfrontiert, die jeweils nach einem Ordnungsrahmen – vorrangig auf der Grundlage multilateraler Verabredungen – verlangen. Das ist erstens ein nach wie vor nicht gebändigter Finanzkapitalismus, der seine destruktive Kraft, Staaten und ihre Gesellschaften an einen Abgrund zu führen, schon einmal bewiesen hat. Das ist zum Zweiten der Steuerbetrug sowie die Schnödigkeit, mit der internationale Konzerne in der Komplizenschaft mit einigen Staaten »Steueroptimierung« betreiben und damit die Steuerbasis ihrer Nachbarn beschädigen. Und das sind zum Dritten – neben vielen Chancen – die Risikopotenziale der digitalen Revolution. Nicht nur hinsichtlich des Schutzes der Privatsphäre, der »kriegswissenschaftlichen« Ausspähung von Staaten und des Missbrauches wirtschaftlicher Macht, sondern noch weiter gehend für die Demokratie und – eines möglichen Tages – die Menschheit im Umgang mit einer sich verselbstständigenden künstlichen Intelligenz.

Ein vierter Komplex drängt sich mit der Erwärmung des Weltklimas auf. In Ermangelung eigener Kenntnisse und Erfahrungen, aber deshalb nicht weniger alarmiert, kann ich hierzu nur auf den nach wie vor hochaktuellen Report von Lord Nicholas Stern aus dem Jahr 2006 (sog. Stern-Report) verweisen; Stern analysiert hier umfassend die ökonomischen Auswirkungen unterlassenen Klimaschutzes.* Ferner verweise ich auf einen Bericht der »Global Commission on the Economy and Climate« vom September 2014 und das Anfang November 2014 vorgelegte Abschlussdokument des UN-Weltklimarates (IPCC) in Vorbereitung des Weltklimagipfels im Dezember 2015 in Paris. Klar wird, dass der Klimawandel ein epochales Marktversagen ist und dass er mit Wanderungsbewegungen von Millionen Menschen – vorzugsweise auf die auserkorene »Wohlstandsinsel« Europa – alles in den Schatten zu stellen droht, was wir bisher an politisch und ökonomisch verursachten Flüchtlingsbewegungen erleben.

Grenzsteine für Finanzmärkte

Im September 2012 legte ich unter dem Titel *Vertrauen zurückgewinnen: Ein neuer Anlauf zur Bändigung der Finanzmärkte* der Öffentlichkeit ein 30-seitiges Papier vor. Ich hatte es unter Mithilfe tüchtiger Mitarbeiter im Auftrag meiner Fraktion geschrieben. Meine Sorge war, dass sich die ehrgeizigen Ankündigungen der Politik auf dem Höhepunkt der Banken- und Finanzkrise 2008/09, die Finanzmärkte kraftvoll zu regulieren und zu beaufsichtigen, in Schall und Rauch auflösen könnten. Kaum hatte ich das Papier vorgestellt, titelte das *Handelsblatt* auf Seite 1 »Der Bankenschreck« – damit war ich gemeint – und subsumierte alles unter Vorwahlkampfgetöse. Das Papier sei »eine Kriegserklärung an die deutschen Großbanken«. So viel zur Unvoreingenommenheit eines der führenden Wirtschaftsblätter! Ich habe viele Bankmanager und Kenner der Branche gesprochen, die sehr viel differenzierter urteilten.

Ich kenne die Schwierigkeiten, auf internationaler Ebene zu verbindlichen und wirkungsvollen Verabredungen bei der Regulierung von Finanzmärkten zu kommen. Aber wir sollten uns nicht im Voraus der Resignation ergeben, die wir uns ebenso wenig leisten können wie das geduldige Abwarten, ob sich irgendwann ein Fenster für weiter gehende Lösungen öffnen könnte. Das tut es erfahrungsgemäß nämlich erst, wenn wir wieder in äußerste Seenot geraten und das System zu kentern droht. Ich möchte meine Position zur Regulierung der Finanzmärkte deshalb hier noch einmal in sechs Punkten zusammenfassen.

Erstens: Banken müssen scheitern können! Die Staatshaftung für Fehlentscheidungen, Risikoignoranz und spekulative Geschäfte zulasten der Steuerzahler in letzter Instanz muss ein Ende haben. Nur so kommen Haftung und Risiko wieder zur Deckung. Wer private Gewinne erzielen kann und soll, der darf seine Verluste nicht sozialisieren können. Wer Geld riskant anlegt, um höhere Renditen zu erhalten, muss für die Verluste haften. Das gilt für Kleinanleger genauso wie für große Banken. Scheitert eine Bank und muss saniert oder abgewickelt werden, müssen in erster Linie die Eigentümer und Aktionäre, dann die Gläubiger der Bank und schließlich die Einleger (mit Guthaben oberhalb der geschützten 100 000 Euro) herangezogen werden.

Diese Haftungskaskade ist inzwischen in Europa verankert. Ebenso ist eine Bankenunion auf den Weg gebracht worden, die auf drei Säulen ruht: einer europäischen Bankenaufsicht über die etwa 120 als systemrelevant eingestuften Banken durch die EZB, einem europäischen Abwicklungsmechanismus mit einem Bankenfonds, der von den Banken selbst zu finanzieren ist und den Schmierstoff zur Sanierung oder Abwicklung maroder Banken liefern soll, und einem europäischen Einlagensicherungssystem. So weit, so gut.

Der größte Strickfehler ist der Bankenfonds. Er soll in acht Jahren auf 55 Milliarden Euro anwachsen. Das ist zum einen zu langsam – und zum anderen zu wenig. Das schafft keine stabile Auffanglinie für systemrelevante Banken in ganz Europa; ein vergleichbares Konstrukt, das wir seinerzeit allein für Deutschland geschaffen haben, belief sich auf ein Volumen von 70 Milliarden Euro.

Die jährlichen Beiträge der Banken in Höhe von sieben Milliarden Euro stehen im Übrigen in keinem Verhältnis zu den Zinsvorteilen, die die Banken durch die implizite Garantie des Staates genießen, sie nicht pleitegehen zu lassen. Dadurch können sie sich günstiger finanzieren. Der Internationale Währungsfonds (IWF) bezifferte diese Zinsvorteile für die systemrelevanten Banken der Eurozone allein für die Jahre 2011 und 2012 je nach verwendeter Methodik auf 80 bis 300 Milliarden Euro.

Ich hatte deshalb seinerzeit für einen europäischen Bankenfonds ein Volumen von 200 Milliarden Euro bei einer europäischen Abwicklungsbehörde vorgeschlagen, die im Vorgriff auf höhere Einzahlungen der Banken und unter Absicherung durch die EZB beleihungsfähig gemacht werden sollte, um dem Fonds Kampfkraft zu geben. Die »Androhung« der Politik, eine scheiternde Bank in der Haftungskette von ihren Eigentümern und Aktionären bis zum Bankenfonds ausschließlich im System der Banken abzuwickeln, wirkt unglaubwürdig, solange alle Gefäße der Haftungskaskade letzten Endes doch auf nationalstaatliche oder europäische Rettungsmechanismen überzulaufen drohen – und damit die Steuerzahler erfassen. Dazu trägt auch der gewählte Abwicklungsmodus bei. Die vereinbarten langwierigen Entscheidungsprozesse, der breite Ermessensspielraum und die Widerspruchsmöglichkeiten stehen den Erfahrungen mit kollabierenden Banken im realen Leben entgegen. Viel mehr Zeit als ein Wochenende – vom Schließen der Börse in New York bis zum Öffnen der Börse in Tokio – gibt es im konkreten Krisenfall nicht. Insbesondere bei Abwicklungsverfahren von systemrelevanten Banken mit Aktivitäten außerhalb der Eurozone bestehen Zweifel, dass der vorgesehene Mechanismus effektiv und effizient greift. Ich kenne aber keine systemrelevante europäische Bank, die nicht auch außerhalb der Eurozone engagiert ist.

Was die Einlagensicherung betrifft, haben sich in Deutschland die Haftungsverbände der privaten Geschäftsbanken, Sparkassen und Genossenschaftsbanken bewährt. Eine Europäisierung dieser

Einlagensicherungssysteme, nach der deutsche Sparkassen und Banken plötzlich für das Missmanagement eines anderen europäischen Instituts haften sollen, kann ich mir nicht vorstellen. Allerdings spricht nichts gegen eine Harmonisierung der weiterhin national organisierten Einlagensicherung.

Bleibt hinzuzufügen, dass die Beauftragung der EZB mit der Bankenaufsicht über die großen europäischen Banken in Ermangelung von kurzfristig zu realisierenden Alternativen geboten war, aber nur eine Übergangslösung sein sollte. Die EZB ist zum Erschrecken vieler dazu übergegangen, Banken Staatsanleihen und verbriefte Wertpapiere abzukaufen, um sie mit Liquidität zu versorgen. Damit ist der Interessenkonflikt der EZB, einerseits der Kontrolleur dieser Banken zu sein und andererseits mit ihnen in einer Geschäftsbeziehung zu stehen, schneller offenkundig geworden als für möglich gehalten.

Zweitens: Banken betreiben über das klassische Einlage- und Kreditgeschäft hinaus komplexe und riskante Geschäfte mit modernen Finanzprodukten wie Verbriefungen oder Derivaten. Angetrieben durch Renditehunger, tätigen viele Banken spekulative Handelsgeschäfte teils auch auf eigene Rechnung. Seit den neunziger Jahren wurden die Bilanzen damit immer weiter aufgebläht, bis sie so groß waren, dass diese Banken in der Finanzkrise nicht fallengelassen werden konnten, weil sie ihre Nachbarn und gegebenenfalls ganze Staaten in den Orkus gerissen hätten. Der Staat musste eingreifen und notgedrungen auch die Verluste aus den riskanteren Geschäften der Banken schultern.

Dieses Erpressungspotenzial gilt es zu verringern, indem das Einlagen- und Kreditgeschäft von den riskanten Handelsgeschäften im Investmentbanking abgeschirmt wird. Unter dem Dach einer Holding könnten diese Geschäftsbereiche als rechtlich und wirtschaftlich eigenständige Tochterunternehmen mit eigenen Bilanzen und Vorständen fortgeführt werden. Dann würde für Risiken dort gehaftet, wo die Gewinne aus Risiken auch vereinnahmt werden. Fielen Verluste an, bliebe der Schaden auf den dafür ursächlichen Geschäftsbereich beschränkt. Das wäre keineswegs eine Zerschlagung großer Banken, weil sie unter dem Dach der Holding weiterhin alle Dienstleistungen einer Universalbank anbieten könnten. Die Erpressbarkeit des Staates würde in dem Fall, dass eine Bank ins Schlingern käme, deutlich gemindert.

Für einige grenzte dieser Vorschlag vom September 2012 an einen Anschlag auf das deutsche Bankenwesen. Dabei hat es in den USA von 1932 bis 1998 ein striktes Trennbankensystem gegeben. Und ich befand mich in unverdächtiger Gesellschaft. Reformvorschläge zum besseren Schutz der Steuerzahler, insbesondere vor den Irrfahrten im Investmentbanking großer Banken, hatten bereits die OECD und der frühere Präsident der Federal Reserve Bank (Fed) von New York, Paul Volcker, vorgelegt. Ich wusste von den laufenden Arbeiten einer »Independent Commission on Banking« in Großbritannien unter dem Vorsitz von Sir John Vickers und einer hochrangigen Expertengruppe der EU unter dem Vorsitz des früheren finnischen Finanzministers und amtierenden Präsidenten der finnischen Zentralbank Erkki Liikanen, den ich noch aus seiner Zeit als EU-Kommissar kannte.

In den USA war bereits 2010 der sogenannte »Dodd-Frank Act« mit der »Volcker Rule«, die Anfang April 2014 in Kraft trat, verabschiedet worden. Inzwischen ist auch in Großbritannien der sogenannte »Banking Reform Act« auf der Grundlage des Vickers-Reports in Kraft getreten. Die schwarz-gelbe Bundesregierung lehnte es lange Zeit ab, sich dieses aus ihrer Sicht teuflischen Themas anzunehmen, bis sie dann unter dem Druck der öffentlichen Debatte und auch der Opposition im März 2013 dem Bundestag den Entwurf eines Trennbankengesetzes vorlegte; damit wollte sie im Vorfeld der Bundestagswahl im September 2013 auch Steine aus dem Weg räumen. Das Gesetz trat in Stufen ab August 2013 in Kraft. Wiederum: So weit, so gut.

Tatsächlich ist dieses Gesetz ein Placebo, denn es sieht keineswegs eine klare Trennung des einlagengesicherten Kundengeschäfts vom riskanten Investmentbanking vor und fällt hinter die Vorschläge der Liikanen-Kommission und der EU-Kommission deutlich zurück. Diese fassen riskante Handelsgeschäfte deutlich weiter und vertreten niedrigere Schwellenwerte, bei deren Überschreitung eine Bankaufsicht eine Auslagerung riskanter Geschäfte anordnen kann. Tatsächlich hat es bis zum Schluss nicht an Versuchen der CDU/CSU gefehlt, dem ohnehin zahmen Gesetz auch noch die letzten Zähne zu ziehen. Beim Trennbankensystem sitzt Deutschland nicht im europäischen Triebwagen, sondern im Bremserhäuschen. Es werden nur einige wenige Banken in Deutschland überhaupt erfasst – und die werden bis Mitte 2015 nur einen verschwindend geringen Teil ihrer Geschäfte auslagern müssen. Das Erpressungsproblem des »too big to fail« besteht unverändert.

Ich traute meinen Augen nicht, als ich Mitte Oktober 2014 in der *Süddeutschen Zeitung* einen Artikel über ein Gespräch des Präsidenten der Fed von New York, William Dudley, mit den Herzögen der Wall Street las. Danach hatte Dudley aus »ernstem professionellem Fehlverhalten von ethischen Entgleisungen und Regelverstößen«* den Schluss gezogen, dass zahlreiche Banken offenbar zu groß und zu komplex sind, um effektiv und seinen Erwartungen an eine Bankenkultur gemäß geführt werden zu können. Damit warf er die Frage nach einer Verkleinerung und Entflechtung großer Bankhäuser auf, was sofort als Drohung mit Zerschlagung interpretiert wurde. Auf dem Olymp des Finanzkapitalismus tut sich offenbar mehr, als viele ahnen.

Drittens müssen die Scheinwerfer auf die bisher verdunkelten Räume der Finanzwelt gerichtet werden. Schattenbanken wie Hedgefonds, Geldmarktfonds oder Zweckgesellschaften besetzen einen wachsenden Anteil auf den Finanzmärkten, ohne dass sie ausreichend reguliert werden. Für sie gilt ein einfacher Grundsatz: Gleiche Regulierung bei gleichem Geschäft wie im Fall klassischer Banken. Nun sitzen Schattenbanken häufig in Steueroasen außerhalb der EU. Sie sind aber auf die Finanzierung aus dem regulierten

Bankensektor angewiesen und oft nur der verlängerte Arm von in Deutschland oder Europa ansässigen Banken. Kontrolliert man also die Kreditvergabe dieser Banken, zum Beispiel an Hedgefonds, oder die Kapitalabflüsse an ihre eigenen Schattengewächse auf exotischen Inseln, gewinnt man auch Kontrolle über Schattenbanken. In einem strikten Trennbankensystem könnte den klassischen Einlagebanken die Kreditvergabe an Schattenbanken verboten werden, um Übersprungeffekte von Risiken zu vermeiden. Nach wie vor steht den Banken das Feld weit offen, Schattenbanken zu gründen, um Risiken in unregulierte Bereiche zu verschieben, somit Eigenkapitalanforderungen zu entgehen und sich der Kontrolle durch eine schärfere Aufsicht zu entziehen.

Viertens stehen im Kasino immer noch zu viele Spieltische. Finanztransaktionen haben vielfach den Bezug zur Realwirtschaft verloren. In der enormen Kluft zwischen dem weltweiten Volumen jährlich gehandelter Finanzprodukte und der jährlichen realen Wirtschaftsleistung liegt unverändert ein erheblicher Sprengstoff für die Stabilität der Staatengemeinschaft. Auf der Tagesordnung stehen immer noch eine stärkere Transparenz, Kontrolle und Standardisierung von Derivategeschäften. Das sind letztlich Wetten auf zukünftige Preise, Kurse, Indizes und so weiter. Bereits der dritte G20-Gipfel in Pittsburgh (USA) im September 2009, an dem ich noch als Bundesfinanzminister teilnahm, hatte gefordert, dass der Handel mit Derivaten über Börsen oder regulierte Gegenparteien erfolgen solle und nicht intransparent zwischen zwei Akteuren über ihren eigenen Verhandlungstisch.

Was den Handel mit Agrar- und Industrierohstoffen und insbesondere die Spekulation mit Derivaten betrifft, deren Wert sich von Rohstoffen oder Rohstoffindizes ableitet, ist mindestens die europäische Wertpapieraufsicht in den Stand zu versetzen, Positionslimits für Händler und Institute festzulegen. Damit könnte bloße Spekulation von der legitimen Absicherung gegen Preisrisiken – zum Beispiel bei Weizen, Öl oder Chrom – unterschieden und eingedämmt werden. Dagegen sollte der ungedeckte Handel von Kreditderivaten auf Staaten, Banken, Unternehmen – also die Spekulation mit Kreditforderungen, die man gar nicht hat – verboten werden. Der ungedeckte Kauf einer Kreditversicherung ist eine Wette, die dann aufgeht, wenn der andere pleitegeht. Von den Gefahren des Hochfrequenzhandels war schon die Rede. Um diesen Gefahren zu begegnen, bedarf es nicht nur einer längeren Mindesthaltefrist für elektronische Handelsorders – wobei es um die aberwitzig klingende Erhöhung von drei auf 500 Millisekunden geht – und einer Kennzeichnung der zugrundeliegenden Algorithmen, sondern erforderlich ist auch deren Prüfung und vor allem Zulassung.

Fünftens ist die Erhöhung des Eigenkapitalanteils, den eine Bank ihren Transaktionen zu unterlegen hat, aus der Sicht nicht weniger Fachleute immer noch die beste Methode, um den spekulativen Trieb von Banken zu bändigen. So führt die derzeitige Umsetzung der sogenannten Basel-III-Regeln unter anderem dazu, dass Bankkredite und kreditähnliche Verpflichtungen mit höherem Eigenkapital unterlegt werden müssen. Höhere Risiken sind mit höheren Eigenkapitalquoten zu bedienen. Mit Gewissheit liefert der Stresstest der EZB eine gute Ausgangsbasis für ihre Aufsicht über die größten europäischen Banken. Insofern auch hier: So weit, so gut.

Andererseits haben 30 Banken den Test im Krisenszenario nur knapp bestanden, und anders als die Fed in den USA in ihrem Stresstest hat die EZB keine Grenze für die sogenannte Leverage Ratio vorgegeben, das Verhältnis des Eigenkapitals einer Bank zur gesamten Bilanzsumme. Die gilt aber als aussagekräftiges Maß für die Bilanzstärke einer Bank. Nach dem Bewertungsmaßstab der Fed für die großen US-Banken wären 36 europäische Banken sitzengeblieben.

Die Forderung zusätzlicher Kapitalpuffer für systemrelevante Banken ist keineswegs ein Folterinstrument aus sadistischer Neigung. Zumal sich die Mindestanforderung von acht Prozent Eigenkapital nicht nur auf »hartes« Kernkapital bezieht. Diese Eigenkapitalschraube lässt sich allerdings nicht folgenlos weiterdrehen. Denn das schränkt die Spielräume der Banken zur Finanzierung der Realwirtschaft ein – vom Konsortialkredit für industrielle Großinvestitionen bis zum Betriebsmittelkredit für einen Handwerksbetrieb. Richtig scheint mir, dass höhere Eigenkapitalanforderungen für alle Geschäfte im System der Schattenbanken und generell für den Derivatehandel hilfreich wären, um spekulativen Blasen den Auftrieb zu nehmen – so, wie sie auch mit einer Finanzmarkttransaktionssteuer (FTT) belastet werden sollten.

Sechstens teile ich, wie bereits in Kapitel VII erwähnt, die Einschätzung einiger Beobachter, dass die Politik der EZB mit Leitzinsen nahe dem Nullpunkt und einer expansiven Geldpolitik, welche die Kapitalmärkte mit billigem Geld überflutet, nicht zu unterschätzende Gefahren für die Stabilität des europäischen Bankensektors heraufbeschwört. Mit dieser Politik des billigen Geldes und ihren Fehlanreizen begann die Banken- und Finanzkrise 2007. Obwohl die Fed in den USA mit ihrer Politik in den letzten Jahren gewisse Erfolge verzeichnete, warne ich vor einer einfachen Gleichsetzung der Verhältnisse in den USA mit denen in der Eurozone. Im Übrigen vollzieht die Fed einen langsamen Kurswechsel. Weil die EZB unabhängig ist, wird niemand sie zwingen können, von der geplanten Ausweitung ihrer Bilanzsumme auf drei Billionen Euro Abstand zu nehmen. Aber man darf die öffentlichen Alarmglocken so laut läuten, dass sie eventuell auch im Sitzungssaal des EZB-Rates gehört werden.

Der Ritt gegen Steuerbetrug und Steuerflucht

Es hat lange gedauert, bis der Steuerbetrug von Privatpersonen und die Steuervermeidungsstrategien großer Konzerne aus den Nischen dezenter Gespräche herausgeholt wurden. Bis dahin war bestenfalls von Kavaliersdelikten die Rede, höfliche Mahnungen verpufften. Ich darf mir zugutehalten, an diesem Paradigmenwechsel mit Vorsatz beteiligt gewesen zu sein, und sehe heute mit Genugtuung, dass die »Kavallerie« nicht nur einen Stein, sondern eine ganze Lawine ins Rollen gebracht hat. Dass die Leisetreterei ein Ende hatte, ist vielen zu verdanken; der Generalsekretär der OECD, José Ángel Gurría, verdient eine besondere Erwähnung.

Steuerbetrug von vermögenden Privatpersonen und die Umgehung von Steuerpflichten durch international operierende Konzerne, die ihre Steuerschuld nicht selten auf unter zehn Prozent und in manchen Fällen sogar unter ein Prozent ihrer Gewinne zu begrenzen wussten, haben nicht nur eine fiskalische Dimension. Sie schwächen nicht nur die Einnahmebasis der Staaten und damit deren Handlungsfähigkeit. Wenn sich die ehrlichen Steuerzahler als Dummköpfe fühlen, weil sie sich gesetzestreu verhalten, dann untergräbt dies auch die Akzeptanz des Steuersystems. Dies kann in einer Legitimationskrise des gesamten politischen Systems enden, weil es sich unfähig zeigt, den Gleichheitsgrundsatz durchzusetzen.

Verlierer sind nicht nur kleine und mittlere Unternehmen, die sich nicht auf Strategien der Steuervermeidung verlegen wollen und können. Verlierer sind wir alle, und zwar auf dreifache Weise. Die Bürger als Steuerzahler, weil sie durch Betrug und die »Steueroptimierung« von Großunternehmen relativ höhere Steuern zahlen, als wenn die Steuergesetze alle gleichermaßen erfassen würden. Die Bürger als Verbraucher, denen die Vorteile eines fairen wirtschaftlichen Wettbewerbes entgehen. Und noch einmal die Bürger als Nutzer öffentlicher Leistungen, die der Staat angesichts einer geschwächten Steuerbasis nicht mehr oder nur noch bedingt finanzieren kann.

Folgt man den Schätzungen von Gabriel Zucman, der wie sein Doktorvater Thomas Piketty viel über Ungleichheit geforscht hat, dann haben allein Reiche aus Deutschland ein illegales Offshore-Vermögen von sage und schreibe 360 Milliarden Euro in europäische und andere internationale Steueroasen verbracht. Davon einen großen Teil in die Schweiz. Ich bleibe dabei, dass diverse Schweizer Banken über Jahrzehnte Geschäftsmodelle verfolgten, die unter Verletzung deutscher und anderer Steuergesetze vorsätzlich zum Steuerbetrug einluden. Das hat sich im Lichte der unangenehm grellen Scheinwerfer auf diese Praktiken, vor allem aber unter dem politischen Druck nicht zuletzt der USA geändert. Vernünftige Bankmanager in der Schweiz verfolgen heute eine strikte Weißgeldstrategie ihrer Institute und setzen diese auch gegenüber ihren Kunden durch.

Inzwischen hat sich die Schweiz zur Teilnahme am automatischen Informationsaustausch der Daten von Steuerpflichtigen grundsätzlich bereit erklärt, womit das Bankgeheimnis faktisch gefallen ist. Dies gilt auch für die 51 Staaten, die im Oktober 2014 ein Abkommen zum automatischen Informationsaustausch schlossen, dem sich über 30 weitere Staaten etwas später anschließen wollen. Von Herbst 2017 an sollen (auf der Basis von Standards der OECD) Daten über die von Bürgern im Ausland gehaltenen Vermögen und die daraus erzielten Kapitalerträge (erstmals für 2016) ausgetauscht werden. Das ist zweifellos ein enormer Fortschritt. Bleibt die Aufgabe, diesen Staatenkreis insbesondere auf die USA und China auszudehnen, den OECD-Standard zügig in der europäischen Amtshilferichtlinie zu verankern und die bereits verbesserte EU-Richtlinie zur Zinsbesteuerung auch auf Stiftungen auszudehnen, in denen viele Vermögende ihr Kapital bunkern. Entscheidend wird sein, dass allen politischen Versuchen, dieses Abkommen aufzuweichen oder zu unterlaufen, auch unter Einbeziehung der Öffentlichkeit sofort ein Riegel vorgeschoben wird. Der deutsche Fiskus wird von dieser Eindämmung des Steuerbetruges erheblich profitieren.

Gegenüber diesen bemerkenswerten Fortschritten bei der Bekämpfung von Steuerbetrug durch Privatpersonen hinken Maßnahmen gegen die ausgefeilten Strategien von internationalen Konzernen zur systematischen Steuervermeidung hinterher. Sie verlagern Gewinne in Staaten mit niedrigen Steuersätzen. Sie mindern Gewinne, indem sie ausländischen Konzerngesellschaften für die Nutzung von Patenten und Markenrechten Lizenzgebühren oder der Muttergesellschaft für gewährte Kredite Zinsen zahlen. Sie verrechnen Kosten und Erträge intern über verschiedene Standorte und Tochtergesellschaften des Konzerns. Einige EU-Staaten locken in einem Unterbietungswettbewerb von Steuersätzen multinationale Konzerne an und bieten ihnen den Rechtsraum, in dem diese Unternehmen dann ihre Kreativität zur Steuervermeidung entfalten können. Die Nachteile, die den benachbarten Ländern dadurch entstehen, werden billigend in Kauf genommen.

In einer investigativen Glanzleistung deckten internationale Medien kürzlich das Zusammenwirken höchst kooperativer luxemburgischer Stellen mit cleveren Beratern auf, die Konzernen bei der systematischen Minimierung ihrer Steuerverpflichtungen behilflich sind.* Das warf zum einen ein Schlaglicht auf die Machenschaften von Konzernen (samt ihren Beratern). Ihre Unverfrorenheit, sich mit dem Hinweis aus der Affäre ziehen zu wollen, das sei doch gängige Praxis in vielen Staaten – gemeint waren Irland, Großbritannien, die Niederlande und Belgien –, kann einen in Harnisch bringen. Nicht weniger erschütternd aber ist die Bereitschaft eines Landes wie Luxemburg, Beihilfe zur Abschöpfung von Nachbarländern zu leisten, während eine Reihe anderer EU-Länder mühsam um ihre soziale und wirtschaftliche Stabilität ringt. Das enthüllt eine so brüchige Substanz europäischer Kooperationen und lässt die Verpflichtung zu Solidarität im Vertrag über die EU so weit zur Leerformel verkommen, dass es schwerfällt, eine pessimistische Haltung zur weiteren Zusammenarbeit in Europa zu unterdrücken. Die EU-Kommission schätzt den Schaden solcher Praktiken insgesamt für Europa auf eine Billion Euro jährlich, was 18 Prozent der Gesamteinnahmen aller EU-Staaten entspricht.

Da es mit Ausnahme von Verfahren wegen unlauterer Beihilfe nach dem EU-Wettbewerbsrecht keinerlei rechtliche Hebel gibt, den steuerpolitischen Unterbietungswettbewerb zu verbieten, bleibt nur politischer Druck und eine klare öffentliche Ansage. Eine schärfere deutsche Intervention ist allemal vonnöten. Es geht um einen ganz einfachen Grundsatz: Unternehmensgewinne müssen dort versteuert werden, wo sie anfallen.

Der Einsatz der Bundesregierung und namentlich des Bundesfinanzministers Wolfgang Schäuble, im Kreis der G20-Staaten und in der EU auf ein geschlossenes, massiveres Vorgehen gegen diesen ruinösen Steuerwettbewerb zu dringen, verdient uneingeschränkte Anerkennung – vorausgesetzt, seine plötzliche Eingebung, unter dem Begriff der »Lizenz- und Patentbox« Konzernen auch in Deutschland Steuervergünstigungen einzuräumen, erweist sich tatsächlich als Ausreißer. Das traf zwar auf Ablehnung vonseiten der Bundesländer – mit der eingängigen Formulierung des nordrhein-westfälischen Finanzministers Norbert Walter-Borjans, er wolle »international nicht gleich viele, sondern gleich wenige Steuerschlupflöcher erreichen« – und dürfte damit gestorben sein. Aber Schäubles Testballon, der dem Frust über mangelnde Fortschritte geschuldet und eine Reaktion auf obstinate Partner gewesen sein mag, ist ein Indiz für die Unwilligkeit in Europa, nationale Egoismen zugunsten einer gemeinsamen Linie gegenüber trickreichen Konzernen aufzugeben.

Tatsächlich müssten alle EU-Staaten an einer gemeinsamen Bemessungsgrundlage für die Besteuerung von Kapitalgesellschaften, an einem Mindeststeuersatz für Unternehmen und an klaren Regeln zur Gewinnverlagerung ins Ausland interessiert sein. Sind sie aber nicht. Darüber kann man verzweifeln, weil sie sich auf Dauer selbst schaden. Will man die Oberhand über entgrenzte und enthemmte Konzerne zurückgewinnen, müsste auch ein Programm zur Bekämpfung des Umsatzsteuerbetruges aufgelegt und das System der Erhebung dieser Steuer auf allen Handelsebenen mit der Folge von Umsatzsteuererstattungen, die dem Betrug Tür und Tor öffnen, umgestellt werden. Hier waltet eine technisch hochversierte Kriminalität, die den europäischen Staaten jährlich einen nicht geringen zweistelligen Milliardenbetrag an Einnahmeverlusten beschert.

Verkehrsregeln im digitalen Zeitalter

Die digitalen Kommunikations- und Interaktionsmöglichkeiten dürften eine der größten Innovationswellen der bisherigen Geschichte ausgelöst haben, nur vergleichbar mit der Einführung des Buchdrucks, der Dampfmaschine oder der Elektrizität. Was wir bisher noch nicht annähernd übersehen, ist die »disruptive Kraft« der digitalen Revolution, die mit Begriffen wie Big Data, Vernetzung und Überwachung, Steuerung durch Algorithmen und Mensch-Maschine-Optimierung nur angedeutet ist. In sämtlichen Bereichen unseres Lebens – in unserer Privatsphäre ebenso wie bei der Arbeit, in Wirtschaft, Wissenschaft und Politik – öffnen sich nie für möglich gehaltene Chancen. Zugleich stehen Missbrauch und Manipulation, Verlust der persönlichen Selbstbestimmung, Schwund an demokratischer Substanz, Konzentration von Kapital und Macht, Technologiewahnsinn und Entwertung der Humanitas im Raum.

Darüber haben sich inzwischen viele kenntnisreiche Autoren verbreitet. Unter maßgeblicher Initiative ihres leider viel zu früh verstorbenen Mitherausgebers Frank Schirrmacher hat sich insbesondere die *Frankfurter Allgemeine Zeitung* dieses Themas angenommen; in einer eindrucksvollen Artikelserie kamen mit Yvonne Hofstetter, Jaron Lanier, Evgeny Morozov, Shoshana Zuboff und anderen viele kritische Vordenker zu Wort. Maßgeblicher Auslöser dafür, dass zunehmend auch die dunkle Seite der digitalen Revolution ins Blickfeld geriet, waren zum einen die Enthüllungen von Edward Snowden. Zum anderen meldeten sich mehr und mehr »Konvertiten« zu Wort, die als glühende Netzaktivisten begonnen hatten und inzwischen zu höchster Wachsamkeit aufrufen.

Ich beschränke mich im Folgenden auf fünf Trends oder Gefahren, die mich besonders beunruhigen und denen die Politik bisher hinterherläuft:

1. Unsere persönlichen Daten gehören uns nicht mehr allein, wir können nicht mehr frei darüber bestimmen. Was wir lesen, was wir anschauen, was wir mögen, wen wir kennen, wohin wir uns bewegen, ja selbst die Wünsche, die wir eines Tages haben könnten: Alles wird aufgezeichnet, dokumentiert, gesammelt und verknüpft, um daraus Nutzerprofile zu erstellen. Anhand unseres Verhaltens und unserer Vorlieben werden die Koordinaten bestimmt, die unsere Aufmerksamkeit gezielt auf bestimmte Angebote und Produkte lenken. Jeder von uns hat längst seinen digitalen Doppelgänger. Wir existieren noch einmal in Form von elektronischen Signalen. Letztlich wird unsere gesamte Lebensführung in Datenmaterial verwandelt, das (zunächst) benutzt wird, um mehr Profit zu erzielen. Wir werden reduziert auf Bits und Bites und können unsere persönlichen Daten gar nicht oder nur noch unter großem Aufwand in unseren eigenen vier Wänden halten. Der Dreh- und Angelpunkt sind Konsum und Kommerz. Staatliche Nachrichtendienste legen über ihre eigenen exzentrischen Aktivitäten hinaus Kanäle zu den Datensammlungen der IT-Unternehmen, die halb willig, halb gezwungen kooperieren. Das Ergebnis ist ein Informations- und Überwachungskapitalismus, wie ihn kaum ein Science-Fiction-Roman des 20. Jahrhunderts ausgemalt hat.

2. Die manipulativen Möglichkeiten zur Beeinflussung unseres individuellen Verhaltens erstrecken sich auch auf politische Einstellungen bis hin zur politischen Willensbildung. Internetgiganten mit ihren unvorstellbar umfangreichen Datensammlungen können nicht nur Märkte, sondern auch Nachrichten manipulieren. Ihre Algorithmen können dafür sorgen, dass bestimmte Sachverhalte, Meinungen oder Personen bei Suchanfragen nicht erscheinen oder unterdrückt bleiben, während andere in den Vordergrund geschoben werden. Sie können so programmieren, dass die Welt so erscheint und sich so entwickelt, wie dies ihren Interessen entspricht. Wie die Welt über solche unsichtbaren Fäden beeinflusst werden kann, an denen nicht nur Konzerne, sondern auch Regierungen

ziehen, hat der Informatik- und Sicherheitsexperte Sandro Gaycken auf den Punkt gebracht:»Das Internet ist offen für Informationen von unten. Es ist aber auch offen für Informationen von oben, die so tun, als wären sie Informationen von unten.«* Er hebt dabei auf organisierte Interessen ab – staatliche oder auch nichtstaatliche –, die über »vermeintliche Aktivisten«, »Augenzeugen«, »wissenschaftliche Institutionen« oder andere Kanäle Falschmeldungen oder fingierte Meinungen streuen, um Tendenzen vorzugeben und Strömungen zu erzeugen. Das sei auch in demokratischen Ländern keineswegs unmöglich, so Gaycken, wo Nachrichtendienste, Söldnerfirmen und PR-Institute entsprechende Dienstleistungen »mit hoher Effizienz und hohem Anschein von Authentizität« anböten. Das Ergebnis sind Kampagnen oder Shitstorms, die gegen Bezahlung initiiert werden und die öffentliche Meinungsbildung ebenso beeinflussen können wie die politische Willensbildung. Dass inzwischen auch eine Terrormiliz wie der Islamische Staat das Internet für Propaganda, Anwerbung und Befehlsübermittlung zu nutzen weiß, dürfte selbst manischen Netz-Enthusiasten zu denken geben.

3. Zurück zu den Einflussmöglichkeiten digitaler Supermächte. Ihre manipulativen Potenziale in Sphären, in denen es um die Freiheit und Selbstbestimmung des Menschen geht, stimmen umso bedenklicher, je klarer und eindeutiger die elitäre Überheblichkeit, das absolutistische Gebaren und der geradezu messianische Anspruch der Internetgurus hervortreten. In ihren hin und wieder öffentlich werdenden Einlassungen wird ein Menschenbild erkennbar, »das in totalitären Regimen, nicht aber in freiheitlichen Gesellschaften gepflegt wird« (Mathias Döpfner). Für Eric Schmidt, den langjährigen CEO und heutigen Executive Chairman von Google, steht fest, dass Google, Facebook, Amazon und Apple weitaus mächtiger sind, als die meisten Menschen ahnen:»Mit Ausnahme von biologischen Viren gibt es nichts, was sich mit derartiger Geschwindigkeit, Effizienz und Aggressivität ausbreitet wie diese

Technologieplattformen, und dies verleiht auch ihren Machern, Eigentümern und Nutzern neue Macht.«* Er hätte noch die enorme Kapitalakkumulation erwähnen können, die auf diese Internetgiganten entfällt und deren Macht inzwischen diejenige selbst größerer Nationalstaaten übersteigt. Die Marktkapitalisierung von Apple, Google, Facebook und Microsoft entspricht zusammen beispielsweise ziemlich genau der jährlichen Wirtschaftsleistung Spaniens. Die damit verbundenen Verteilungsprobleme sind bisher nicht einmal andeutungsweise zur Sprache gekommen. Larry Page, der Gründer von Google, spricht unverblümt aus, was er von politischen Rahmensetzungen und staatlichen Regulierungen hält: »Es gibt eine Menge Dinge, die wir gerne machen würden, aber nicht tun können, weil sie illegal sind. [...] Wir sollten einfach ein paar Orte haben, wo wir sicher sind. Wo wir neue Dinge ausprobieren und herausfinden können, welche Auswirkungen sie auf die Gesellschaft haben.«* Auf Schiffseinheiten in internationalen Gewässern ließe sich die schöne neue Welt nach dem Gusto von Google wohl am ehesten erschaffen.

Es geht diesen modernen Alchemisten nicht nur darum, den Börsenwert ihrer Unternehmen zu steigern und ihre privaten Vermögen zu vergrößern. Es geht ihnen auch um einen »digitalen Utopismus [...], der letztlich zum Ziel hat, die gesamte Gesellschaft zu optimieren. Mehr noch: die gesamte Realität zu optimieren.«* Mir scheint der Gedanke keineswegs abwegig, dass die großen IT-Konzerne von neuartigen Eroberungsgelüsten getrieben sind – Eroberung nicht mehr im Sinne einer Landnahme oder bloßen Marktbeherrschung, sondern als Suche nach Monopolen mit weltbeherrschender Stellung.

4. Der Biologe und Wissenschaftsjournalist Oliver Prien hat die Nerds der Computerwissenschaft als Getriebene bezeichnet, getrieben von der Jagd nach einem heiligen Gral: der künstlichen Intelligenz. In der Tat gehen Informatik und Biotechnologie immer häufiger Bündnisse ein, die den Zweck verfolgen, das Menschsein neu

zu bestimmen. Chips werden in das Gehirn von Menschen gepflanzt und mit einem Computer verbunden. So können zum Beispiel gelähmte Patienten allein mit Hilfe ihrer Gedanken, die als Signale übertragen werden, einen Rollstuhl steuern, mechanische Arme bedienen oder per Internet kommunizieren. Das klingt segensreich. Ist es gewiss auch. Aber irgendwann wird es wohl auch möglich sein, Fähigkeiten und Erinnerungen mit Hilfe von Computern von einer Person herunterzuladen und auf eine andere Person oder auch Organisation zu übertragen – so wie in den *Matrix*-Filmen. Die Spitzenforscher zum maschinellen Lernen und zur künstlichen Intelligenz, die davon träumen, ein »Internet des Geistes« oder ein »Hirnnetz« zu schaffen, in dem Gedanken und Gefühle aufgezeichnet und elektronisch versendet werden können, sind von Google längst »aufgekauft« und im Projekt »Google Brain« versammelt.

Das sogenannte »Human Enhancement« – also die Verbesserung des Menschen durch Technologie – könnte der nächste Schritt in der Evolutionsgeschichte sein. Dann könnten humanoide Roboter folgen, die so denken und so funktionieren, wie wir wollen. Von Robo-Anwälten über Robo-Mediziner, Robo-Hausgehilfen oder Robo-Sekretärinnen bis hin zu Kriegsrobotern scheint alles möglich, denn dank ihres Materials wären diese Roboter auch in Gefahrenbereichen einsetzbar. Der allerletzte Schritt wäre dann die Überwindung des Todes, indem wir unser Gehirn in eine virtuelle Realität »uploaden«, wo wir für immer als Software weiterleben. Jaron Lanier hat sich in seiner Rede zur Verleihung des Friedenspreises des Deutschen Buchhandels im Oktober 2014 pessimistisch dazu geäußert.

Für die Gralsjäger und Verschworenen dieses faustischen Paktes, Mensch und Maschine zu verschmelzen, ist die Menschmaschine eine höhere Evolutionsstufe. Aber: Wer sind wir, wenn wir technisch so aufgerüstet werden? Wer ist dann die Menschheit? Oder müssen wir die Frage heute bereits andersherum stellen: Wer sind die, die einst als Rechenmaschinen begannen und sich dank des

wissenschaftlich-technischen Fortschritts eines Tages zu menschen-
ähnlichen Wesen entwickeln?

5. Für die Sicherheitsdebatte bedeutet die digitale Revolution
einen Quantensprung. Wir unterscheiden inzwischen vier große
Bereiche: Computerkriminalität, Wirtschaftsspionage, Militärspio-
nage und Cyberkrieg. Letzterer sieht ein Szenario vor, in dem ein
Aggressor gleichsam aus dem Nichts mit einem Schlag Datenzen-
tren, Verkehrsnetze, Energieversorgung, militärische Logistik und
politische Entscheidungswege auszuschalten vermag. Eine Stufe
darunter geht es um die Entwicklung von Kriegsrobotern oder, im
Jargon von Computerspielen und Filmen, um Killermaschinen, zu
denen auch bewaffnete Drohnen gezählt werden. Die sind zweifellos nicht der Endpunkt der möglichen Entwicklung. Es dürfte
schwerfallen, die globale Rüstungsindustrie und ihre Abnehmer zu
einem Entwicklungsverzicht zu bewegen. Wir müssen uns darauf
einrichten, dass solche Kriegsroboter die Kriegführung im 21. Jahrhundert revolutionieren, insbesondere wenn sie die Fähigkeit zu
selbstständigen Handlungen haben.

Vieles von dem, was ich hier beschreibe, mag in den Augen
mancher Leserinnen und Leser futuristisch klingen. Tatsächlich be-
vorzuge ich Piratenfilme und Historienschinken; mit Ausnahme
von Ridley Scotts *Blade Runner* und *Alien I*, Stanley Kubricks *2001.*
Odyssee im Weltraum und Rainer Werner Fassbinders *Welt am*
Draht sind mir Science-Fiction-Filme eher unzugänglich. Aber
wenn man ernstzunehmenden Experten folgt, dann steht das
Zeitfenster, um durch Regulierung, Standards, Kodizes und Abkommen auf nationaler und internationaler Ebene die konkreten
Gefahren abzuwenden, offenbar nur noch wenige Jahre offen. Danach würde die Politik hoffnungslos ins Hintertreffen geraten und
müsste zugunsten digitaler Supermächte abdanken.

Warum dieser enge Slot? Weil das Wissen der großen IT-Unternehmen über Milliarden Menschen im Netz und ihre Beherrschung
der komplexen Technologien allen entsprechenden Möglichkeiten

und Fähigkeiten staatlicher oder supranationaler Organisationen mit zunehmendem Tempo davoneilen. Damit verbunden ist die massive Umverteilung von Macht: weg von freien Märkten und demokratisch legitimierten Institutionen, hin zu Wirtschafts- und Technologiemonopolen. Es geht um die Zukunft der Demokratie im digitalen Zeitalter.

Der digitale Kapitalismus muss ebenso wie der Finanzkapitalismus Verkehrsregeln unterworfen werden. Auch das gelingt nicht mehr allein auf nationaler Ebene, sondern verlangt zügig nach europäischen und internationalen Lösungen. Die relevanten Rechtsfragen betreffen den Schutz der Privatsphäre (Datenschutzrecht), den ungehinderten Zugang zu Informationen (Informationsfreiheit), den Schutz geistigen Eigentums (Urheberrecht), die Vergütung verwendeter Texte und Bilder Dritter (Leistungsschutzrecht), die Gewährleistung der Netzneutralität (Telekommunikationsrecht), das Vorgehen gegen marktbeherrschende Unternehmen (Wettbewerbsrecht), die Regulierung des Hochfrequenzhandels mit Wertpapieren (Hochfrequenzhandelsgesetz), die Besteuerung am Ort der Wertschöpfung (Steuerrecht) sowie nicht zuletzt IT-Sicherheitsauflagen, die Unternehmen und Staat gleichermaßen zu Schutzmaßnahmen gegen Spionage, Kriminalität und Cyberattacken verpflichten.

Die damit verbundenen Konflikte sind vorhersehbar und zum Teil bereits heftig entflammt. Die freie Verfügbarkeit von Informationen steht gegen legitime Urheberinteressen. Die Verpflichtung der Staaten, ihre Bürger gegen organisierte Kriminalität und terroristische Anschläge zu schützen, prallt auf den Schutz der Privatsphäre. Der ungehinderte, wettbewerbskonforme Zugang zur Kommunikationsinfrastruktur kollidiert mit dem Antrieb von Unternehmen, auf ihre Investitionen Rendite zu erzielen. Sicherheitsauflagen werden als bürokratische Behinderung empfunden.

Auf nationaler Ebene setzt das deutsche Datenschutzrecht hohe Maßstäbe. Unsere vordringliche Aufgabe besteht darin, es in einen europäischen Rahmen zu überführen. Der brisante Konflikt zwischen Künstlern und Wissenschaftlern, die Anspruch haben auf ihr geistiges Eigentum, und den Verwertern und Konsumenten dieses Eigentums wartet nach zwei Reformen des Urheberrechtes 2003 und 2008 hingegen noch immer auf einen Ausgleich. Der wird nach meinem Dafürhalten der verbreiteten Gratismentalität des Internet Einhalt gebieten und den Grundsatz vermitteln müssen, dass die Urheber geistigen Eigentums zu entlohnen sind – nicht nur, weil die Bezahlung ihre Existenzgrundlage sichert, sondern auch im Interesse an einer reichhaltigen und vielfältigen Kultur- und Wissenschaftsszene. Über die Konditionen wird man verhandeln müssen.

Das stellt sich aus Sicht des Verlags- und Pressewesens nicht anders dar. Selbst nach Verabschiedung eines Leistungsschutzrechtes im März 2014 weigern sich Internetgiganten weiterhin kategorisch, Verlage für Texte und Bilder zu entgelten, die sie auf ihre Plattformen übernehmen. Der Ausgang einer gerichtlichen Klage deutscher Verlage gegen einen Monopolisten wie Google hat nicht nur für das Verlags- und Pressewesen fundamentale Bedeutung. Diversen anderen Branchen stellt sich früher oder später die gleiche Frage: Müssen sie sich der Marktmacht einer Internetplattform unterwerfen und deren Bedingungen akzeptieren, Leistungen gratis zur Verfügung zu stellen? Zeigen sie sich nicht willig, werden sie mit dem virtuellen Knüppel bedroht, im Nirwana des Internet zu verschwinden mit der Folge, gegenüber präsenten Wettbewerbern im Nachteil zu sein. Über das Leistungsschutzrecht und seine gerichtliche Auslegung hinaus sollte auch das Kartellrecht herangezogen werden, wenn es darum geht, die marktbeherrschende Stellung von IT-Konzernen zu prüfen und daraus Konsequenzen zu ziehen.

Die Notwendigkeit eines IT-Sicherheitsgesetzes auf nationaler Ebene hat die Bundesregierung erkannt. Bundesinnenminister Thomas de Maizière hat dazu einige Elemente öffentlich vorgestellt. Ich selbst habe angesichts des NSA-Skandals, der Abhörung von EU-Repräsentanzen in den USA (während der laufenden Verhandlungen über das Freihandelsabkommen) und des expliziten Bekenntnisses des britischen Nachrichtendienstes GCHQ zur Wirtschaftsspionage Mitte August 2013 fünf Punkte zum Schutz des Hochtechnologiestandorts Deutschland zur Debatte gestellt, die unverändert aktuell sind:

- Die Einführung von IT-Sicherheits-Mindeststandards. Ab einer bestimmten Größe sollten Unternehmen verpflichtet werden, einen solchen Mindeststandard zu erfüllen. Voraussetzung ist, dass das Bundesamt für Sicherheit in der Informationstechnik (BSI) zusammen mit deutschen Forschern und einem Branchenverband wie Bitkom solche Schutzkonzepte (weiter) entwickelt und diese insbesondere auch kleinen und mittleren Unternehmen kostengünstig zur Verfügung stellt. Der Druck, Sicherheits-Mindeststandards einzuführen, könnte erhöht werden, indem zum Beispiel Internetdienste bei Sicherheitsmängeln wie der unverschlüsselten Speicherung von Passwörtern in Haftung genommen werden.

- Die Aufstockung der Personal- und Sachmittel für Cybersicherheit. Das 2011 gegründete Nationale Cyber-Abwehrzentrum (NCAZ) verfügt gerade einmal über zehn Planstellen und einen vergleichsweise mageren Etat.

- Die Einführung des sogenannten Marktortprinzips. Danach müssen sich IT-Unternehmen, die ihren Hauptsitz nicht in Deutschland (oder der EU) haben, an deutsches (beziehungsweise europäisches) Recht halten, wenn sie ihre Dienste in Deutschland anbieten. Damit gelten auch für sie deutsche Datenschutzrichtlinien und Grundsätze der IT-Sicherheit. Sie unterliegen dann gleichen Bedingungen wie deutsche Unternehmen, für die hohe Standards gelten und denen daraus kein Wettbewerbsnachteil entstehen darf.

- Eine Qualifizierungsinitiative »IT-Sicherheit«, um das erforderliche gut ausgebildete Personal sowohl für staatliche Stellen als auch für die Wirtschaft in ausreichender Zahl rekrutieren zu können.

– Die Förderung der deutschen Spitzenforschung zur Cybersicherheit. Deutschland sollte Spitzenreiter bei IT-Sicherheitslösungen werden, nachdem hier bereits einige weltweit führende Verschlüsselungstechnologien entwickelt werden konnten. Um mit einem deutschen Gütesigel zur IT-Sicherheit werben und Aufträge akquirieren zu können, müssen entsprechende Forschungsmittel erhöht werden; im Zusammenwirken mit deutschen IT-Unternehmen ist eine Innovationsstrategie zum Datenschutz und zur IT-Sicherheit zu entwickeln.

Nach meinen in Washington gesammelten Eindrücken denken die USA nicht im Traum daran, mit Deutschland ein bilaterales »No-Spy Agreement« abzuschließen. Ihre Sensibilität dafür, dass die Ausspähungen der NSA in Deutschland politische Vorbehalte und öffentliche Zweifel ihnen gegenüber verstärkt haben, ist zwar gewachsen. Ein Abkommen, das die USA in ihrem Aktionsradius völkerrechtlich einengen würde, wird es realistisch betrachtet aber nicht geben. Vorstellbar ist dagegen ein Kodex mit Standards und Leitlinien zur Überwachung von Privatpersonen, die im Interesse der inneren Sicherheit liegt, wobei die Ausspähung von Regierungseinrichtungen und -mitgliedern gegenseitig ausgeschlossen werden müsste. Ein solcher Kodex könnte transparent gemacht werden, wie der US-Sicherheitsexperte Morton H. Halperin ausführt, und damit eventuell zum Vorbild für andere Staaten werden.*

In unseren eigenen vier Wänden stellt sich schließlich die dringliche Aufgabe, angesichts einer teilweise erschreckenden Naivität im Umgang mit den eigenen Daten sorgfältiger zu werden und sicherzustellen, dass eine entsprechende Kompetenz bereits an den Schulen unterrichtet wird.

Selbstredend wäre es ein großer Fortschritt, wenn der Datenschutz, die IT-Sicherheit, der Schutz und die Vergütung geistigen Eigentums oder die Abwehr marktbeherrschender IT-Giganten auf europäischer Ebene geregelt werden könnten, wo deutlich größere

Durchschlagskraft zu erzielen ist. EU-Kommissionspräsident Jean-Claude Juncker hat es als eine Priorität bezeichnet, den digitalen Binnenmarkt zu vollenden. Und der für die digitale Wirtschaft und Gesellschaft neu zuständige EU-Kommissar Günther Oettinger will, nach bisher schleppenden Verhandlungen, eine wirksame europäische Datenschutz-Grundverordnung durchsetzen. Beiden kann nur nachdrückliche Unterstützung gewünscht werden. Denn es handelt sich um nichts Geringeres als eine europäische Antwort auf die Herausforderungen durch global agierende IT-Supermächte, die sich die Spielanleitung vorbehalten wollen.

Tatsächlich drohte im Herbst 2014, kurz vor Torschluss für die alte EU-Kommission, eine vorschnelle und fatale Entscheidung der für Wettbewerb zuständigen Generaldirektion in einem kartellrechtlichen Prüfverfahren gegen Google. Sie hielt die marktbeherrschende Stellung von Google und seine aggressive Expansion nach einigen Pralinés des Entgegenkommens offenbar für harmlos. Ihr fehlte – höchst erschreckend – das Verständnis dafür, dass der Ausgang dieses Kartellverfahrens maßgeblich darüber mitentscheiden würde, ob Europa eine eigene wettbewerbsfähige digitale Wirtschaft entwickeln und sich der Dominanz kalifornischer Internetkonzerne jedenfalls teilweise entziehen kann. Nur mit erheblichem politischem Aufwand wurde die Absicht, das Prüfverfahren ohne einschneidende Auflagen für Google abzuschließen, ausgehebelt. Alle Beteiligten sollten tatkräftig darauf hinwirken, dass bei Wiederaufnahme des Verfahrens die Linsen nicht mehr so getrübt sind.

Eine europäische Datenschutz-Grundverordnung, die seit Anfang 2012 (!) in der Diskussion ist, wird insbesondere den Grundsatz verankern müssen, dass ohne ausdrückliche Zustimmung der Bürger keine Daten erfasst und zu Profilen verarbeitet werden dürfen. Dazu gehört das Recht auf Löschung von persönlichen Daten, wie es durch das Urteil des Europäischen Gerichtshofes zum Recht auf Vergessenwerden vorgegeben wurde. Von nicht geringerer Bedeutung ist die Androhung hoher Strafen auch für nichteuropäische Internetkonzerne, wenn sie gegen europäisches Datenschutzrecht verstoßen. Das Marktortprinzip ist auch auf die Steuerpflicht anzuwenden, um dem Steuerdumping insbesondere im Internethandel den Boden zu entziehen. Steuern sind an dem Ort zu bezahlen, wo die Wertschöpfung stattfindet und die Gewinne anfallen. Ein europäischer Rahmen zum Urheber- und Leistungsschutzrecht entspräche einem digitalen Binnenmarkt weitaus eher als einzelstaatliche Regelungen mit widersprüchlichen Bestimmungen. Und zur Verbesserung der IT-Sicherheit könnten die Hersteller smarter Geräte verpflichtet werden, gleich ab Werk eine größere inhärente Sicherheit mitzuliefern.

Angesichts der Ambivalenz der Digitalwirtschaft zwischen Segen und Fluch gehen einige Vorschläge noch weit über einen europäischen Ordnungsrahmen hinaus. Da ist die Rede von einer digitalen Weltordnung, einer internationalen Charta, vergleichbar der Charta der Menschenrechte, oder einer völkerrechtlichen Vereinbarung zum Verkehr im Internet. Mit Blick auf die Laborarbeiten an künstlicher Intelligenz und Hybridwesen wird der Ruf laut nach einem digitalen Technik-Ethos. Die bisher nebelhafte Aussicht, dass Replikanten Einfluss gewinnen könnten, lässt eine Art Nichtverbreitungsvertrag sinnvoll erscheinen, ähnlich wie bei Kernwaffen, um die Weitergabe entsprechender Kenntnisse über künstliche Intelligenz zu stoppen.

Obwohl ich die Entwicklungs- und Gefahrenpotenziale der digitalen Revolution bis in diese Dimensionen nicht verkenne und entsprechende Szenarien nicht als Hirngespinste abstempeln will, rate ich doch zunächst zum Naheliegenden. Deshalb plädiere ich dafür, dass das Verhandlungsmandat zum Freihandelsabkommen TTIP erweitert werden soll und Datenschutz- und IT-Sicherheitsstandards sowie Wettbewerbsfragen zur Internetwirtschaft in die laufenden Verhandlungen einbezogen werden.

Die Positionierung Europas in der digitalen Welt halte ich für eine Nagelprobe zur Selbstbehauptung unseres Kontinents. Es geht darum, unsere Vorstellungen von Freiheit, Demokratie, persönlichen und wirtschaftlichen Entfaltungsmöglichkeiten sowie insbesondere unsere berechtigten Schutzbedürfnisse gegenüber global agierenden Giganten der Digitalökonomie durchzusetzen. Ihrem technologischen Vorsprung, ihrer wirtschaftlichen Dominanz, ihrer Missachtung des privaten Raumes und ihrem befremdlichen Menschenbild wird Europa mit einer eigenen Strategie begegnen müssen. Gerade wegen unseres frappanten Rückstandes brauchen wir eine eigene innovative IT-Wirtschaft, und wir brauchen scharfe Wettbewerbsregeln, die auf die Entflechtung von Netzmonopolisten zielen. Einigt sich Europa nicht auf einen Rechtsrahmen für einen digitalen Binnenmarkt, springt es zu kurz oder verzettelt sich und verliert weiter an Zeit, wird es von US-amerikanischen – und eines Tages wahrscheinlich auch chinesischen – IT-Konzernen kolonisiert.

Reden wir übers Geld!

Im Folgenden möchte ich mich darauf konzentrieren, was vornehmlich auf unserer nationalen Ebene unternommen werden sollte, um Zukunft zu gestalten. Zunächst gehe ich der Frage nach, welche finanziellen Spielräume denn überhaupt zur Verfügung stehen, ehe ich mich dann vorrangigen Feldern zur Modernisierung unseres Landes und schließlich zwei Schlüsseln zuwenden will, die sowohl gesellschaftlich als auch wirtschaftlich das Tor in eine gute Zukunft öffnen können: Bildung und Integration.

Beginnen wir mit den Einnahmen, damit die Vorschläge für sinnvolle, weil stimulierende Ausgaben oder Steuernachlässe anschließend nicht als Wunschzettel in der Luft hängen.

Die schlichte Wahrheit ist: Ohne gewisse Steuererhöhungen wird es nicht funktionieren. Ohne sie werden viele Stellschrauben nicht bedient werden können, die den Weg in eine sichere Zukunft weisen. Das gilt allemal, wenn die schwarze Null im Bundeshaushalt – also keine Neuverschuldung – über 2015 hinaus weiterhin Bestand haben soll und die Schuldenbremse für die Bundesländer Ende des Jahrzehnts gezogen wird. Die Schuldenbremse des Bundes bietet für den Fall eines Konjunktureinbruches durchaus Spielraum: Der Bundesfinanzminister kann in einer gewissen Höhe Kredite zum Gegensteuern aufnehmen, die er allerdings in besseren Zeiten unmittelbar zurückzahlen muss. In der aufkeimenden Debatte über die wirtschaftliche Zweckmäßigkeit der Schuldenbremse im Grundgesetz – zu deren disziplinierender Wirkung ich mich sowohl im Sinne der Generationengerechtigkeit als auch mit Blick auf die Lage und Perspektiven überschuldeter Staaten bekenne – wird diese Möglichkeit bisher kaum beachtet. Noch viel erstaunlicher mutet an, dass CDU/CSU glauben, die von ihnen zum Prestigeobjekt erhobene schwarze Null im Bundeshaushalt könnte mit der gleichzeitigen finanziellen Bewässerung wichtiger Zukunftsfelder und einer Tabuisierung jedweder Steuererhöhung zur Deckung gebracht werden. Das ist eine Milchmädchenrechnung.

Mein erster Satz, dass wir um Steuererhöhungen nicht herumkommen, wenn die Republik wirtschaftlich stark und gesellschaftlich gefestigt bleiben soll, sollte nicht gleich reflexartig mit Empörung zurückgewiesen werden. Dieses Denkverbot in Sachen Steuerpolitik, das Teile von Politik, Wirtschaftswissenschaften, Medien und Verbänden in einer unheiligen Allianz über das Land verhängt haben, verstellt Zukunft. Denn damit rückt die entscheidende Frage aus dem Blickfeld, welche Steuern denn ohne wirtschaftlich kontraproduktive Effekte erhöht und wofür die Mehreinnahmen im Sinne von nachhaltigen Wachstumsimpulsen und/oder Steuererleichterungen an anderer Stelle eingesetzt werden könnten. Das kommt einem Politikverzicht gleich.

Internationale Organisationen wie die OECD erlegen sich in ihren Empfehlungen für Deutschland solche Denkverbote nicht auf und halten eine stärkere Besteuerung von höheren Einkommen, Vermögen und Erbschaften durchaus für eine richtige Medizin. CDU/CSU lehnen allerdings nicht nur diesen Weg ab. Sie betrachten sogar die Abschaffung oder Kürzung von steuerlichen Subventionen und Steuerprivilegien per se als Steuererhöhung. Damit wird der politische Handlungsspielraum angesichts des Verfalls öffentlicher Infrastruktur, maroder Kommunen, einer verunsicherten privaten Investitionstätigkeit und eines stotternden europäischen Wirtschaftsmotors auf das Prinzip Hoffnung beschränkt, nämlich auf Steuereinnahmen, die wie Manna vom Himmel fallen. Stellen sich diese nicht ein und mauert sich die Regierung darin ein, Steuererhöhungen zum Tabu und eine schwarze Null zur Prestigefrage zu erklären, gibt es nicht die notwendigen finanziellen Spielräume für Zukunftsinvestitionen.

Auf europäischer Ebene verweigern wir damit gleichzeitig deutsche Zugkraft, mit dem Risiko einer fortschreitenden wirtschaftlichen Zerrüttung von Nachbarstaaten und politischer Entfremdung. Die Phantasie- und Mutlosigkeit solcher Politik könnte national wie europäisch einen hohen Preis nach sich ziehen. Dabei war die letzte große Koalition mit der Strategie »Sanieren, reformieren, investieren« durchaus erfolgreich. 2006 bis 2008 näherten wir uns schrittweise einer Neuverschuldung von null bei gleichzeitigen Impulsen zur wirtschaftlichen Belebung – bis uns die Finanzkrise kalt erwischte. Heute wird es nicht ohne eine richtig dosierte Politik gehen, die auch zusätzliche Einnahmequellen erschließt.

Ich schlage zehn Maßnahmen zur Verbesserung der öffentlichen Einnahmen vor; keine dieser Maßnahmen beeinträchtigt den wirtschaftlichen Treibriemen durch eine höhere Besteuerung von Unternehmensgewinnen oder der betrieblichen Substanz. Im nächsten Schritt komme ich dann zur Verwendung der Mehreinnahmen, auch im Sinne von Steuererleichterungen an anderer Stelle. Einige dieser Vorschläge sind nicht neu, von anderen weiß ich, dass sie als anstößig empfunden werden. Gemeinsam ist ihnen, dass sie fast alle im nationalen Radius prompt umgesetzt werden könnten – wenn es denn politisch gewollt ist.

1. Kaum eine Debatte ist so vermint wie jene über die Besteuerung der Einkommen. Das ist kein Wunder, weil es um den Geldbeutel geht. Wunderlich ist es demgegenüber, dass im Gefechtslärm

über die Steuerquote oder Abgabenquote (also die Belastung durch Steuern plus Sozialversicherungsabgaben), den Spitzensteuersatz, Absetzungsmöglichkeiten oder auch das Phantom der kalten Progression einige elementare Sachverhalte untergehen. Ehepaare mit zwei Kindern zahlen angesichts der bestehenden Freibeträge und des inzwischen niedrigen Eingangssteuersatzes sowie unter Berücksichtigung des Kindergeldes bei einem Jahreseinkommen bis etwa 40 000 Euro keine Einkommensteuer. Sie hätten bei Steuersenkungen à la FDP Anfang der Legislatur 2009 ihr blaues Winder erlebt; Einkommen hätten umso mehr profitiert, je höher sie im Steuertarif liegen.

Das Problem der unteren Einkommensbezieher ist vor allem die Belastung mit Sozialversicherungsabgaben. Bei diesen Abgaben für die gesetzliche Renten-, Kranken-, Pflege- und Arbeitslosenversicherung unterliegt der Arbeitgeber ab dem ersten Euro Lohn der vollen Abgabenpflicht. Arbeitnehmer zahlen ab einem monatlichen Bruttoverdienst von 450 Euro in einer Gleitzone bis 850 Euro einen reduzierten Beitrag zur Sozialversicherung. Ab 850 Euro zahlen Arbeitgeber und Arbeitnehmer auf jeden verdienten Euro zusammen rund 40 Prozent Sozialversicherungsabgaben, was früher paritätisch nach der Regel 50 zu 50 aufgeteilt wurde, während heute die Arbeitnehmer mit etwa 51,5 Prozent den größeren Teil der Lasten zu tragen haben. Gelegentlich mag es Spielräume geben, Beitragssätze zu senken, wie aktuell bei der gesetzlichen Rentenversicherung. Im mittelfristigen Trend ist aber eher mit einem Anstieg der Sozialversicherungsabgaben zu rechnen.

Sollen Geringverdiener, die keine oder kaum Einkommensteuer zahlen, zur Verbesserung ihrer materiellen Lage und Kaufkraft entlastet werden, stellt sich das verzwickte Thema, auch bei den Sozialversicherungsabgaben eine Progression (ausschließlich auf der Arbeitnehmerseite) im untersten Einkommensbereich von beispielsweise 850 Euro bis 1500 Euro einzuführen. Das wäre zwar ein handwerklich ausgesprochen schwieriges Werkstück, sollte aber deshalb nicht ein für alle Mal in einer Deponie versenkt werden.

Am oberen Ende des Tarifs greift der Spitzensteuersatz von 42 Prozent bereits ab einem Jahreseinkommen von etwa 53 000 bzw. 106 000 Euro (Single/Verheiratete). Das Problem ist keineswegs der linear-progressive Tarif als solcher, der das Prinzip, jedermann nach seiner Leistungsfähigkeit zu besteuern, am besten widerspiegelt. Das Problem ist vielmehr der steile Anstieg des Steuertarifes. Die Falle schnappt bereits bei Einkommen von Bürgern zu, die definitiv nicht zu den Spitzenverdienern zählen. Mit anderen Worten: Er wirkt bei geringen und mittleren Einkommen wie ein Staubsauger, in dem von jedem hinzuverdienten Euro überproportional steigende Anteile im Schlund des Fiskus verschwinden.

In den zehn Topbranchen der deutschen Wirtschaft – von der Pharmaindustrie bis zum Maschinen- und Anlagenbau – liegen die durchschnittlichen Bruttogehälter vollbeschäftigter Arbeitnehmer (ohne variable Vergütungen) alle oberhalb der Einkommensgrenze von 53 000 Euro für Singles, auf die sich dann der Spitzensteuersatz setzt. So erklärt sich mancher Vorstoß von Gewerkschaften für einen günstigeren Steuertarif, weil deren Mitglieder sich als qualifizierte Facharbeiter durchaus zur Mittelschicht zählen. Sie haben die Debatte um die Einführung eines Mindestlohnes wahrscheinlich solidarisch verfolgt. Unter den Nägeln hat er ihnen nicht gebrannt. Das stellt sich für den steilen Anstieg des Steuertarifes oder – technisch gesprochen – den hohen Grenzsteuersatz, der ihren Zuverdienst überdurchschnittlich schmälert und ihre Leistung nicht belohnt, anders dar.

Die Debatte über die kalte Progression – also eine höhere Steuerbelastung bei einem Einkommen, das wegen der Inflation real stagniert –, die einige heißblütig führen, lenkt vom eigentlichen Problem des Tarifverlaufes ab. Sie eignet sich allerdings schön als Aufregerthema und entbindet von der viel schwierigeren Operation, sich kritisch mit dem Einkommensteuertarif insgesamt auseinanderzusetzen. Diese Debatte habe ich bis zum jüngsten Bundesparteitag der CDU im Dezember 2014 wie im Kino verfolgt. Wie kann es sein, dass fachlich versierte Politiker und Journalisten einem solchen Phantom aufsitzen? Eine besondere Ironie war es denn auch, dass Tage nach dem CDU-Bundesparteitag das Bundesfinanzministerium bestätigte, derzeit gäbe es in Deutschland keine kalte Progression. Ein heißer Ballon sackte in sich zusammen. Bereits in meiner Zeit als Bundesfinanzminister ließ ich den Effekt der kalten Progression in mehreren Varianten von Haushaltstypen und Einkommensklassen bei einer damaligen Inflationsrate von fast zwei Prozent (!) berechnen. Das Ergebnis verursachte keinen kalten Schweißausbruch über die gierige Hand des Fiskus. Ein Durchschnittsverdiener dürfte bei zwei Prozent Inflation durch die kalte Progression etwa mit 6,00 Euro monatlich belastet worden sein. Heute, bei einer Inflationsrate nahe null, spielt dieser schleichende Entwertungsprozess so gut wie keine Rolle. Die kalte Progression ist insbesondere in Zeiten extrem niedriger Inflationsraten ein schlichter Mythos.

Das Problem liegt, wie bereits erwähnt, im steilen Anstieg des Steuertarifes. Er hat eine erste Sprungstelle bei 8400 Euro und eine zweite Sprungstelle bei 13500 Euro, bis dann bei 53000 Euro (jeweils für Singles) der Spitzensteuersatz von 42 Prozent plus Soli zuschlägt. Eine Korrektur dieses sogenannten Mittelstandsbauches mit hohen Grenzsteuersätzen liefe auf Mindereinnahmen für die öffentlichen Hände hinaus, kostet also Geld – umso mehr, je flacher der Steuertarif verläuft. Da sich eine Steuerreform auf Pump verbietet, müsste der steinige und von heftigen Attacken bedrohte Weg beschritten werden, die entstehenden Mindereinnahmen teilweise durch Mehreinnahmen im oberen Bereich des Einkommensteuertarifes und andere steuerliche Maßnahmen zu refinanzieren.

Entgegen der Meinung der Bundesregierung, der Ministerpräsidenten und Stimmen in meiner eigenen Partei bin ich gegen eine Integration des Soli in den Einkommensteuertarif. Ich bin für seine Abschaffung! Das hat auch etwas mit der Verlässlichkeit der politischen Ankündigung zu tun, dass er nach Auslaufen des Solidarpaktes mit den ostdeutschen Ländern 2019 abgeschafft wird. Aber ebenso fällt ins Gewicht, dass seine Integration in den Einkommensteuertarif eine äußerst komplizierte Operation ist. Der Soli ist nämlich nicht ein gleichmäßiger Zuschlag von 5,5 Prozent auf die jeweilige Steuerschuld. Er sieht vielmehr Freibeträge und Übergänge für niedrigere Einkommensbezieher vor, die bei einer Integration des Soli plötzlich einer höheren Grenzbesteuerung unterlägen. Die würden sich wundern. Das »Ding« ist komplizierter, als im Schnellschuss gedacht. Die Abschaffung des Soli würde gleichzeitig alle Debatten über die kalte Progression mit ihren teilweise aberwitzigen Therapievorschlägen verschwinden lassen (wie zum Beispiel einem Tarif auf Rädern, der sich Jahr für Jahr an die Inflationsrate anpassen soll, was jede Aufstellung öffentlicher Haushalte immens verkomplizieren würde).

Nun ist richtig, dass mit der Abschaffung des Soli dem Fiskus Einnahmen von rund 18 Milliarden Euro verlorengingen. Das ist nicht zu verkraften. Dementsprechend müsste es eine Kompensation im Rahmen der Einkommensteuer geben. Und die kann nur (teilweise) in einer Erhöhung des Spitzensteuersatzes liegen. Der beträgt derzeit 42 Prozent ab 53 000 bzw. 106 000 Euro mit einem Balkonsprung auf 45 Prozent ab 250 000 bzw. 500 000 Euro (Single/ Verheiratete) zu versteuerndem Jahreseinkommen. Die 42 Prozent könnten zukünftig ab einem Einkommen von beispielsweise 58 000 beziehungsweise 116 000 Euro gelten, um den Steuertarif auch für gutverdienende Facharbeiter abzuflachen. Der bisherige Balkonsprung von 42 Prozent auf einen Spitzensteuersatz von 45 Prozent sollte abgeschafft werden. Stattdessen könnte eine weitere Gleitzone von 58 000 beziehungsweise 116 000 bis beispielsweise 180 000 beziehungsweise 360 000 Euro Jahreseinkommen eingeführt werden, in welcher der Steuersatz auf zum Beispiel 48 Prozent in der Spitze steigt, ehe er ab dieser Einkommenshöhe durchgängig gilt. Unter Abschaffung des Soli und mit einer solchen Abflachung des mittleren Tarifs würden kleine und mittlere Einkommen entlastet und höhere Einkommen stärker belastet. Das wäre verteilungspolitisch angesichts der Einkommens- und Vermögensentwicklung seit Mitte der neunziger Jahre durchaus zu rechtfertigen.

Der Aufschrei über eine Erhöhung des Spitzensteuersatzes kommt nicht selten von Leuten, die gar nicht betroffen sind. In seligen Zeiten von Helmut Kohl lag er schon mal bei 53 Prozent zuzüglich Soli ab einem Einkommen von 120 000 DM (rund 62 000 Euro) für einen Single. Der Spitzensteuersatz wird fälschlicherweise gern mit dem individuellen Durchschnittssteuersatz über das gesamte Einkommen gleichgesetzt. Der liegt aber unter Berücksichtigung von Freibeträgen und Absetzungsmöglichkeiten deutlich darunter. So dürfte die Durchschnittsbesteuerung eines Jahreseinkommens von beispielsweise 100 000 Euro heute etwa bei 34 Prozent liegen. Vor etwa zwanzig Jahren belief sich die durchschnittliche Steuerschuld bei diesem Einkommen auf knapp über 40 Prozent.

Gewichtig ist hingegen der Einwand, dass die Mehreinnahmen über eine Erhöhung des Spitzensteuersatzes die Mindereinnahmen durch eine Abflachung des Steuertarifes nicht voll kompensieren dürften. Das bliebe zu berechnen und müsste durch weitere steuerliche Maßnahmen kompensiert werden, von denen noch die Rede sein soll. Ebenso ernst zu nehmen ist der Hinweis, dass von einer solchen Steuerreform auch die meisten kleineren und mittleren Unternehmen betroffen wären, die in der Rechtsform einer Personengesellschaft geführt werden und Einkommensteuer zahlen. Dies wäre durch die Verbesserung einer Thesaurierungsrücklage aufzufangen. Danach können Personenunternehmen nicht entnommene Gewinne wie Kapitalgesellschaften besteuern lassen, müssten also bei einem Hebesatz der Gewerbesteuer von zum Beispiel 400 Punkten nicht mehr als rund 28 Prozent Steuern zahlen.

2. Als Finanzminister habe ich eine Abgeltungssteuer auf Kapitaleinkünfte eingeführt und damit deren Besteuerung vom jeweils individuellen Einkommensteuersatz, der im Fall der meisten Kapitalanleger teils deutlich über 30 Prozent gelegen haben dürfte, auf definitiv 25 Prozent festgelegt. Unter dem Eindruck von Kapitaltransfers ins Ausland folgte ich dem Motto: Besser 25 Prozent auf x

als 42 Prozent auf gar nix. Das Ganze stellte sich als Irrtum heraus, mehr noch: Das liquide Kapital suchte sich nicht etwa Realkapitalinvestitionen oder Unternehmensgründungen aus, sondern teilweise hochriskante Finanzprodukte, die hohe Renditen mit einer geringen Besteuerung versprachen. Die Gier hat viele auch nicht davon abgehalten, weiterhin illegale Wege zu beschreiten. Prinzipiell ist nicht einzusehen, warum Kapitaleinkünfte anders besteuert werden sollen als Arbeitseinkommen. Deshalb gibt es auch keinen Grund, eine entsprechende Korrektur aufzuschieben. Allerdings ist dann strikt darauf zu achten, dass zwischen Zins- und Dividendenerträgen getrennt wird, damit Letztere nicht auf der Gesellschafts- und Gesellschafterebene doppelt besteuert werden. Um die Experten nicht gleich zu reizen: Mir ist bewusst, dass dies das System des sogenannten Teileinkünfteverfahrens tangiert.

Der regelmäßige und umfassende Datenaustausch über Konten und Kapitaleinkünfte, den 51 Länder ab 2017 verabredet haben und dem sich weitere Länder später anschließen wollen, legt zwar die Kanäle trocken, über die betuchte Bürger ihr Geld im Ausland verstecken. Darüber verpufft zweifellos auch das politische Kalkül, Kapitalflucht dadurch zu begrenzen, dass man Zinsen, Dividenden und andere Kapitaleinkünfte im Inland moderat besteuert. Aber deshalb ist der Vorschlag, erst mit Beginn des internationalen Informationsaustausches 2017 die Abgeltungssteuer abzuschaffen, keineswegs überzeugend. Richtig ist vielmehr, die steuerliche Privilegierung von Kapitaleinkünften gegenüber Arbeitseinkommen und den Fehlanreiz zu Lasten von Investitionen in Unternehmen – vor dem Hintergrund einer ohnehin bestehenden äußerst kritischen Investitionslücke in Deutschland – so bald als möglich abzustellen.

3. Das Thema der Vermögensteuer ist so alt wie der Beschluss des Bundesverfassungsgerichtes Mitte der neunziger Jahre, diese Steuer so lange auszusetzen, bis sie den Vorgaben und Maßstäben des Gerichts entspricht. Die schwarz-gelbe Koalition hat damals das Ende

der Vermögensteuer, die das Bundesverfassungsgericht im Kern keineswegs für verfassungswidrig erklärt hatte, durch Unterlassen einer Anpassung vorsätzlich herbeigeführt. Alle Versuche, eine verfassungsfeste Vermögensteuer wiedereinzuführen, sind seitdem gescheitert. Und die leidenschaftlich vorgetragene Ankündigung der SPD im Bundestagswahlkampf, eine Vermögensteuer unter Verschonung betrieblicher Vermögen und mit hohen Freibeträgen für Privatpersonen auch als Beitrag zur sozialen Gerechtigkeit wiedereinzuführen, trieb ihr keineswegs die Massen zu.

Alle Erläuterungen, wer eigentlich von der Vermögensteuer betroffen gewesen wäre – einige wenige natürliche Personen mit einem Vermögen von zwei Millionen beziehungsweise vier Millionen Euro als Verheiratete – und wer nicht, nämlich die übrigen 99 Prozent der Bevölkerung, verhallten. Interessegeleitete Gegenaufklärer beherrschten das Thema. Ehrlicherweise ist einzugestehen, dass es ein konzises, unbürokratisches und verfassungskonformes Konzept nicht gab. Und ich gebe unumwunden zu, dass die jährliche Ermittlung unterschiedlicher Vermögenspositionen vom Barvermögen über Immobilien bis zu Kunstwerken einen Erhebungs- und Bewertungsaufwand nötig macht, der eine ohnehin überlastete Steuerverwaltung zur Verzweiflung bringen würde. Dann sollen sich die Finanzämter lieber um die Prüfung von Großunternehmen kümmern und Steuerbetrug verfolgen. Noch problematischer ist (und bleibt auch) eine saubere Trennung von Privat- und Betriebsvermögen. Letzteres sollte ausgeklammert werden, um die Familienunternehmen bis zum Handwerksbetrieb nicht mit einer Substanzbesteuerung zu überziehen. Die Steuer würde nämlich auch dann fällig, wenn gar keine Gewinne anfallen. Sie könnte daher zur Liquidation von Vermögensteilen und damit zu einer Desinvestition führen, nur damit die Steuerschuld beglichen werden kann. Mit anderen Worten: Das Thema der Vermögensteuer ist aus meiner Sicht mausetot.

Dieses Eingeständnis ist ein Stachel in meinem Fleisch. Denn die Drift in der Einkommens- und Vermögensverteilung verlangt nach einer Korrektur. Ich halte sie nach wie vor aus bereits genannten Gründen für gerechtfertigt – und auch für möglich: durch eine Fortentwicklung der Erbschaftsteuer. Im Laufe dieses Jahrzehnts werden voraussichtlich etwa zwei Billionen Euro an privaten Vermögen vererbt. Das sind etwa 20 Prozent mehr als im ersten Jahrzehnt dieses Jahrhunderts. Daran ist die enorme Vermögensakkumulation in einem Jahrzehnt abzulesen, die zum größten Teil einigen wenigen in die Hände fällt. Der Durchschnittswert einer Erbschaft beträgt etwa 300 000 Euro. Dieser Wert wird allerdings von sehr hohen Erbschaften getrieben. 99 Prozent der Erbschaften dürften teilweise weit unterhalb von 300 000 Euro liegen und Freibeträgen unterliegen, was wiederum ein Schlaglicht auf die Verteilung wirft.

Eine Erhöhung der Erbschaftsteuer auf private Vermögen statt der Wiedereinführung einer jährlich zu zahlenden Vermögensteuer eröffnet Perspektiven. Dass dabei angemessene Freibeträge für nahe Angehörige des Erblassers zu verankern sind, versteht sich von selbst. Das Urteil des Bundesverfassungsgerichtes zur Erbschaftsteuer von Mitte Dezember 2014 zwingt nun zu einer Neuregelung bis Mitte 2016. Die muss sich im Wesentlichen auf eine Bedürfnisprüfung für die Verschonung des betrieblichen Vermögens erstrecken. Sie ist allerdings weitgehend den Verschlimmbesserungen durch die schwarz-gelbe Koalition von Anfang 2010 geschuldet. Die Reform des Erbschaftsteuerrechtes, die ich 2008 mit dem damaligen hessischen Ministerpräsidenten Roland Koch auf den Weg gebracht hatte, eröffnete unter bestimmten Bedingungen die steuerfreie Weitergabe eines Betriebes an die nächste Generation und trug damit der enormen Bedeutung von Familienunternehmen in Deutschland Rechnung, die etwa 90 Prozent aller 3,7 Millionen Unternehmen und 60 Prozent aller sozialversicherungspflichtigen Arbeitsplätze stellen. Sie sind ein unverzichtbarer ökonomischer Faktor und entsprechen mit ihrem hohen unternehmerischen Verantwortungsethos exemplarisch einer sozialen Marktwirtschaft. Die gute Nachricht ist, dass das Bundesverfassungsgericht eine solche Verschonungsregelung bei der Vererbung betrieblicher Vermögen im Grundsatz bestätigt hat. Nach Maßgabe des Gerichtes muss die Neuregelung sich darauf richten, eine verfassungswidrige Überprivilegierung abzuschaffen. Dabei wird es gewiss auch darum gehen müssen, Missbräuchen entgegenzuwirken. Aber im Interesse des deutschen Mittelstandes wird es weiterhin eine Verschonungsregelung geben.

Die Neuregelung bietet die Gelegenheit zu einer umfassenden Novellierung der Erbschaftsteuer mit dem Ziel, das Aufkommen der Erbschaftsteuer aus privaten (!) Vermögen von heute rund 5 Milliarden Euro mindestens zu verdoppeln. Der Hinweis, dass dieses Vermögen doch schon einmal versteuert worden sei, verfängt nicht. Das ist zwar zutreffend mit Blick auf den Erblasser, gilt aber keineswegs für den Erben, der leistungslos in den Genuss teilweise erheblicher Vermögensbestände kommt, die in Deutschland einer vergleichsweise großzügigen Besteuerung unterliegen.

4. Das System der Mehrwertsteuererhebung (MwSt) mit dem Regelsatz von 19 Prozent und dem ermäßigten Satz von 7 Prozent auf bestimmte Güter und Dienstleistungen enthält nicht wenige widersinnige, ja kuriose und absurde Regelungen. Eine kleine Auswahl zur Güte: Bei Adventskränzen aus frischen Zweigen werden 7 Prozent MwSt fällig, bei trockenen Zweigen 19 Prozent. Für frisch zubereitete Säfte greift der ermäßigte Satz, für normale Säfte der volle. Milch wird mit dem ermäßigten Satz besteuert, Milchmischgetränke, die mehr als 25 Prozent »Fruchtanteil« aufweisen, mit dem vollen. Von medizinischen Implantaten wie Teilen eines Hüftgelenkes kann Ähnliches berichtet werden.

Bereits in den Verhandlungen zur Bildung der großen Koalition für die Legislatur 2005 bis 2009 wurde deshalb eine Reform in Aussicht genommen – ein Vorhaben, das in der Schlussrunde allerdings wieder verschwand. Man fürchtete die Empörung von Blumenfreunden, Haustierbesitzern und Zahnersatzkunden. Die Koalition von CDU/CSU und FDP heftete sich 2009 zwar eine Reform des Mehrwertsteuersystems auf die schwarz-gelbe Fahne. Aber die Privilegierung von Hotelübernachtungen auf Druck der FDP wies in eine andere Richtung, mit entsprechenden Mindereinnahmen für die öffentlichen Haushalte. Wolfgang Schäuble als Hüter des Haushaltsbuches der Nation kassierte schließlich entsprechende Ankündigungen Anfang 2012 unauffällig wieder ein.

Richtig ist, dass die völlige Abschaffung des reduzierten Mehrwertsteuersatzes von 7 Prozent nicht zu unterschätzende Verteilungseffekte zulasten unterer Einkommensgruppen hätte. Der Anteil ihrer Konsumausgaben an ihrem Nettoeinkommen fällt nämlich deutlich höher aus als bei den oberen Einkommensbeziehern. Insofern wären sie von einer Annullierung aller Ausnahmen vom 19-prozentigen Regelsatz überproportional betroffen. Diese verteilungspolitische Unwucht gilt sogar für den Fall, dass die 27 Milliarden Euro, die eine völlige Abschaffung des ermäßigten Satzes von 7 Prozent in die öffentlichen Kassen spülen würde, den Konsumenten über eine Absenkung des Regelsatzes auf 17 Prozent wieder zugutekämen.

Im Rahmen einer Reform des Mehrwertsteuersystems sollte der reduzierte Mehrwertsteuersatz von 7 Prozent aus übergeordneten Gründen drei Bereichen nicht entzogen werden: Nahrungsmitteln, Kultur einschließlich Publikationen und Presseartikeln sowie dem öffentlichen Personennahverkehr. Damit reduziert sich der Einnahmeeffekt einer Mehrwertsteuerreform zweifellos beträchtlich; diese drei Ausnahmebereiche würden die Mehreinnahmen gegenüber einer vollständigen Abschaffung des ermäßigten Mehrwertsteuersatzes auf etwa 7 Milliarden Euro verringern. Dennoch: Diese Summe ist als Finanzierungsspielraum für Zukunftsinvestitionen nicht gering zu schätzen. Auch der Nebeneffekt, das Mehrwertsteuersystem über eine solche Reform von diversen Kuriositäten und Absurditäten zu befreien, wäre willkommen. Die tendenziell steigende Umsatzsteuerlast für Geringverdiener könnte über den Vorschlag zur Einkommensteuer kompensiert werden.

5. Bevor der Staat in die Taschen der Bürger greift, sollte er Ausgaben kürzen! Dieser Ruf hallt in meinen Ohren, seit ich mit Haushalts- und Finanzfragen zu tun habe. Im Unterton schwingt nicht selten ein mehr oder weniger ausgeprägtes Ressentiments gegen »den Staat« mit, der aber selbstverständlich für ordentliche Verhältnisse sorgen soll. Wenn es dann um die Frage geht, wo denn konkret gespart werden solle, ist oft Sendepause. Bei der Bildung? Der Verkehrsinfrastruktur? Den Hochschulen? Der Forschung? Kultur und Sport? Der inneren Sicherheit? Der Bundeswehr? Vielleicht im öffentlichen Dienst? Ja, bei dem schon. Aber auch wieder nicht bei den Lehrern, der Polizei, der Justizverwaltung, dem staatlichen Gesundheitsdienst und selbst nicht bei der Steuerverwaltung, die gefälligst den Tricksereien auf die Spur kommen soll. Bleibt die Ministerialverwaltung! Deren Kosten haben aber einen verschwindend geringen Anteil von etwa 0,5 Prozent am Bundeshaushalt, bei den Landeshaushalten liegt er vermutlich nicht wesentlich höher. Viele Kommunen haben sich längst bis aufs Hemd entblößt und sparen bis auf die Knochen. Die Länder haben bei einem Personalkostenanteil von etwa 35 Prozent für die gesamte Landesverwaltung und festgemauerten Blöcken wie Bildung und Hochschulen allenfalls eine freie Spitze von fünf Prozent. Der überbordende Sozialstaat entpuppt sich angesichts einer seit Jahrzehnten um 30 Prozent schwankenden Sozialquote (Anteil der Sozialleistungen an der Wirtschaftsleitung) als Chimäre. So, wie sich übrigens auch das garstige Lied vom Hochsteuerstandort Deutschland bei einer Steuerquote von 22,7 Prozent (Anteil des Steueraufkommens an der Wirtschaftsleistung) im Jahr 2013 bei einem Durchschnitt der OECD-Länder von etwa 25 Prozent und der EU-15 von circa 27 Prozent als unstimmig erweist.

Nach der ersten Aufwallung wird es demnach ausgesprochen knifflig und höchst konfliktreich, Breschen in den öffentlichen Haushalt zu schlagen. Denn natürlich gilt die Parole: Es soll gespart werden, aber bitte bei den anderen. Ein Feld, das zu erschließen ich für möglich und für nötig halte, sind die Steuervergünstigungen und direkten Finanzhilfen des Bundes – gemeinhin in einem Subventionsbericht aufgelistet. In einer umfassenderen Aufstellung von Subventionen des Kieler Institutes für Weltwirtschaft beträgt die Gesamtsumme etwa 170 Milliarden Euro. Eine solche Aktion hat es schon einmal gegeben. Im Jahr 2003 durchforsteten der damalige hessische Ministerpräsident Roland Koch und ich als nordrhein-westfälischer Ministerpräsident alle direkten Zuschüsse und steuerlichen Vergünstigungen. Schließlich legten wir zum Erstaunen mancher Beobachter und zum Entsetzen mancher Bundespolitiker eine Liste mit Kürzungen und Streichungen vor. Sie erstreckte sich bei voller Jahreswirksamkeit auf immerhin 10,6 Milliarden Euro, wovon 6 Milliarden auf Steuervergünstigungen und 4,6 Milliarden auf Finanzhilfen entfielen. In einem Vermittlungsausschussverfahren einigten sich Bund und Länder schließlich auf einen Subventionsabbau von 8,7 Milliarden Euro. Das klingt bei einem damals gelisteten Subventionsvolumen von rund 150 Milliarden Euro nicht sehr ehrgeizig. Aber unter der absichtlichen Ausklammerung größerer Blöcke wie der Umsatzsteuerbefreiung von Sozialversicherungsträgern, Krankenhäusern, Altenheimen und so weiter, der Entfernungspauschale, der begünstigten Energieerzeugung aus Kraft-Wärme-Kopplung, der Steuerbefreiung bestimmter Zuschläge für Sonntags-, Feiertags- und Nachtarbeiter oder der Unterstützung des Eisenbahnvermögens – die Liste ließe sich fortsetzen – war dies immerhin eine bis dahin einmalige und erfolgreiche Initiative. Im Übrigen wären viele dieser Vorhaben ohne schwere Verwerfungen oder Verteilungsprobleme nicht einfach zu realisieren.

Die Wiederholung einer solchen Aktion drängt sich auf. Dazu sollte insbesondere ein Bericht des Umweltbundesamtes aus dem Jahr 2013 herangezogen werden, der in den Bereichen Energie, Verkehr, Bau- und Wohnungswesen sowie Landwirtschaft über 50 Milliarden Euro an umweltschädlichen Subventionen auflistet. Die werden nicht vollumfänglich erschlossen werden können, da sie aus anderen Ressorts leidenschaftlich begründet werden dürften. Aber über die von der SPD in den Koalitionsverhandlungen im Herbst 2013 bereits adressierten Kürzungsvorschläge hinaus, die von CDU/CSU abgewehrt wurden, dürfte eine durchaus nennenswerte Summe zu erschließen sein. Wenn es denn politischer Wille ist.

6. Im Herbst 2012 beschlossen elf EU-Staaten nach jahrelangem Warmlaufen endlich eine Finanzmarkttransaktionssteuer (FTT), also die Einführung einer Umsatzsteuer auf Finanzmarktprodukte. Das galt als wichtiger Durchbruch bei dem Bemühen, die Banken zur Finanzierung der von ihnen maßgeblich mitverursachten Beschädigungen von Wirtschaftsentwicklung und Staatshaushalten heranzuziehen. Die Befürworter dieser Steuer führten im Wesentlichen folgende Gründe ins Feld: Es sei nicht einzusehen, dass auf Schnittblumen und Babywindeln eine Umsatzsteuer gezahlt werde, aber auf den Handel mit Finanzprodukten nicht; dass angesichts der enormen Belastungen der Staatshaushalte infolge der Stabilisierung von Banken eine Refinanzierung durch die Erhebung einer solchen Steuer recht und billig sei; dass Steuerbürgern als Garanten in letzter Instanz nicht alle Lasten aufgebürdet werden könnten; und dass angesichts eines bereits wieder hochgeschossenen, realwirtschaftlich abgehobenen Handels insbesondere mit Derivaten (global 600 Billionen Dollar in 2013, also achtmal so viel wie die jährliche globale Wirtschaftsleistung) auch ein gewisser, wenn auch nicht sehr wirkmächtiger dämpfender Effekt willkommen sei. Aus der »Koalition der Schrittmacher« von elf der insgesamt 28 EU-Staaten, darunter immerhin die Dickschiffe Frankreich, Italien, Spanien und Deutschland, scheint Slowenien inzwischen ausgeschieden zu sein.

Die verbliebenen zehn Staaten sind vielleicht willig, aber mitnichten einigungsbereit. Der Dissens betrifft zum einen die Frage, welche Finanzprodukte unter die Steuer fallen sollen, und zum anderen Maßnahmen zur Vermeidung von Ausweichmanövern. Der Richtlinienvorschlag der EU-Kommission von Februar 2013 ist aus deutscher Sicht eine vernünftige Grundlage, trifft aber auf Einwendungen Frankreichs und Italiens. Nach dem Koalitionsvertrag von CDU/CSU und SPD sollen Aktien, Anleihen, Devisentransaktionen und Derivatekontakte durch die Steuer erfasst werden. Der Steuersatz soll bei 0,1 Prozent beziehungsweise 0,01 Prozent (für den Derivatehandel) liegen. Das würde dem Finanzkapitalismus in Europa gewiss nicht den Garaus machen.

Selbst bei so marginal erscheinenden Steuersätzen könnten den Teilnehmerstaaten angesichts der Volumina der gehandelten Finanzprodukte nach den Berechnungen der EU-Kommission jährlich etwa 34 Milliarden Euro zufließen. Ein Gutachten im Auftrag des Bundesfinanzministeriums ermittelte Einnahmen allein für Deutschland in Höhe von 17,6 Milliarden Euro jährlich. Wird die FTT nur auf Aktien und einzelne Derivate erhoben, weil die weiter gehende Lösung an anderen Ländern scheitert, reduzieren sich die Einnahmen für Deutschland auf 2,5 Milliarden Euro.

Der Bundesregierung werden keine Vorwürfe gemacht werden können, dass sie nicht die weiter gehende Lösung verfolge und kompromissbereit sei. Die Bremsklötze liegen in anderen Ländern. Angesichts geringer Einigungschancen auf eine Steuer mit einer breiten Bemessungsgrundlage wird sich Deutschland wohl (zunächst) mit dem Spatz in der Hand zufriedengeben müssen, damit das ganze Konstrukt nicht in sich zusammenfällt. Dann stellt sich allerdings die Notwendigkeit einer zweiten Stufe, die insbesondere den Derivatehandel in seiner ganzen Bandbreite einbezieht. Deren Realisierung wird – ähnlich wie bei der Bekämpfung der Steuertricksereien von Konzernen – wiederum einer politischen Verknüpfung mit Anliegen jener Länder bedürfen, die in Sachen FTT hoch gestartet sind und sich nun unter Druck als zögerlich oder sogar widerspenstig erweisen.

Sollte auch eine solche Interessenverknüpfung ins Leere laufen, könnte sich die deutsche Politik an den mittlerweile in Frankreich, Italien und Belgien national eingeführten Steuern auf Finanztransaktionen orientieren und sie auf Deutschland übertragen. Schließlich haben sich die Erwartungen an die erstmals 2011 in Deutschland erhobene Bankenabgabe nicht erfüllt. Die Bundesregierung rechnete mit einem Aufkommen von etwa 1,3 Milliarden jährlich und dürfte 2014 tatsächlich nur etwas über 500 Millionen Euro eingenommen haben.

7. Bereits 2005 wurde im Koalitionsvertrag von CDU/CSU und SPD eine Effizienzprüfung aller familienpolitischen Leistungen verabredet. Dieser finanzielle Segen für Familien und Ehepaare beträgt inzwischen jährlich fast 200 Milliarden Euro, also immerhin rund 7,5 Prozent unserer jährlichen Wirtschaftsleistung. Das ist im internationalen Vergleich – relativ zur Bevölkerung – nicht wenig. Aber gemessen an den Zielen – eine höhere Geburtenrate durch die finanzielle Entlastung von Eltern, die Überwindung traditioneller Rollenbilder, verbesserte Chancen von Frauen auf dem Arbeitsmarkt oder eine größere Chancengerechtigkeit für Kinder aus bildungsferneren Schichten – offenbar bisher weniger erfolgreich als in anderen Ländern. Das ahnte wohl schon die damalige Familienministerin Ursula von der Leyen. Denn es dauerte nahezu vier Jahre, bis sie ein entsprechendes Gutachten zur »Gesamtevaluation der ehe- und familienbezogenen Maßnahmen« auf den Weg brachte. Und siehe da: Das 2013/2014 präsentierte Ergebnis attestierte der bisherigen Familienpolitik in Deutschland, unter positiver Hervorhebung der Anstrengungen zu einer frühzeitigen und umfänglichen Kinderbetreuung, viele Widersprüchlichkeiten bis hin zur Wirkungslosigkeit.

Nicht nur dieses umfangreiche und sorgfältige Gutachten, auch andere fachliche Expertisen bestätigten, dass das Ehegattensplitting einer beruflichen Verwirklichung von Frauen entgegensteht – abgesehen von den verteilungspolitischen Vorteilen für Ehepartner, von denen der eine Hochverdiener ist und der andere wenig oder gar nicht verdient. Gleiches gilt für die beitragsfreie Mitversicherung von Ehepartnern in der Krankenkasse. Die sogenannte Herdprämie, das Betreuungsgeld für Eltern, die staatliches Geld erhalten dafür, dass sie etwas unterlassen – nämlich ihr Kind nicht in eine

Kita schicken –, kann unter bildungs-, integrations- und arbeitsmarktpolitischen Aspekten jenseits gutachterlicher Höflichkeit nur als schwachsinnig bezeichnet werden. Nicht minder ist in aller Deutlichkeit zu wiederholen, dass dem Staat keineswegs jedes Kind gleich viel wert ist, weil Bezieher höherer Einkommen vom Kinderfreibetrag mehr profitieren als Bezieher niedrigerer Einkommen über das Kindergeld. All diesen Fehljustierungen der Familienpolitik liegt schlicht eine ideologisch gefärbte Optik zugrunde, die im 21. Jahrhundert ausgedient haben sollte. Sie bindet finanzielle Ressourcen, die zielgerichtet und damit wirkungsvoller eingesetzt werden könnten. Meinen Appell, die familienpolitischen Leistungen von fast 200 Milliarden Euro zu durchforsten und auf diejenigen Maßnahmen zu konzentrieren, die der Förderung von Kindern und der verbesserten Vereinbarkeit von Beruf und Kindern wirklich nützen, will ich allerdings nicht so missverstanden wissen, als seien bei der Familienpolitik riesige Geldreserven zur Finanzierung anderer Vorhaben zu finden.

Die nächste Ausbaustufe der Betreuung – von jedem dritten Kind unter drei Jahren auf jedes zweite Kind – dürfte wahrscheinlich schon bald bevorstehen (der Bedarf liegt heute bereits bei 42 Prozent). Mehr denn je wird in die Qualität der Kinderbetreuung zu investieren sein. Die einkommensbezogene Absenkung von Kindergartengebühren dürfte dem Geldbeutel vieler Eltern mehr Freude bereiten als die Gießkannenpolitik einer weiteren Erhöhung des Kindergeldes um zehn oder zwanzig Euro. Statt das Kindergeld zu erhöhen, sollten die Mittel vielmehr in den Ausbau einer kostengünstigen Betreuungsinfrastruktur investiert werden.

Den weiteren Ausbau der Kinderbetreuung werden Länder und Kommunen nicht allein stemmen können. Die notwendigen Mittel ließen sich überwiegend dadurch mobilisieren, dass unter den ehe- und familienbezogenen Maßnahmen diejenigen gekürzt oder abgeschafft werden, die nachweislich widersprüchlich oder wirkungslos sind.

8. Die Einigung der zuständigen Wissenschafts- und Forschungsminister von Bund und Ländern in der Gemeinsamen Wissenschaftskonferenz (GWK) Ende Oktober 2014, bis 2020 zusätzliche 25 Milliarden Euro für Hochschulen und Wissenschaft bereitzustellen, verdient hohe Anerkennung. Diese Mittel kommen im Rahmen des sogenannten Hochschulpaktes zusätzlichen Studienplätzen und im Rahmen der sogenannten Exzellenzinitiative dem Wettbewerb der Hochschulen um Spitzenleistungen sowie den wichtigen Forschungsinstitutionen mit einer dringend benötigten jährlichen Steigerung ihrer Mittel zwischen drei und fünf Prozent zugute. Das sind zweifellos gut angelegte Zukunftsinvestitionen. Die nächste Gemeinschaftsinitiative von Bund und Ländern wird der beruflichen Bildung dienen müssen, die angesichts des bereits vorhandenen Fachkräftemangels gegenüber der akademischen Bildung konzeptionell und finanziell aufgewertet werden muss. Nachdem in allen Bundesländern die Studiengebühren an Hochschulen abgeschafft worden sind, sticht umso mehr ins Auge, dass junge Frauen und Männer, die zum Beispiel mit einer Meisterprüfung einen beruflichen Abschluss anstreben, dafür nach wie vor selbst finanziell aufkommen müssen.

Damit bin ich bei einem weiteren heiklen Thema. Bevor ich den Sprung in die Löwengrube wage, will ich noch auf zwei Aspekte hinweisen, die in meinen Augen dabei ebenfalls eine entscheidende Rolle spielen: den über die Beschlüsse der GWK hinausgehenden Finanzbedarf des Hochschul- und Forschungsbereichs und die Tatsache, dass mit einem akademischen Abschluss später ein überdurchschnittliches Einkommen erzielt werden kann.

Ja, es geht um die Studiengebühren. Ja, ich habe mich in den vergangenen Jahren dafür ausgesprochen, parallel zum Studium erhobene Gebühren von 500 Euro pro Semester abzuschaffen. Die summierten sich für einen Arbeitnehmerhaushalt mit einem Jahresnettoeinkommen von 24000 Euro, der zwei Kinder vielleicht erstmals zur Hochschulreife brachte, auf über acht Prozent des verfügbaren Jahreseinkommens. Wenn die Kinder die Gebühren über

Jobs teilweise selbst finanzierten, war dies der Dauer des Studiums und den Prüfungsergebnissen nicht unbedingt zuträglich. Die Angebote an Stipendien und Studienkrediten erwiesen sich zur Zeit der Einführung von Studiengebühren in den Bundesländern als recht kümmerlich.

Heute plädiere ich für die Einführung von Studiengebühren – aber nachgelagert (!) auf den Einkommensvorteil, den Akademiker gegenüber Nichtakademikern erzielen können. Beispiele funktionierender Modelle sind in Australien und Neuseeland zu besichtigen. Das laufende Studium wird nicht belastet. Aber wenn ein akademischer Abschluss, der staatlich mitfinanziert wurde, später zu einem überproportional hohen Einkommen führt, sollte der Akademiker rückwirkend an den Kosten seines Studiums beteiligt werden. Die könnten als Zuschlag zur Einkommensteuer fällig werden, wenn das Einkommen einen bestimmten Prozentsatz des Durchschnittseinkommens der Erwerbsbevölkerung übersteigt, und sogar nach bestimmten Disziplinen gefächert werden – Ingenieure und Naturwissenschaftler zum Beispiel, an denen ein besonderer Bedarf besteht, könnte man gezielt besserstellen.* Das Aufkommen sollte sowohl den Hochschulen zufließen als auch die Attraktivität der beruflichen Bildung erhöhen, indem beispielsweise eine Meisterprüfung kostengünstiger wird. Eine bundeseinheitliche Lösung sollte dafür sorgen, dass ein solches System nachgelagerter Studiengebühren nicht den Opportunitäten wechselnder Landesregierungen unterworfen wird. Eltern müssen für einen Kita-Platz 300 oder gar 400 Euro Gebühr bezahlen. Studenten für die Perspektive auf ein überdurchschnittliches Einkommen keinerlei Studiengebühren. Sollte es nicht besser umgekehrt sein?

9. Um zügig finanzielle Mittel für dringend notwendige öffentliche Investitionen zu mobilisieren, bietet es sich an, die beiden Steckenpferde von CDU/CSU und SPD – die Mütterrente und die Rente mit 63 – für zwei Jahre in den Stall zurückzuführen.

Das gäbe einen Spielraum von rund 17 Milliarden Euro für die Sanierung und den Ausbau der öffentlichen Infrastruktur von Straßen und Brücken über Bahn- und Stromtrassen bis zu Datenautobahnen. Damit nicht genug: Abgesehen von Impulsen für die abflauende eigene Konjunktur wäre dies auch ein Angebot an die europäischen Nachbarländer, die eine Lokomotivfunktion von Deutschland anmahnen, weil ein entsprechend gestricktes deutsches Investitionsprogramm auch die Wirtschaft in den Nachbarländern beleben dürfte. In einer solchen solidarischen und proaktiven Haltung kann Deutschland durchaus sachfremde Verknüpfungen herstellen und erfolgreich auf Fortschritte zum Beispiel bei der Harmonisierung der Unternehmensbesteuerung oder einer aufkommensstärkeren Finanzmarkttransaktionssteuer drängen. Tatsächlich droht der Bundesregierung jedweder politische Ertrag durch Zögern verlorenzugehen. Wahrscheinlich wird ihr, nach langer Widerborstigkeit und vielen gellenden Pfiffen aus europäischen Hauptstädten, schließlich doch ein größer dimensioniertes Investitionsprogramm abgerungen werden, aber statt Beifall auf den Rängen wird dann lediglich der aufatmende Seufzer zu hören sein: »Na endlich.«

10. Der Abschlussbericht einer hochrangigen europäischen Expertengruppe zum Bürokratieabbau, unter dem Vorsitz des früheren bayerischen Ministerpräsidenten Edmund Stoiber, hat insgesamt 27 Prozent der EU-Verwaltungsvorschriften zu Altpapier erklärt, was mehr als 33 Milliarden Euro an jährlichen Einsparungen bringen soll – allein für deutsche Firmen rund 6,5 Milliarden Euro. Motivation genug, sich dieses sperrigen Themas auch auf der nationalen Ebene noch einmal oder noch ehrgeiziger anzunehmen. Dabei hat der von der Bundesregierung 2006 eingesetzte Normenkontrollrat, der den bürokratischen Aufwand aus rechtlichen Regelungen des Bundes zu prüfen hat, bereits unzweifelhafte Verdienste. Nach eigenen Angaben konnte er dazu beitragen, die Bürokratiekosten aus Informationspflichten von fast 50 Milliarden Euro um

25 Prozent zu senken. Ebenso ist zu begrüßen, dass ergänzend zum Normenkontrollrat Bundeswirtschaftsminister Gabriel im November 2014 einen 25-Punkte-Plan zur Entbürokratisierung vorgelegt hat, der sich auf das Steuer- und Bilanzrecht, die Entlastung von Start-ups und jungen Gründern, die Rückführung von Statistik- und Informationspflichten sowie die Vereinfachung und Beschleunigung von Verwaltungsverfahren erstreckt.

Ich treffe mich seit Mitte 2014 in Abständen mit Wirtschaftsprüfern und Steuerberatern, um Vorschläge zum Bürokratieabbau beim Steuervollzug insbesondere für Unternehmensgründer, freie Berufe und kleine Unternehmen sowie zur Verbesserung ihrer Eigenkapitalbasis zu erarbeiten. Dabei genießen steuerrechtliche Regelungen und der Steuervollzug, die Starts-ups das Leben schwer machen, eine besondere Aufmerksamkeit. Tatsächlich steht die zunehmende politische Wertschätzung von Existenzgründern in Reden, Papieren und Programmen in einem gewissen Missverhältnis zu den konkreten Maßnahmen, die ihnen günstigere Bedingungen für Risikokapital verschaffen, sie bei öffentlichen Ausschreibungen berücksichtigen oder ihnen rechtliche und steuerrechtliche Steine aus dem Weg räumen sollen. In diesen Gesprächsrunden begebe ich mich nicht auf das Glatteis von Steuersätzen für Unternehmen. Die sind im Übrigen sowohl für Kapital- als auch Personengesellschaften schon unter Gerhard Schröder zusammen mit meinem Vorgänger Hans Eichel durchweg gesenkt worden, sodass manches Klagelied in meinen Ohren verhallt. Mir geht es in den Gesprächen mit den Praktikern um Nachweispflichten, Aufbewahrungsfristen, abweichende Regeln in der Handels- und Steuerbilanz, Kleinunternehmergrenzen, Voranmeldungszeiträume, Anreize zur Eigenkapitalbildung, eine hemmende Verwaltungspraxis und so weiter – allesamt Vorschriften, die berufliche Selbstständigkeit und unternehmerische Initiative einschränken.

Entsprechende Vorschläge möchte ich gern im Frühjahr 2015 öffentlich präsentieren. Gut möglich, dass ein bloßer Abbau von Steuerbürokratie nicht aufkommensneutral, also ohne das Risiko von Einnahmeverlusten am kurzen Ende, zu bewerkstelligen ist. Ich höre auch bereits warnende Stimmen, die überall Missbrauchsmöglichkeiten wittern. Aber die lassen sich auf Dauer nicht bekämpfen, indem das Unternehmenssteuerrecht so wasserdicht gemacht wird, dass Unternehmensgründungen und unternehmerische Initiativen vertrocknen. Tatsächlich ruft jede Steuerregelung findige und gut bezahlte Späher auf den Plan, die nach Umgehungskanälen suchen. Aber wenn über diesen Wettlauf ein Regulierungswahn entsteht, der die Steuerverwaltung in ihrem Prüfungsaufwand und Steuerpflichtige in ihrer Irrfahrt durch den Paragraphendschungel gleichermaßen erschöpft, ist dem Gemeinwesen nicht gedient. Ein pragmatischer Abbau von Steuerbürokratie würde die Gründerszene beflügeln und generell unternehmerische Initiative fördern. Per saldo dürfte es auf diesem Wege mittelfristig zu Mehreinnahmen für die öffentlichen Hände kommen.

Einem Autor ohne die Rechnerkapazitäten eines Ministeriums oder Instituts ist es unmöglich, die Summe von Mehreinnahmen über diese zehn Vorschläge auch nur annähernd seriös zu beziffern. Von einem nicht geringen zweistelligen Milliardenbetrag jährlich darf jedoch ausgegangen werden. Je erfolgreicher im Übrigen die Bekämpfung der systematischen Steuervermeidung von international agierenden Konzernen unter Ausnutzung der unterschiedlichen Steuersysteme in Europa und unfairer Einladungsofferten mancher Länder ist, desto reicher fallen Mehreinnahmen aus.

Reden wir über notwendige Investitionen!

Was die Verwendung solcher Mehreinnahmen betrifft, ist vieles bereits angedeutet worden. Ich konzentriere mich wiederum auf zehn Punkte:

1. Außer Zweifel steht die Priorität für ein öffentliches Investitionsprogramm zur Sanierung und zum Ausbau der Verkehrs-, Energie- und Kommunikationsinfrastruktur. Dafür gibt es einen augenfälligen Bedarf und so viele Stellungnahmen, dass ich mir Wiederholungen sparen kann. Die überraschende Ankündigung eines 10-Milliarden-Investitionsprogrammes (über mehrere Jahre!) durch den Bundesfinanzminister Anfang November 2014 ist zweifellos ein richtiger Schritt. Das wird über einen gewissen, allerdings unbestimmten Hebeleffekt auch weitere Investitionen auslösen. Aber diese Summe ist bisher nur virtueller Art und hängt ebenso in der Luft wie Details zu den Verwendungszwecken. Die Stellungnahmen von Wirtschaftsprofessoren und Wirtschaftsverbänden lassen auf einen Investitionsbedarf für diese drei Infrastrukturbereiche von insgesamt bis zu zehn Milliarden Euro jährlich (!) schließen – abgesehen von viel weiter gehenden Erwartungen an einen Investitionsimpuls aus dem internationalen Umfeld. Davon sind die bisherigen Ansätze weit entfernt. Das gilt auch für die Förderung der Digitalwirtschaft, unbenommen begrüßenswerter Ankündigungen des Bundeswirtschaftsministers auf dem 8. Nationalen IT-Gipfel im Herbst 2014.

2. Eine Steuerreform sollte unter Wegfall des Soli so justiert werden, dass kleine und mittlere Einkommen bis 58 000 Euro bzw. 160 000 Euro (Single/Verheiratete) entlastet werden, während höhere Einkommen durch die Erhöhung des Spitzensteuersatzes und die Verringerung der Bemessungsgrundlage, auf die der Spitzensteuersatz trifft, zur teilweisen Refinanzierung herangezogen werden (vgl. Vorschlag im Abschnitt *Reden wir übers Geld!* in diesem Kapitel). Das stärkt die Kaufkraft und ist eine verteilungspolitisch angemessene Antwort auf die unabweisbare Tatsache, dass die Arbeitnehmer über die letzten zwanzig Jahre mit zwei Prozent einen extrem niedrigen Anstieg ihrer Reallöhne erfahren haben, während Spitzengehälter sowie Einkommen aus Gewinnen und Vermögen außerordentlich anstiegen.

3. Die Unternehmen in Deutschland erwarten in Kenntnis der Haushaltslage und der Herausforderungen zur Standortpflege keine weitere Absenkung ihrer Steuersätze. Ihnen wäre angesichts einer abflauenden Konjunktur mit der Wiedereinführung der degressiven Abschreibung auf ihr sich abnutzendes Anlagevermögen gedient. Das bedeutet, dass sie diese Wirtschaftsgüter nicht in gleichen, sondern in fallenden Jahresbeträgen abschreiben können, was ihnen in den ersten Jahren nach der Investition größere Vorteile verschafft. Nicht weniger nützen ihnen Investitionen in die wirtschaftsnahe Infrastruktur über Aufträge und in eine Verbesserung der Standortqualität.

4. Hilfreich wäre eine steuerliche Förderung der Forschungs- und Entwicklungsinvestitionen von Unternehmen. Der Dreh- und Angelpunkt einer solchen Initiative wäre allerdings, dass pure Mitnahmeeffekte ausgeschlossen werden können. Unter dem Dach einer solchen Förderung müsste es möglich sein, dass kleine und mittlere Unternehmen entsprechende Aufträge zum Beispiel auch an Institute der Max-Planck-Gesellschaft oder Fraunhofer-Gesellschaft vergeben. Von zentraler Bedeutung insbesondere für kleine und mittlere Unternehmen ist die gleiche Besteuerung von Eigenkapital und Fremdkapital. Letzteres ist heute privilegiert, weil sich die Zinsen auf Fremdfinanzierungen steuerlich als Betriebsausgaben absetzen lassen. Dazu müsste die Begünstigung von Thesaurierungen als Instrument zur Förderung von Eigenkapital einfacher und für weit mehr Personengesellschaften attraktiver gestaltet werden. Am weitesten würde man gehen, wenn neben dem Abzug von Schuldzinsen auf Fremdkapital auch ein kalkulatorischer Zinsabzug bei Eigenkapital zugelassen würde.

5. Da Bildung der Schlüssel zu einer halbwegs gesicherten Zukunft und unser Bildungssystem im internationalen Vergleich eindeutig unterfinanziert ist, wird ein nennenswerter Teil der Mehreinnahmen in diesen Bereich fließen müssen. Das erstreckt sich

von der Betreuung der Kleinkinder unter drei Jahren bis zu ihrer Einschulung – mit dem Nebeneffekt einer höheren Erwerbstätigkeit von Frauen und Chancengleichheit von Kindern aus sozial schwächeren Schichten und Migrantenfamilien – über allgemeinbildende Schulen mit Ganztagsangeboten und die berufliche Bildung bis zur Hochschulbildung. Dabei werden technische und naturwissenschaftliche Disziplinen besondere Zuwendung erfahren müssen, da die Werkbänke, Labore und Entwicklungszentren in Deutschland verwaisen, wenn Werkzeugmacher, Ingenieure, promovierte Biologen oder Physiker fehlen. Der Motor der technischen Modernisierung und damit unserer wirtschaftlichen Leistungsfähigkeit sind wesentlich diese Fachkräfte mit beruflichen und akademischen Abschlüssen. Schon heute suchen Unternehmen nach ihnen mit der Wünschelrute. Dieser Mangel wird sich massiv verschärfen, wenn nicht gegengesteuert wird. China bildet Jahr für Jahr zwischen 300 000 und 600 000 Ingenieure aus. Und selbst im Fall der USA, die mit unverhältnismäßig hohen Einstiegsgehältern für Bankkaufleute, Juristen, Mathematiker und Informatiker im Banken-, Versicherungs- und Anwaltswesen volkswirtschaftlich nachwirkende Fehlanreize gesetzt haben, sind es etwa 1,5-mal so viele wie in Deutschland. Deutschland wird seine Ausgaben über alle Bildungsbereiche schrittweise mindestens auf das durchschnittliche Niveau der OECD-Staaten in Höhe von 6,3 Prozent der jährlichen Wirtschaftsleistung steigern müssen, also um ein Prozent oder jährlich etwa 27 Milliarden Euro.

6. Die Verbesserung der finanziellen Grundlagen unseres Bildungssystems schafft zugleich eine wesentliche Voraussetzung, die Integration von Kindern mit Migrationshintergrund zu erleichtern und zu verbessern. Dass dies nicht nur finanzielle Anforderungen an unser Bildungssystem stellt, sondern konzeptioneller Reformen bedarf, bleibt nachfolgend noch zu beschreiben. Aber auch über den Finanzrahmen der Bildungspolitik und damit die Betreuung und Förderung von Kindern und Jugendlichen aus Migranten-

familien hinaus werden mehr Mittel für Integrationsprojekte auf kommunaler Ebene bereitgestellt werden müssen, wenn einerseits der erkennbaren Tendenz zur Abkapselung bis hin zur Radikalisierung entgegengewirkt werden und andererseits für die erforderliche Zuwanderung fachlich qualifizierten Personals ein attraktiveres Klima geschaffen werden soll.

7. Damit tritt die desaströse Finanzlage der meisten Kommunen aus den Kulissen in den Vordergrund. Der Bund hat die Kommunen in den letzten Jahren durch Übernahme der Grundsicherung im Alter und bei Erwerbsminderung immerhin um etwa 18 Milliarden für die Jahre 2013 bis 2016 entlastet. Die Zusage weiterer Entlastungen in der Größenordnung von 5 Milliarden Euro jährlich bis zum Ende der Legislaturperiode steht im Raum; im Koalitionsvertrag ist die Übernahme der sogenannten Eingliederungshilfen für Behinderte oder der Kosten der Unterkunft von Hartz-IV-Empfängern zugesagt. Auch diese Kosten sind im Bundeshaushalt durch Mehreinnahmen zu refinanzieren, wenn andere gesellschaftlich und wirtschaftlich wichtige Felder nicht weniger bedient und keine zusätzlichen Schulden aufgenommen werden sollen – und sich der erwartete Geldregen aus der Wachstumsentwicklung allenfalls in vereinzelte Schauer auflöst.

Eine fundamentale Sanierung der Kommunen ist damit noch nicht eingeleitet, die Drift zwischen reichen und ärmeren Kommunen noch nicht unterbunden. Während die Sachinvestitionen der Kommunen 1992 durchschnittlich noch etwa 440 Euro pro Einwohner betrugen, sind sie bis 2013 auf etwa 270 Euro gefallen, während die Sozialleistungen im gleichen Zeitraum von durchschnittlich ungefähr 300 Euro pro Einwohner auf 600 Euro gestiegen sind. Insofern stellt sich auch den Bundesländern unabweisbar die Frage nach einer Neuordnung ihres kommunalen Finanzausgleiches, während sich der Bund kaum mit dem Hinweis vom Acker machen kann, dass die Kommunen verfassungsrechtlich nicht zu ihm gehören, sondern zu den Ländern.

8. Unter der neuen EU-Kommission wird – im Zusammenspiel mit dem Europäischen Parlament – der Druck auf europäischer Ebene zunehmen, sowohl aus konjunkturellen als auch strukturellen Gründen Programme zur Förderung von Investition und Wachstum sowie zur Bekämpfung insbesondere der Jugendarbeitslosigkeit nicht nur anzukündigen, sondern auch finanziell zu unterfüttern. Von meinen Zweifeln am 315-Milliarden-Investitionsprogramm der EU wird noch die Rede sein. Die bisherige wunderbare Hebelung einer Kapitalerhöhung bei der Europäischen Investitionsbank von 10 Milliarden Euro auf zusätzliche Investitionen in Höhe von 200 Milliarden Euro im Zeitraum 2013 bis 2015 hat jedenfalls nicht den gewünschten Effekt gehabt.

Tatsache ist, dass Investoren wie insbesondere die deutsche Versicherungswirtschaft hochgradiges Interesse an rentablen Anlagen und dabei auch Infrastrukturinvestitionen im Blick haben. Dass ihnen aber dafür deutlich höhere Eigenkapitalunterlegungen abverlangt werden (je nach Anlageform 39 bis 59 Prozent) als Banken für ihre Anlagen, ist ein unsägliches Hindernis für solche Investitionen. Der Versicherungsverband (GDV) schlägt deshalb schon seit längerem vor, für nichtbörsliche Investments in Infrastruktur (und in die Energiewende) eine eigene Risikoklasse mit einer deutlich geringeren Eigenkapitalunterlegung zu schaffen. Nach Angaben des GDV hat die deutsche Assekuranz zuletzt weniger als ein Prozent ihrer Kapitalanlagen von 1,4 Billionen Euro in Infrastruktur angelegt. Bevor Widerstände in öffentlich-privaten Partnerschaften (ÖPP) überwunden werden können, sollte die Politik diesen Bremsklotz beseitigen und für weitaus bessere Konditionen sorgen, um das Kapital dieser Branche in Infrastrukturinvestitionen zu lenken.*

9. Die Tatsache, dass allein 2013 etwa 1,6 Milliarden Euro, die dem Verteidigungshaushalt zur Verfügung standen, nicht abgeflossen sind, provoziert Fragen. Für welche Ausrichtung der Bundeswehr, das heißt für welche Struktur und welche Anschaffungen sollen

weitere Mittel verwendet werden? Das bliebe zu klären. Andererseits ist offensichtlich, dass die Verteidigungsausgaben von 1,9 Prozent der jährlichen Wirtschaftsleistung in 1993 auf 1,4 Prozent in 2013 zurückgegangen sind und die »militärische Kernfähigkeit«, wie es in einem Papier des Planungsamtes der Bundeswehr heißt, massiv infrage gestellt ist. Die Einsatzbereitschaft der Bundeswehr ist durch Mängel des Materials sowie den unzureichenden Ausbildungs- und Kenntnisstand des Personals jedenfalls so gefährdet, dass die Politik das Problem nicht ignorieren kann. Die Bündnisfähigkeit Deutschlands erfordert die Einsatzfähigkeit der Bundeswehr auf höchstem Niveau. Das betrifft insbesondere auch das Personal, ohne das die Ausrüstung nichts wert ist. Ein mir unvergessliches Bild: Die deutsche Fregatte »Lübeck«, die am Horn von Afrika zur Sicherheit der Zivilschifffahrt gegen Piraterie beitragen soll, läuft mit einem nackten Deck ohne Hubschrauber zur Seeaufklärung aus! Der Streit um eine Aufstockung des Etats der Bundeswehr mag noch so starke Emotionen wecken, die Kritik am Missmanagement des Beschaffungswesens der Bundeswehr und der wehrtechnischen Industrie mag noch so berechtigt sein: Die Unterfinanzierung der Bundeswehr verlangt nach einer Korrektur. Über Jahre wog man sich in dem herrlichen pazifistischen Traum von einer auf Entspannung und Verständigung gerichteten Welt. Die ist aber nicht umsonst zu haben. Nicht zuletzt muss Deutschland sich auch auf mehr humanitäre Leistungen in einer von Spannungsgebieten übersäten Welt mit schrecklichen Leiden unter der Zivilbevölkerung einstellen. Allein für die Flüchtlingshilfe liegen Forderungen von zusätzlich einer Milliarde Euro zur Entlastung der Kommunen auf dem Tisch.

10. Die unabweisbar notwendigen Mittel für die Förderung von Kindern und Eltern – in welcher Partnerschaft auch immer – könnten erbracht werden, wenn ideologische Barrieren übersprungen werden. Eine Neukonstruktion des Ehegattensplittings, eine Abschaffung der beitragsfreien Mitversicherung von Ehepartnern in

der Krankenkasse und des Betreuungsgeldes sowie eine weitere Durchforstung der 150 unterschiedlichen Familienleistungen würden Spielräume für die zwei zentralen Ziele schaffen: die Förderung des Wohlergehens und der Chancengleichheit von Kindern sowie die Vereinbarkeit von Beruf und Kindern, insbesondere im Fall alleinerziehender Frauen.

Alle zehn Vorschläge sowohl auf der Einnahmen- als auch auf der Verwendungsseite mögen umstritten sein. Wahrscheinlich wird mir vorgehalten und vorgerechnet, was alles aus politischen und haushaltsmäßigen Gründen nicht geht. Jede Zahl dürfte bis hinter das Komma hinterfragt werden. Mit dieser Methode verharren wir allerdings weiterhin in der Alternativlosigkeit und gewinnen nicht an Fahrt. Die Zukunft wird nicht dadurch gefährdet, dass neu gedacht wird. Sie wird durch Phantasie- und Mutlosigkeit, die Fixierung auf Prestigevorhaben und die Scheu gefährdet, Besitzstände zu hinterfragen.

Ohne die Erschließung weiterer Finanzquellen fehlt der Treibstoff für die Fahrt in die Zukunft. Da die Flucht in eine höhere Verschuldung keinen Segen verheißt, sondern zur Bequemlichkeit im Heute einlädt, und Beschwörungen von sprudelnden Steuereinnahmen als Klebstoff für alle Probleme angesichts gegenläufiger Trends keine seriöse Politik sind, bleibt nur die Möglichkeit, zusätzliche Einnahmen zu generieren. Das führt zu Konflikten, lässt sich aber verteilungspolitisch rechtfertigen und ist auch unter Vermeidung dysfunktionaler Auswirkungen auf privatwirtschaftliche Investitionen möglich.

Die Mobilisierung privaten Kapitals für öffentliche Investitionen ist damit keineswegs verworfen. Im Gegenteil. Als Finanzminister und Ministerpräsident von Nordrhein-Westfalen habe ich mich 2001/02 über die Vor- und Nachteile von sogenannten ÖPP-Projekten (s. o.) kundig gemacht und bin unter anderem nach Großbritannien gefahren, wo es die umfänglichsten Erfahrungen mit solchen Projekten in Europa gibt. Als sich der Konjunkturhimmel 2006 aufzuhellen begann, versickerte die Debatte über die Mobilisierung privaten Kapitals zur Finanzierung öffentlicher Hoch- und Tiefbauprojekte. Dass jetzt wieder davon die Rede ist, deutet darauf hin, dass sie stark mit ungünstigen Perspektiven von Wachstum und Steuereinnahmen korreliert. Ich glaube allerdings nicht, dass die in Teilen durchaus gewichtigen Einwände noch in dieser Legislaturperiode überwunden und umsetzbare Modelle entwickelt werden können. Das sollte die Phantasie und Neugier an der Mobilisierung des Kapitals von Anlage- und Pensionsfonds nicht bremsen. Der Staat allein wird es nicht richten können.

Ein Schlüssel: Bildung und Integration

Die Integration von Zuwanderern ist eine zentrale Frage. Nicht nur hinsichtlich des sozialen Friedens, sondern auch in ihrer Relevanz für das Potenzial fachlich qualifizierter Arbeitskräfte und damit für die Stabilisierung unserer Sozialversicherungssysteme. Nur wer über eine ausgeprägte Fähigkeit zur Verdrängung verfügt, kann allerdings behaupten, dass wir es nicht mit erheblichen Integrationsproblemen zu tun haben, und zwar aus der Sicht sowohl der Einheimischen als auch der Zugewanderten. In vielen Städten – genauer: in manchen Stadtquartieren – ist der Zusammenstoß unterschiedlicher kultureller, religiöser und zivilisatorischer Prägungen unübersehbar. Unserer Integrationspolitik kann jedenfalls nicht bescheinigt werden, bisher durchgängig erfolgreich gewesen zu sein. Das liegt gewiss auch an der Verspätung, mit der einige Politiker hierzulande in der Wirklichkeit angekommen sind: Deutschland ist längst ein Zuwanderungsland und der Islam zwar nicht Teil der deutschen Kultur und Geschichte, aber augenscheinlich Teil unserer Gesellschaft. Wegen einer ähnlichen Feststellung im Oktober 2010 wurde der damalige Bundespräsident Wulff von bürgerlich-konservativen Wachdiensten mit Liebesentzug bestraft.

Die bisher unzulängliche Integration von Zuwanderern ist allerdings nicht nur ein gesellschaftliches Problem. Wie eine Studie der Bertelsmann-Stiftung bereits 2008 berechnete, kostet sie den Staat 16 Milliarden Euro jährlich durch die Defizite der Migranten hinsichtlich Sprache, Bildung und sozialen Kontakten, was sich in höherer Arbeitslosigkeit und schlechter bezahlten Jobs mit geringeren Einkommensteuern und Sozialversicherungsbeiträgen ausdrückt. Tatsächlich müsste Deutschland nicht nur in einer proaktiven Strategie den vielfältigen Auswirkungen und Kosten gesellschaftlicher Spaltung und Spannungen entgegenwirken, sondern angesichts seiner demographischen Entwicklung auch ein durchschlagendes Interesse an einer gelingenden Integration haben, um aus der Zuwanderung dringend notwendige Fachkräfte zu gewinnen.

Die Schlüsselfelder einer funktionierenden Integration sind hinlänglich bekannt: Sprachkenntnisse, mit einer Förderung bereits in der Kita, und dann weiterführend Bildung und Eingliederung in die Arbeitswelt. Das wird nicht ohne finanziellen Aufwand gehen. Die föderalen Zuständigkeiten liegen zwar in erster Linie bei Ländern und Kommunen. Die fühlen sich aber weitgehend allein gelassen. Die Dotierung des Programms »Soziale Stadt« mit der Förderung von Begegnungsstätten, Konfliktmanagement, Präventionsarbeit und dem Aufbau nachbarschaftlicher Netzwerke, das nach sträflicher Vernachlässigung nun von der großen Koalition lobenswert wieder aufgestockt worden ist, wird – gemessen an den greifbaren Problemen in vielen Kommunen – nicht ausreichen, um den Sprengsatz einer scheiternden Integration nennenswerter Teile von Zuwanderern, aber auch eines deutschen Prekariats zu entschärfen.

Erfolgreiche Integrationspolitik lässt sich aber nicht allein und ausschließlich mit mehr Geld bewerkstelligen. Ein kommunales Wahlrecht für Ausländer auch aus Nicht-EU-Staaten, die bereits lange in Deutschland leben, kostet kein Geld. Ebenso eine Modernisierung des Staatsangehörigkeitsrechtes, nachdem die große Koalition unter erheblichen Windungen und Krümmungen von CDU/CSU immerhin dahingehend eine Teillösung auf den Weg gebracht hat. Für Kinder ausländischer Eltern, die in Deutschland geboren und aufgewachsen sind, ist der Wahlzwang, sich für eine Staatsbürgerschaft im Alter von 21 Jahren zu entscheiden, entfallen. Die Förderung von Bildungs- und Berufsabschlüssen einschließlich des notwendigen qualifizierten Personals in Kitas, Schulen, der Schulsozialarbeit und an Berufsschulen sowie der Begleitung in den ersten Beruf sind ebenfalls nicht nur eine Frage der Finanzen. Die Anerkennung ausländischer Berufsabschlüsse kostet so gut wie keinen Cent. Die stärkere Förderung des Einstiegs und Aufstiegs von Bürgern mit Migrationshintergrund in der öffentlichen Verwaltung ist ebenfalls keine finanzielle Frage. Das gilt nicht weniger für ein verbessertes Antidiskriminierungsrecht, das Cansel Ö. aus Berlin-Neukölln gleiche Bewerbungschancen wie Hans-Peter W. aus Berlin-Charlottenburg einräumt. Ein Gesetz zur gleichen Bezahlung für die gleiche Tätigkeit von Frauen und Männern – nur vier Staaten in Europa weisen ein noch größeres Gefälle zwischen Männern und Frauen auf als Deutschland – wäre selbsterklärend auch ein hoch einzuschätzender Beitrag zur Anerkennung der Arbeit von Migrantinnen und würde deren soziale und familiäre Stellung erheblich stärken.

Weil ich Bildung in mehreren Abschnitten dieses Buches als Schlüsselbereich bezeichnet habe, der in vielerlei Hinsicht – gesellschaftlich und wirtschaftlich, arbeitsmarkt- und integrationspolitisch, kulturell und technologisch – über unsere Zukunft bestimmt, will ich dieses Thema am Ende dieses Kapitels noch einmal aufgreifen.

Wie in kaum einem anderen westlichen Industriestaat wird der Bildungserfolg in Deutschland durch die soziale Herkunft bestimmt. Laut einer jüngeren Sozialerhebung des Deutschen Studentenwerkes besuchen von 100 Akademikerkindern 79 das Gymnasium, wohingegen von 100 Nicht-Akademikerkindern nur 43 den Sprung aufs Gymnasium schaffen. Noch drastischer zeigt sich die soziale Selektion bei der Aufnahme eines Studiums: Von 100 Akademikerkindern treten 77 ein Studium an. Bei den Nicht-

Akademikerkindern sind es nur 23. Eine Studie des Deutschen Instituts für Wirtschaftsforschung (DIW) aus dem Jahr 2013 kommt zu dem Ergebnis, dass sich Bildungserfolg etwa zur Hälfte aus dem Familienhintergrund erklärt. Die unterschiedliche Herkunft schlägt sich anschließend auch in der individuellen wirtschaftlichen Lage nieder. Deutschland steht im internationalen Vergleich schlecht da. Bei uns sind circa 43 Prozent des individuellen Arbeitseinkommens auf die Herkunft zurückzuführen, ähnlich wie in den USA (44 Prozent), in Dänemark sind es zum Beispiel nur 20 Prozent. Besonders benachteiligt sind Schülerinnen und Schüler mit Migrationshintergrund. Selbst unter den 30- bis 35-Jährigen mit Migrationshintergrund haben 35 Prozent keinen beruflichen Abschluss. In der Vergleichsgruppe ohne Migrationshintergrund sind es nur 10 Prozent. Die Folgen sind verheerend. Eine Studie der Universität Hamburg aus dem Jahr 2011 schätzt die Anzahl der »funktionalen Analphabeten«* in Deutschland auf rund 7,5 Millionen Menschen. Das sind mehr als 15 Prozent der erwerbsfähigen Bevölkerung. Unzureichende Bildung schließt die Betroffenen nicht nur von der Teilhabe am wirtschaftlichen und gesellschaftlichen Leben aus, sondern verursacht auch signifikante Kosten. In einer weiteren Studie der Bertelsmann-Stiftung heißt es, dass die »unzureichende Bildung«* etwa jedes fünften Jugendlichen – gerechnet auf diese Jugendlichen und eine Lebensspanne von achtzig Jahren – mit volkswirtschaftlichen Kosten von 2,8 Billionen Euro zu Buche schlägt.

Die strukturellen Probleme im Bildungssystem betreffen nicht nur die Schülerinnen und Schüler, sondern auch die Lehrerausbildung. Einer Studie der Vodafone-Stiftung aus dem Jahr 2012 zufolge fühlt sich die Hälfte der Lehrer schlecht auf den Beruf vorbereitet. Unter den Junglehrern sind es sogar 62 Prozent. Nach Aussage der Befragten betrifft dies vor allem den Umgang mit Schülern und Eltern. Auch an Anerkennung für den Lehrerberuf mangelt es. Knapp die Hälfte der Lehrerinnen und Lehrer sind der Meinung, dass ihr Beruf eher schlecht bis sehr schlecht angesehen wird. Ferner klagen 44 Prozent über Lehrermangel an ihren Schulen und die dadurch verursachte Mehrbelastung.

Schließlich und endlich verursacht der Bildungsföderalismus Schieflagen in der Bildungspolitik. Bildungsarmut beispielsweise variiert erheblich zwischen den Bundesländern; sie ist vielfach eine Folge mangelnder Abstimmung von Zielen und Instrumenten in der Bildungspolitik. Die Bildungssoziologin Jutta Allmendinger hat darauf hingewiesen, dass in den 16 Bundesländern 24 verschiedene Tests eingesetzt werden, um die Sprachfähigkeit von Kindern vor der Einschulung zu ermitteln. Der vielzitierte Wettbewerb im Föderalismus kommt in der Bildungspolitik, so Allmendinger, nicht zum Tragen. Denn erstens gibt es kaum Mobilität, weil die Eltern nicht mit den Füßen abstimmen und einfach in ein anderes Bundesland umziehen können. Und zweitens gibt es keine direkten Vergleichsmöglichkeiten. Niemand kann abschätzen, wie sich die unterschiedlichen Schulsysteme auf die Bildungschancen auswirken. Frau Allmendiger bedauert mit Recht, dass es keine öffentlich zugängliche Datengrundlage gibt, mit der sich aussagekräftige Ländervergleiche erschließen ließen.*

Schüler, Lehrer und Eltern verzweifeln am Aktionismus, Reformeifer und Experimentierwahn ihrer jeweiligen Schulverwaltung und rufen nach einem vier oder fünf Jahre dauernden Moratorium. Jürgen Kaube hat in der *FAZ* eine »unvollständige Reformliste als dadaistische Prosa« aus der Küche des deutschen Bildungsföderalismus präsentiert. Sie reicht von Schulformen, Übergangsregelungen zwischen Schultypen, Beschulungszeiten, Abiturregelungen bis hin zu Anpassungen im Zeichen des technologischen und pädagogischen Fortschritts. Es handelt sich um eine beklemmende Zustandsbeschreibung unseres Bildungssystems, eine Aufzeichnung des Aberwitzes, die kabarettreif wäre, wenn es nicht um unsere Zukunft ginge.*

Was die Bildungsinhalte betrifft, klafft in unserem Bildungssystem eine Lücke zwischen den Anforderungen der Berufs- und Lebenswelt und den Lehrplänen der Schulen. Die folgen immer noch den Ansprüchen des 20. Jahrhunderts. 26 Prozent der Arbeitgeber sind laut einer Studie der Unternehmensberatung McKinsey der Meinung, dass die im deutschen Bildungssystem erworbenen Fähigkeiten nicht den Erfordernissen des Arbeitsalltages entsprechen. Auch wenn dies im europäischen Vergleich ein guter Wert ist, besteht hier Nachholbedarf. Dies betrifft nach Aussage der Arbeitgeber insbesondere Softskills wie Kommunikation und die Problemlösungsfähigkeit.

Augenfällig ist auch, dass die Inhalte des Schulunterrichtes noch nicht den Erfordernissen der Digitalisierung angepasst wurden. So ist der Informatikunterricht häufig fakultativ und vermittelt ausschließlich eng begrenzte technische Kenntnisse, nicht allgemeine Informationskompetenz, wie von Bildungsforschern gefordert. In Großbritannien zum Beispiel ist Programmieren ab Herbst 2014 Pflichtfach für die Schülerinnen und Schüler zwischen fünf und 16 Jahren. Nicht nur berufsrelevante Fähigkeiten kommen zu kurz. Jutta Allmendinger kritisiert, dass sich die Schule hauptsächlich auf die Herausbildung kognitiver Fähigkeiten und die Verwertbarkeit von Wissen konzentriert, dabei aber die Vermittlung von Werten, Verantwortung und demokratischem Bewusstsein vernachlässigt wird.

Die Vorschläge zu einer Reform des deutschen Bildungssystems sind unüberschaubar. Auch auf die Gefahr hin, dass man mir unzulässige Verkürzung vorhält, mache ich so wie in den beiden Unterkapiteln zuvor zehn Vorschläge, die ich für zentral halte:

1. Bund und Länder sollten sich auf eine gesamtstaatliche Bildungsplanung verständigen, was auf die Korrektur einer Föderalismusreform hinausläuft, die seinerzeit im Grundgesetz die gemeinsame Zuständigkeit von Bund und Ländern abgeschafft hat. Das heißt nicht, dass der Bund den Ländern die Kultushoheit abzugraben versucht. Eine gesamtstaatliche Bildungsplanung hätte vielmehr zur Aufgabe, gemeinsame Zielsetzungen, was das Bildungs-

system leisten soll, und vergleichbare Standards zu definieren. Der Weg zu den Zielen, also die Wahl der Instrumente, bleibt weiterhin allein Ländersache. Eine solche Bund-Länder-Bildungsplanung liegt immer noch weit unter den Erwartungen vieler Eltern an ein bundeseinheitliches Bildungssystem. Das entspricht aber nicht der föderalen Struktur unseres Landes.

2. Längeres gemeinsames Lernen und eine möglichst späte Verteilung der Kinder auf verschiedene Schulformen verbessern einerseits die Durchlässigkeit des Schulsystems und damit die Bildungschancen. Andererseits ermöglichen sie es, sozialen Umgang zu erlernen. Pädagogen sind sich weitgehend darüber einig, und entsprechende Erfahrungen in skandinavischen Ländern wie insbesondere Finnland belegen, dass eine »Schule für alle« über mehrere Jahrgänge bildungspolitischen Zielsetzungen dienlicher ist als eine frühe Zuordnung.

3. Nach einem bemerkenswerten Anstieg der Zahl von Ganztagsschulen bis Anfang dieses Jahrzehnts ist die Dynamik beim Ausbau zurückgegangen. Das unterstreicht die Notwendigkeit eines weiteren finanziellen Anschubs einschließlich der Personalkosten für einen kontinuierlichen Betrieb von Ganztagsschulen. Der ist aus pädagogischen wie aus integrations- und sozialpolitischen Gründen von Vorteil und arbeitsmarktpolitisch ein Fortschritt, weil er zur Vereinbarkeit von Familie und Beruf, von Erziehung und Erwerbsarbeit insbesondere von Frauen beiträgt.

4. Ein längeres gemeinsames Lernen entfaltet seine volle Wirkung nur bei einer kontinuierlichen individuellen Förderung der Schüler. Dies setzt kleinere Klassen, zusätzliche Lehrerstellen und begleitende Angebote wie eine sozialpädagogische Betreuung voraus.

5. Die verschiedenen Akteure des Bildungsbereichs – Kitas, Kindergärten, Schulen, Berufsschulen, Universitäten, Arbeitgeber, Ver-

eine und so weiter – müssen besser miteinander verzahnt werden, zum Beispiel durch städtische Bildungsnetzwerke. Nur so können die Übergänge zwischen Schulformen und später dann von der Schule zur Universität beziehungsweise in den Beruf erfolgreich begleitet werden. Die Stadt Nürnberg hat mit dem Übergangsmanagement »SCHLAU« eine beispielhafte Plattform geschaffen, die Schülern den Übergang von der Schule in die Ausbildung erleichtert. Darüber hinaus erleichtert die Vernetzung die Früherkennung von Problemen im Umfeld der Schüler.

6. Bund und Länder sollten sich auf eine bildungspolitische Statistik einigen, damit eine öffentlich zugängliche Datengrundlage für Ländervergleiche existiert. Dies würde auch helfen, die Verteilung von Mitteln am Investitionsbedarf auszurichten, statt wie bisher vor allem auf das Gießkannenprinzip zu setzen.

7. Der Lehrerberuf sollte für Quereinsteiger geöffnet werden. Andere Länder wie zum Beispiel Dänemark haben gute Erfahrungen mit Quereinsteigern in Schulen gemacht, die nach ein- oder zweijährigen Aufbaukursen in Pädagogik und Didaktik für den Schuldienst zugelassen wurden.

8. Ein Pflichtfach »Informations- und Technikkompetenz« sollte geschaffen werden, das spätestens ab der fünften Klasse unterrichtet wird. Dort sollten u. a. elementare Programmierkenntnisse und die technischen Hintergründe moderner IT vermittelt, die Möglichkeiten und Gefahren der Digitalisierung reflektiert und der Umgang mit der Informationsflut erlernt werden.

9. Als erste Voraussetzung für eine solche Modernisierung des Bildungssystems muss das Kooperationsverbot, das 2006 im Zuge einer Föderalismusreform die Bildung zu einer No-go-Area für den Bund erklärte, nicht nur im Bereich von Wissenschaft und Hochschulen, sondern auch im Bereich allgemeinbildender Schulen ab-

geschafft werden, damit der Bund Länder und Kommunen bei Bildungsaufgaben unterstützen kann.

10. Als zweite Voraussetzung müssen, wie mehrfach erwähnt, die Ausgaben für alle Bildungsbereiche bis zum Ende des Jahrzehntes mindestens auf den Durchschnitt der OECD-Länder gebracht werden.

Mit diesen insgesamt 30 Punkten beanspruche ich nicht, das Rad neu zu erfinden. Viele Vorschläge sind auch schon von anderen in der einen oder anderen Variante vorgetragen worden. Mit manchen wage ich mich weit vor. Anders als mancher Kommentator, der sich zu erinnern meint, dass einige dieser Themen im Bundestagswahlkampf 2013 keine Rolle gespielt hätten, behaupte ich, dass vieles davon sehr wohl angeboten worden ist und zur (Aus-)Wahl gestanden hat.

Damals verlor ein gestaltendes gegen ein moderierendes Politikverständnis. Die Frage steht im Raum, ob das so bleiben muss. Ob es so bleiben kann.

IX Deutschlands neues Gewicht

Historiker, Kommentatoren und Politiker reden von einer Auflösung alter Strukturen, einer Zeitenwende, dem Zerfall der alten Weltordnung, fundamentalen Veränderungen und Bedrohungen oder auch vom Ende einer friedlichen Zwischenphase, die mit der Beendigung des Kalten Krieges vor einem Vierteljahrhundert begann. Ihr Urteil gründet sich auf die Gleichzeitigkeit einiger Phänomene, die sich exakt hundert Jahre nach der »Urkatastrophe Europas« 1914 zu einem beunruhigenden Ganzen verdichten. Zu diesen Phänomenen zählen: der Rückfall Russland in das imperiale Gebaren einer Großmacht des 19. und 20. Jahrhunderts mit autoritär-nationalistischen Zügen; der Aufstieg der neuen Großmacht China, der zahlreiche Unwägbarkeiten mit sich bringt; die Brutalität und Aggressivität einer klerikal-faschistischen Organisation im Mittleren Osten, die in unmittelbarer Nachbarschaft Europas einen absoluten Herrschaftsanspruch unter Auflösung bisheriger nationalstaatlicher Grenzen erhebt; der israelisch-palästinensische Konflikt, der wechselseitig befeuert wird und immer neue Eskalationsstufen erreicht; oder der Zerfall von Staatlichkeit in Teilen Afrikas. Weltweit sind Bewegungen der Gegenaufklärung zur liberalen Demokratie angetreten; ihr Gedankengut findet sich in den Vorstellungen von einem eurasischen Block ebenso wieder wie im fundamentalistischen Islam, aber auch im Spektrum von neokonservativen und rechtsextremen Kräften sowohl in den USA als auch in Europa.

Eine neue Ordnung zeichnet sich vorerst nicht ab. Die Erwartung, die vor 25 Jahren Anlass zur Hoffnung gab, das demokratische Gesellschaftsmodell würde sich dank seiner Überzeugungskraft durchsetzen und unter der Aufsicht eines mächtigen Tutors, der USA, würde die Weltpolitik von nun an in geordneten Bahnen verlaufen, hat sich nicht erfüllt. Im Gegenteil: Die Lage ist unübersichtlich und höchst fragil. Sie kann sich schnell zum noch Schlechteren verändern – zum Beispiel wenn die Ukraine, militärisch, politisch und wirtschaftlich destabilisiert, wieder in die Einflusssphäre Russlands fallen sollte. Zu dem beunruhigenden Gesamtbild tragen nicht zuletzt Unsicherheiten über einen teilweisen Rückzug der USA als globale Ordnungsmacht und die Schwierigkeiten Europas bei, sich aus dem Sog einer Währungs-, Wirtschafts- und auch politischen Krise zu befreien, die seine weitere Integration behindert.

In dieser Lage richten viele Partner ihre Augen auf Deutschland, das mit seinem politischen Gewicht und seiner wirtschaftlichen Kraft helfen könnte, Konflikte mindestens einzudämmen, Übersprungeffekte zu verhindern und Krisen zu stabilisieren. Unter dem Druck der Bedrohungen und Krisen sehen wir uns plötzlich mit der Frage konfrontiert, ob und wie Deutschland mehr internationale Verantwortung übernehmen kann. Nachdem wir diese Frage jahrelang trotz wiedergewonnener Souveränität verbannen und mit einer ebenso noblen wie kommoden »Kultur der Zurückhaltung« neutralisieren konnten, erwischt sie uns nun mit großer Heftigkeit.

Unsere internationale Aufwertung geschah unfreiwillig, ja sogar widerwillig. Dazu beigetragen hat die vor einem Jahrzehnt durch Reformen wiedergewonnene wirtschaftliche Stärke Deutschlands. Während europäische Partnerländer mit dem Verlust an Wettbewerbsfähigkeit sowie strukturellen Problemen zu kämpfen und darüber an politischem Gewicht eingebüßt haben, hat Deutschland die Euro- und Wirtschaftskrise bisher relativ gut zu bewältigen gewusst. Dies hat den Ruf nach deutscher Initiative verstärkt. Dabei spielt Deutschlands Mittellage – wie schon so häufig in unserer Geschichte – eine nicht unwichtige Rolle. Sie wird als konstruktiv verstanden: Deutschland als ein Scharnier zwischen einer westlich geprägten EU, in die eingebettet zu sein das Axiom der deutschen Außenpolitik ist und bleibt, und der Russischen Föderation im Osten, mit der als bleibender Machtfaktor zu rechnen ist.

Der schwankende Kontinent

Aus den Zeilen dieses Buches spricht hoffentlich überzeugend ein passionierter Europäer. Ein geeintes Europa habe ich immer als Antwort auf die Katastrophen des 20. Jahrhunderts empfunden, aber zugleich verstehe ich es auch als Antwort auf die Herausforderungen des 21. Jahrhunderts. Wer in historischen Zyklen des Auf- und Abstiegs von Mächten und Herrschaftsgebieten denkt, muss zu dem Schluss kommen, dass Europa seine Zivilisation und seinen Wohlstand als Voraussetzung für seinen inneren Zusammenhalt nur wird bewahren können, wenn es vereint handelt und auftritt. Die globalen Verschiebungen – sinkende Anteile der Europäer an der Weltbevölkerung, dem Welthandel, der Wirtschaftskraft, den technologischen Entwicklungspotenzialen – stellen Europa vor gewaltige Herausforderungen.

Hinzu kommen neue ideologische Rivalitäten. Der Siegeszug der freiheitlich-liberalen Demokratie ist keineswegs vorprogrammiert. Tatsächlich unterliegt sie einer wachsenden Konkurrenz autoritär-autokratischer Gesellschaftssysteme, die zwar mehr oder weniger marktwirtschaftliche Elemente übernommen, aber nie eine Phase der Aufklärung durchlaufen haben. Es ist keineswegs ausgemachte Sache, dass sich das »Projekt des Westens« (Heinrich August Winkler) in dieser Konkurrenz durchsetzen kann. Das gilt erst recht, wenn der Westen seine Werte selbst verletzt und damit unglaubwürdig wird – jüngstes Beispiel sind die Foltermethoden der CIA – oder die Regierung eines EU-Mitgliedstaates auf der antidemokratischen und nationalistischen Klaviatur zu spielen beginnt, wie im Falle Ungarns.

Worin aber liegt die besondere Faszination Europas? Ein deutscher Professor, der für einige Jahre als Gastdozent an einer Universität in San Francisco lehrte, erzählte mir, dass in einer seiner Vorlesungen einmal die Frage aufgekommen sei, auf welchem Kontinent die Studentinnen und Studenten denn am liebsten geboren worden wären, wenn sie denn die Wahl gehabt hätten. In der Vorlesung hätten neben US-Amerikanern auch etwa dreißig Studentinnen und Studenten aus diversen Ländern Asiens, Lateinamerikas und Afrikas gesessen. 90 Prozent hätten sich für Europa entschieden. An diese Anekdote erinnere ich mich gern, wenn mich wieder einmal Verzweiflung und Ratlosigkeit heimsuchen, wie es denn mit Europa weitergehen soll.

Gerne möchte ich mich Jürgen Habermas und seinen Visionen einer»Doppelsouveränität«aus Bürgern und Völkern sowie seinen Vorstellungen einer europäischen Öffentlichkeit anschließen. Sein Essay *Zur Verfassung Europas* ist brillant – allein, ich finde den Weg aus diesen intellektuell faszinierenden Höhen in die praktischen Niederungen der Politik nicht. Und ich fürchte, dass Habermas ein sehr idealisiertes Bild von einer europäischen Bürgerschaft hat. Gerne möchte ich Joschka Fischer und seiner Deklination eines europäischen Bundesstaates folgen. Man müsse konsequent Schritt für Schritt von der Euro-Gruppe zu einer Euro-Regierung gelangen – allein, ich sehe nicht, dass die Mitgliedstaaten bereit sind, auf souveräne Rechte zu verzichten. Ich stimme Fischer zu, dass das Überleben des Euro nicht ewig vom Präsidenten der EZB abhängig sein kann. Die Konsequenz wäre eine gemeinsame Verwaltung der nationalen Schulden einschließlich der Neuaufnahme von Schulden, aber das findet in Deutschland erkennbar wenig Zustimmung. Fischers Befürchtungen, dass die europäische Integration scheitern könnte, teile ich. Der Suche nach einem Ausweg aus der Misere hilft dies auch nicht.

Wolfgang Schäubles Ansatz, sich nicht in einem großen Wurf zur Lösung der Probleme zu verlieren, sondern sich auf das jeweils Erreichbare zu konzentrieren, mag einigen zu pragmatisch klingen. Er ist aber unter den obwaltenden Bedingungen vernünftig. Jeder Vorschlag zu einer weiter reichenden Reform der europäischen Institutionen oder zu Kompetenzverlagerungen in der Steuer- und Haushaltspolitik, der eine Änderung der europäischen Verträge mit einer entsprechenden Ratifizierung durch die nationalen Parlamente und in einigen Mitgliedstaaten (eventuell erstmalig auch in Deutschland) die Legitimation durch Volksabstimmungen verlangen würde, verschiebt eine Lösung in noch fernere Zukunft. Schäubles Memento, es wäre doch schon viel gewonnen, wenn sich alle an die bereits beschlossenen Regeln hielten, läuft angesichts anhaltender Regelverletzungen allerdings auch ins Leere. Den europäischen Haushaltskommissar, der mit Vetorechten gegen regelwidrige nationale Haushaltsentwürfe der Mitgliedstaaten ausgestattet ist, möchte ich genauso gern sehen wie Schäuble. Aber wer setzt ihn durch? Da ist sie wieder, die Ernüchterung.

Deutschland hat die Finanz- und anschließende Wirtschaftskrise seit 2008 besser und schneller bewältigt, als viele erwartet hatten. Das gilt erst recht im Vergleich zu unseren europäischen Nachbarn. Dieser erfreuliche Tatbestand verleitet zu einer nicht ungefährlichen Selbstbezogenheit und Unbekümmertheit, als ob wir uns in einem weit entfernten Wunderland bewegten. Tatsächlich ist Deutschland im europäischen Konzert in eine dominante Position geraten, die einerseits hohe Erwartungen auslöst – auch mit Blick auf deutsche Beiträge, die gelegentlich recht nonchalant eingefordert werden – und andererseits Irritationen weckt, ja selbst Ressentiments, die mit bösen Schablonen hantieren.

Die wirtschaftliche Stärke und das gewachsene politische Gewicht Deutschlands drohen die bisherige Balance in der europäischen Gemeinschaft aus den Angeln zu heben. Mancher Beobachter ist davon überzeugt, dass Deutschland bereits wieder jene quasihegemoniale Stellung in Europa einnehme, die unsere Nachbarn seit der Reichsgründung 1871 verschreckt habe und die zum Ausgangspunkt von zwei Weltkriegen geworden sei. Das Deutschland von 2015 ist definitiv nicht das Deutschland von 1871, 1914 oder 1939. Aber die Zunahme unseres Gewichts führt zweifellos zu Unwuchten und Reaktionen, die präzise Messinstrumente erfordern und unserer Europapolitik ein feines Sensorium abverlangen.

Von konstitutiver Bedeutung für die Fortentwicklung des europäischen Projektes ist das deutsch-französische Verhältnis. Diese Achse ist aber nicht nur für den europäischen Antrieb wichtig. Sie schützt Deutschland auch davor, ungewollt in die Rolle eines europäischen Hegemon zu geraten. Diese Achse läuft nicht mehr rund. Jahrzehntelang – selbst über die schwierige Phase der deutschen Wiedervereinigung hinweg – war das deutsch-französische Verhältnis davon geprägt, dass Frankreich auf dem politischen Parkett führte und Deutschland für die Musik sorgte. Seit Ausbruch der Finanz- und Wirtschaftskrise stimmt der Takt nicht mehr. Die wirtschaftliche Entwicklung beider Länder ging so weit auseinander, dass dies auch auf die politischen Beziehungen durchschlagen musste.

Die strukturellen Probleme Frankreichs sind seit langem bekannt; spätestens seit Präsident Jacques Chirac werden sie verschleppt und von einem Präsidenten an den nächsten weitergegeben. Sie reichen von der Erosion der industriellen Wettbewerbsfähigkeit über einen aufgeblähten Staatsapparat und einen Anteil der Staatsausgaben an der jährlichen Wirtschaftsleistung von aberwitzigen 57 Prozent bis hin zu einem Schuldenstand von fast 95 Prozent (75 Prozent in Deutschland gemessen am BIP). Überdies ist Frankreich eine stark formatierte Gesellschaft mit leicht mobilisierbaren Wählergruppen, die erhebliche Vetokräfte entfalten können. Im Zuge der Finanz- und Wirtschaftskrise kamen viele der strukturellen Probleme ans Licht und fielen dem sozialistischen Präsidenten François Hollande direkt auf die Füße. Nach längerem Zaudern und Zögern, das ihn politisch viel Kredit gekostet hat, ist Hollande jetzt damit beschäftigt, seiner Partei Realpolitik einzuimpfen – wie einst Gerhard Schröder. Das kommt, so der Sozialist Vincent Peillon, einer »gewaltigen intellektuellen Revolution für die französische Linke« gleich.

Für Häme oder Überlegenheitsposen ist kein Platz. Im Gegenteil: Deutschland hat ein massives Interesse daran, mit Frankreich im Doppelporträt abgebildet zu werden. Auch wenn das Selbstbewusstsein der »Grande Nation« gelegentlich Anlass zum Schmunzeln gibt: Für die Empfindungen unserer Nachbarn ist es von keiner geringen Bedeutung, dass Deutschland seine derzeitige Stärke nicht gegen das französische Selbstwertgefühl ausspielt und Frustrationen schürt. Vielmehr sollten wir alle französischen Anstrengungen unterstützen, soweit wir gefragt werden, und nach neuen Ansätzen für gemeinsame Initiativen suchen.

Die wirtschaftliche Dominanz der Deutschen in der EU und in der Eurozone wirft Unsicherheiten und Probleme nicht nur im bilateralen Verhältnis zu Frankreich auf, sondern zur europäischen Gemeinschaft insgesamt. Einerseits ist unser solidarisches Engagement gefordert, andere Mitgliedstaaten an der deutschen Stärke und Bonität teilhaben zu lassen. Andererseits sind es gerade diese Hilfestellungen und die im Gegenzug geforderten Konsolidierungsmaßnahmen und Strukturreformen, die eine spürbare politische Front gegen ein deutsches »Diktat« aufbauen. Zunehmender Widerstand in der Bevölkerung krisengeschüttelter Länder lässt längst überwunden geglaubte Ressentiments wieder aufleben.

Gute Nachrichten über die Platzierung von Staatsanleihen, eine freundlichere Statistik in manchen Krisenländern und positive Momentaufnahmen von Banken verleiten dazu, die Krise für weitgehend überwunden und Risiken auch für die deutsche Wirtschaft für beherrschbar zu halten. Griechenland, Irland und Portugal sind auf die Kapitalmärkte zurückgekehrt und konnten sich wieder günstiger refinanzieren. Griechenland erwirtschaftet einen Primärüberschuss – das heißt ein Einnahmeplus bei Nichtberücksichtigung seiner Zins- und Tilgungszahlungen auf Kredite. Die

Eurozone insgesamt machte 2013 eine »Punktlandung« bei der jährlichen Defizitquote von drei Prozent. Krisenländer verweisen auf
ihre Anstrengungen, sich aus dem Sumpf zu ziehen, und werden
mit besseren Zeugnissen belohnt. Wichtige Schritte zur Einführung
einer europäischen Bankenunion sind gemacht. Die Wachstums-
aussichten erscheinen auf mittlere Sicht nicht eben grandios, aber
immerhin gibt es sie – oder sie werden entsprechend interpretiert.
Die sogenannten Programmländer sehen Licht im Tunnel. Alles
hochwillkommen! Keines dieser optimistisch stimmenden Signale
soll hier kleingeredet und der Ansporn zu weiteren Anstrengungen
nicht untergraben werden.

Am Kern der Probleme in Europa ändert diese Momentauf-
nahme leider nichts. Griechenland hält auf Dauer nicht einmal
einen niedrig anmutenden Zinssatz von knapp unter fünf Prozent
für seine Staatsanleihen aus, der bei der Rückkehr des Landes auf
den Kapitalmarkt im April 2014 so viel Staunen hervorrief. Der erfreuliche Primärüberschuss im griechischen Staatshaushalt ändert
nichts am jährlichen Haushaltsdefizit von fast 13 Prozent (2013) –
was im Übrigen eine Verschlechterung von vier Prozent gegenüber 2012 ist –, weil die Zins- und Tilgungszahlungen ja nicht einfach verschwinden, nur weil man sie nicht aufführt. 7 von 18 Euro-
Ländern litten 2013 unter einer Defizitquote von 4,1 Prozent bis
14,6 Prozent. Die Gesamtverschuldung aller Euro-Länder ist auch
2013 weiter angestiegen, um fast drei Prozent gegenüber 2012 auf
95,5 Prozent. Zwei große Schiffe im europäischen Konvoi – Italien
und Frankreich – kämpfen mit erheblichen Schwierigkeiten. In regelmäßigen Abständen geben sie zu erkennen, dass sie die gemeinsamen Zielvereinbarungen nicht einzuhalten vermögen und erneut
um Aufschub nachsuchen müssen. Und während die Arbeitslosigkeit in der Eurozone auf einem hohen Niveau verharrt (2013:
12,1 Prozent, 2014: 12,0 Prozent), dümpeln die Nettoinvestitionen
weiter auf einem niedrigen Niveau (circa 6 Prozent).

Diese Beispiele aus der Statistik verdeutlichen, dass die Lage in
der Eurozone und in der EU insgesamt nach wie vor fragil ist. Der

Sprengstoff aber, der auch Deutschland-Wunderland mit nachwirkenden Folgen für Wohlstand und Stabilität erschüttern kann, liegt unter der Oberfläche solcher Zahlen. Es besteht Anlass zu ernster Sorge.

Im Folgenden will ich mich auf vier elementare Gefährdungen konzentrieren:

1. Die strukturellen Ursachen der Krise in der Währungsunion sind keineswegs beseitigt. Das Krisenmanagement ist nicht zuletzt durch eine – diplomatisch ausgedrückt – großzügige Auslegung des Mandats der EZB und – weniger diplomatisch ausgedrückt – unter Verletzung des Vereinsstatutes der Eurozone (No-Bailout-Klausel) in der Lage gewesen, eine Erosion der Währungsunion zu verhindern. Die medizinische Versorgung klappte – dem Himmel sei Dank! Aber die tieferen Gründe für die Konditionsprobleme der Krisenländer und die Anfälligkeit auch größerer Mitgliedstaaten sind nicht behoben. Die Disparitäten innerhalb der Eurozone haben trotz des Krisenmanagements seit dem Frühjahr 2010 eher zu- als abgenommen. Die Wettbewerbsfähigkeit einiger Mitgliedstaaten mit entsprechenden Leistungsbilanzdefiziten, hohen öffentlichen und privaten Schuldenständen, hoher Arbeitslosigkeit und einer Abwanderung von ebenso qualifizierten wie mobilen Arbeitskräften hat zu einer Verschiebung in der Tektonik der Eurozone geführt, gegen die das Krisenmanagement bisher kaum etwas ins Feld führen konnte.

Der europäische Rat der Staats- und Regierungschefs befasste sich seit Ausbruch der Griechenlandkrise Anfang 2010 weit überwiegend mit Sparprogrammen statt stimulierenden Initiativen, die den Krisenländern in Kombination mit Strukturreformen die Perspektive für einen Anschluss an das Hauptfeld hätten bieten können. Soweit es den einen oder anderen Wachstumsanstoß gegeben hat, stand der Ankündigungseffekt in einem klaren Missverhältnis zu der entfalteten Wirkungskraft. Selbst unter Würdigung und Anerkennung der Fortschritte in den Krisenländern ist absehbar, dass deren Anpassungsprozess – wenn überhaupt – zehn oder mehr Jahre erfordern wird. So lange werden die »Haves« den »Have Nots« in der Eurozone finanziell unter die Arme greifen müssen, wenn der Klub beisammengehalten werden soll. Gegen eine solche Transfer- und Haftungsgemeinschaft, die allen Schleiertänzen der schwarz-gelben Bundesregierung zum Trotz vom ersten Moment der Krise an eine Tatsache war, regt sich in den Geberländern längst spürbarer Widerstand. Den versuchen Trommler im rechten und linken Teil des politischen Spektrums auszunutzen und zu befeuern.

Es gibt keine Garantie, dass die Tektonik sich aus strukturellen und politischen Gründen nicht weiter verschlechtert und ein nennenswerter Teil der bis heute übernommenen Bürgschaften – der deutsche Anteil belief sich am 31. Dezember 2013 auf 401 Milliarden Euro – aus den beiden Rettungsschirmen ESM und EFSF nicht abgeschrieben werden muss. Tatsächlich nimmt die Kluft zwischen den Toprunnern in der Währungsunion und jenen mit Konditionsschwierigkeiten zu. Letzteren drohen Stagnation, eine mindestens anhaltend hohe Arbeitslosigkeit und strangulierende Zinsen zur Refinanzierung ihrer Staatsschulden. Wenn sie den Weg interner Abwertungen mit Einbußen bei Löhnen, Gehältern und Pensionen gehen und effiziente Steuerreformen umsetzen wollen, könnten sie zusätzlich an politischer Legitimation verlieren.

Sollte freilich den Regierungen in zwei so gewichtigen Mitgliedstaaten wie Frankreich und Italien die politische Unterstützung für notwendige Anpassungsmaßnahmen entzogen und der Reformstau in diesen Ländern weiterhin nur verwaltet werden, dann liegt die eigentliche Bewährungsprobe für die Eurozone und damit ganz Europas noch vor uns. Im Falle des Scheiterns der gemeinsamen Währung wird Deutschland – abgesehen von dem enormen Rückschlag für das Projekt Europa auf Jahrzehnte – wirtschaftlich einer der großen Verlierer sein: wegen seines stark exportgetriebenen Geschäftsmodells, seiner Anlagen im europäischen Ausland und seiner Forderungen im europäischen Zentralbanksystem.

2. Es mangelt nicht an Plädoyers – und auch nicht an entsprechenden Bemühungen –, die Architektur der Eurozone von ihren Konstruktionsfehlern zu befreien und die Währungsunion in eine Wirtschafts- und Fiskalunion mit bindenden Mechanismen und wirkungsmächtigen Institutionen zur Durchsetzung einer koordinierten Wirtschafts- und Fiskalpolitik zu überführen. Aber Absichtserklärungen zeigten bisher keine adäquaten Ergebnisse. Auch die deutsche Haltung schwankt, je nach aktuellem Bühnenbild der europäischen Szene. Die Mitgliedstaaten behalten sich noch immer vor, Beschlüsse und Auflagen je nach nationaler Opportunität auszulegen und zu erfüllen.

Die gemeinsamen Beschlüsse des Europäischen Rates und des Finanzministerrates (ECOFIN) mögen in mächtigen Pressekonferenzen als »Durchbruch« gefeiert werden. Aber wie viele solcher »Durchbrüche« gab es eigentlich schon, deren Halbwertszeit in keiner Relation stand zum Aplomb, mit dem sie angekündigt wurden? Es mag das Hohelied der Verlässlichkeit und Ernsthaftigkeit gesungen werden, sich auf eine stärkere Koordinierung einzulassen, und die Reihe der beschlossenen Initiativen, Pakete, Brandmauern oder Rettungsschirme mag ein Beweis für die Ernsthaftigkeit der Bemühungen sein. Aber die Beschlüsse wurden häufig ignoriert – auch unter Beteiligung Deutschlands. Fristsetzungen wurden aufgeschoben. Auflagen wurden relativiert oder unterwandert.

All dies mag den ökonomischen Verhältnissen und innenpolitischem Druck in einzelnen Mitgliedstaaten geschuldet sein. Jede nationale Regierung meidet die Nagelprobe, Beschlüsse und Auflagen europäischer Gremien durchzusetzen, die den eigenen Spielraum bis hin zur gefühlten Entmündigung einschränken und den Zorn der Wähler bis hin zur politischen Kapitulation mobilisieren könnten. Tatsächlich handelt es sich um ein noch viel grundsätzlicheres Problem. Keine nationale Regierung und kein nationales Parlament wird Zuständigkeiten und Rechte auf eine supranationale Ebene übertragen wollen, wenn dies auf eine Selbstentmachtung hinausläuft. Der Hinweis, dass solche zum Teil sehr weitreichenden

Übertragungen in der Geschichte der Union seit ihrer Gründung im Jahr 1957 immer wieder stattgefunden haben, verkennt, dass es diesmal ums Eingemachte geht: um das große Haushaltsbuch, das Budgetrecht der nationalen Parlamente und die Steuerhoheit der Staaten. Eine Wirtschafts- und Fiskalunion mit zentralisierten Rechten und Zuständigkeiten über einen einheitlichen Währungsraum kollidiert prinzipiell mit dem Souveränitätsanspruch der einzelnen Mitgliedstaaten. Dieser ist in einigen Mitgliedstaaten wie zum Beispiel Frankreich historisch, politisch und mental stärker verankert als in anderen.

Es ist eine Tatsache, dass viele Bürger in ganz Europa eine Preisgabe und Überantwortung ihrer Lebens- und Arbeitsverhältnisse an ferne europäische Institutionen gar nicht wollen. Sie fürchten, unter die Räder einer Gemeinschaftsveranstaltung zu kommen, die ihre nationalen und staatlichen Prägungen und Errungenschaften infrage stellt und ihre persönlichen Lebensverhältnisse wie auch ihre kommunalen Angelegenheiten Maßregelungen unterzieht. Sie wollen sich nicht unter dem Dach eines »Superstaates« wiederfinden. Zumal wenn sie in unseren Nachbarländern befürchten, dass dieser unter den gegebenen Umständen auch noch dem Einfluss einer dominanten Kraft unterliegt – nämlich der deutschen –, deren Ordnungsvorstellungen keineswegs auf ungeteilte Gegenliebe stoßen.

Deshalb wird es jenseits aller Einheitsrhetorik auf absehbare Zeit zu keinen gewichtigen Kompetenzverlagerungen nach Brüssel und damit zu keiner Stärkung der europäischen Institutionen im Sinne weitergehender Durchgriffsrechte auf die nationalstaatliche Ebene kommen. Eine dementsprechend autorisierte europäische »Regierung« mit einem europäischen Finanzminister steht in den Sternen. Im Gegenteil wird, wie der Europawahlkampf über das Spektrum fast aller Parteien gezeigt hat, eine Rückverlagerung von Kompetenzen mehr denn je die europäische Debatte bestimmen.

Sich das einzugestehen könnte Phantasien und Kräfte weit über den Stand der bisherigen Diskussion und über das bloße Krisenmanagement hinaus freisetzen. In Anerkennung der fortwährenden Souveränität der EU-Mitgliedstaaten und des Subsidiaritätsprinzips wäre nach gemeinsamen Projekten, Harmonisierungen und Abstimmungsverfahren zu suchen. Dabei sollte man unterhalb der Änderung europäischer Verträge bleiben, weil die das Risiko des Scheiterns birgt. Die Reorganisation der europäischen Institutionen ist zwar aller Mühen wert. Impulse für eine Debatte über die politische und institutionelle Zukunft der EU wie der Eurozone sind in Zeiten des Krisenmanagements allerdings rar gesät.

Das Eingeständnis, dass der Souveränitätsanspruch der Mitgliedsländer einer zentralisierten Wirtschafts- und Fiskalpolitik entgegensteht, wirft beträchtliche Probleme auf. Es bedeutet, dass die Fehler, die bei der Geburt der Währungsunion gemacht wurden, fortwirken und auch weiterhin von Fall zu Fall mit erheblichem politischem und finanziellem Aufwand unter Kontrolle gebracht werden müssen, um eine Detonation der Währungsunion als größten anzunehmenden Unfall zu verhindern.

Tatsächlich ist die Währungsunion seit dem ersten Aufkauf griechischer Staatsanleihen durch die EZB und dem ersten Rettungsschirm (EFSF) vom Frühjahr 2010 nichts anderes als ebem dies: eine Haftungsgemeinschaft und Transferunion. Sollte die Stabilität der Währungsunion über die bisherigen Injektionen hinaus eine Art europäischen Finanzausgleich oder eine gemeinsame Schuldenaufnahme erfordern (Eurobonds), käme die deutsche Politik in Erklärungsnot gegenüber den Bürgern – und in nicht weniger als einen verfassungsrechtlichen Konflikt.

Die Architektur der Eurozone muss den Notwendigkeiten eines gemeinsamen Währungsraums angepasst werden. Solange die Risiken aus den Ungleichgewichten innerhalb der Währungsunion fortwirken und der daraus resultierende Sog auf deutsche Solidarleistungen anhält, während die tieferliegenden strukturellen Ursachen nicht beseitigt werden, bewegen wir uns auf dünnem Eis.

3. Der europäische Bankensektor birgt nach wie vor die Gefahr von Erschütterungen, die sich systemisch auswirken können: von

einer Unterkapitalisierung größerer Banken über bisher nicht gehobene Risiken mit einem entsprechenden Abschreibungsbedarf bis hin zu Geschäftsmodellen, die nicht tragfähig sind und unter die Mühlsteine des Wettbewerbs geraten. Die Konsolidierung des europäischen Bankensektors ist jedenfalls nicht abgeschlossen. Die Bilanzprüfungen und Stresstests, mit denen die EZB als neue Europäische Bankenaufsicht die größten Banken traktiert hat, haben Ende 2014 zwar zu Ergebnissen geführt, die eine überspannte Nervosität nicht begründen. Gleichwohl finden sich im globalen Finanzsystem wieder gigantische Volumina ohne realen Bezug, Ansätze zu Blasenbildungen und eine vermehrte Risikoignoranz. Trotz mancher Fortschritte ist die Regulierung und Aufsicht des Bankensektors keineswegs so ehrgeizig erfolgt, wie das am Rande des Abgrunds 2008/09 für nötig erklärt und angekündigt worden ist. Die Weichmacher in den anschließenden Gesprächen und Verfahren waren nicht weniger erfolgreich als die mächtigen Lobbys großer Finanzplätze.

4. Einen ganz anderen, politischen Anlass, sich über den Zustand Europas zu sorgen, liefern der erstarkende Nationalismus und nationalkonservative Populismus in vielen Mitgliedstaaten. Ob der Front National in Frankreich, Ataka in Bulgarien, Jobbik und auch die Regierungspartei Fidesz in Ungarn, die Lega Nord in Italien, die Partei für die Freiheit (PVV) in den Niederlanden, die Dänische Volkspartei DF oder die FPÖ in Österreich und auch die AfD in Deutschland: Fast überall sind nationalistische oder nationalkonservative Parteien im Aufwind. Sie sind – zusammen mit einigen wenigen Linksparteien – die Krisengewinner. Ihnen gelingt es, den harschen Wind des Wettbewerbs mit dem Niedergang klassischer Industrien, das Misstrauen gegenüber der Handlungsfähigkeit der etablierten Parteien und das Feindbild der EU als bürgerfern, bürokratisch und kompetenzanmaßend auszubeuten. Ihre einfachen Antworten auf komplexe Probleme verfangen nicht nur bei den Modernisierungsverlierern, sondern auch bei den Aufsteigern. Die

sehen sich in Teilen nicht weniger von »Überfremdung« bedroht, fürchten Konkurrenz durch europäische Freizügigkeit und Einwanderung und wettern gegen »Wohlstandsschmarotzer«.

Die Schlüsselworte im Forderungskatalog der Vereinfacher heißen: Renationalisierung, also Volksabstimmung über einen EU-Austritt, Abschaffung des Europäischen Parlaments (nachdem sie es zuvor zu chaotisieren suchten), Protektionismus für die einheimische Wirtschaft und Einwanderungsbeschränkungen bis hin zu einer »Mission« gegen »Islamisierung«. Die EU wird als ein Eliteprojekt bezeichnet, das sich gegen die Interessen des eigenen Volkes richte; damit werden zugleich Vorurteile gegen die etablierte Politik, ihre Institutionen und Prozesse angesprochen. In nicht wenigen Fällen dient die populistische Dämonisierung der EU und des Euro schlicht der Ablenkung von nationalen Defiziten oder Unterlassungen.

Den Aufwind europaskeptischer oder antieuropäischer Bewegungen verspürt auch die Alternative für Deutschland (AfD). Sie mag mit ultranationalen und rechtsradikalen Parteien in anderen Ländern nicht vergleichbar sein. Auch ist zu hoffen, dass aufgrund unserer historischen Hypothek eine extrem rechte Partei keinen durchschlagenden Erfolg mehr beim Einsammeln von Animositäten erzielt. Aber es wäre ein Fehler, zu verdrängen, dass es auch in Deutschland Abwehr- und Abschottungstendenzen gibt, die sich in Fremdenfeindlichkeit und Wohlstandschauvinismus ausdrücken. Die Ressentiments in einigen europäischen Nachbarländern gegen das teutonische Diktat des Sparens finden ihre Entsprechung in hiesigen Ressentiments gegen angebliche Müßiggänger unter mediterraner Sonne, die »wir« finanzieren. Im Übrigen sollte die Wirkung in unseren europäischen Partnerländern nicht unterschätzt werden, wenn wir von ihnen eine stramme Diät erwarten, aber aus ihrer Sicht Selbstbedienung und Völlerei bei staatlichen Leistungen betrieben. Von anderen Ländern die Erhöhung ihres Rentenalters zu erwarten und selbst das Rentenalter zu senken, das empfindet mancher europäische Partner, dem der

Reformverdruss seiner Wählerschaft im Nacken sitzt, durchaus als widersprüchlich.

Für Europa ist dieser antieuropäische Populismus gefährlich. Dass er sich aus Entwicklungen speist, die mit der Globalisierung, dem wirtschaftlichen und technischen Wandel, der Angst vor einer Islamisierung und internationalen Wanderungsbewegungen zusammenhängen, verleiht ihm zusätzliche Dynamik. Unzweifelhaft würde der neue Nationalismus, wenn er an Zustimmung und politischem Einfluss gewinnt, Europa politisch und wirtschaftlich zurückwerfen. Im globalen Maßstab würde Europa weiter an Einfluss und Wirkungsmöglichkeiten verlieren. Es würde enorme Wohlstandseinbußen erleiden, was eine Verschärfung der sozialen Lage in allen Ländern zur Folge hätte. Die Aufgeschlossenheit gegenüber Fremden, Minderheiten und anderen Lebensstilen würde abnehmen. Selbst ein Rückfall in politische Spannungen untereinander wäre nicht mehr auszuschließen. So weit sind wir glücklicherweise nicht. Aber unter dem Druck überwiegend rechtsextremer Parteien und ihres Widerhalls in der Wählerschaft nicht weniger Staaten droht, dass bisher proeuropäische Parteien nicht nur im bürgerlichen Spektrum nationaler, konservativer und protektionistischer werden.

Europäische Passion und Depression

Selten hat sich das Dilemma der Europäischen Union in letzter Zeit so stark verdichtet wie an diesem Tag Ende November 2014. Drei Protagonisten: EU-Kommissionspräsident Jean-Claude Juncker, Bundesfinanzminister Wolfgang Schäuble und EZB-Präsident Mario Draghi. Juncker gibt ein Interview, in dem er insbesondere Frankreich und Italien trotz dauerhafter Verstöße gegen die Regeln keinerlei öffentlichen Belehrung, geschweige denn Strafverfahren unterziehen will: »Ich habe die Wahl getroffen.«* Am selben Tag plädiert Schäuble auf einer Veranstaltung der *Süddeutschen Zeitung* in Berlin für die Einhaltung der Etatregeln und eine Stärkung der Eingriffskompetenz des EU-Haushaltskommissars.* Und ebenfalls am selben Tag wird Draghi zitiert:»Wir brauchen eine Bankenunion, eine Union der Kapitalmärkte, eine Wirtschaftsunion und eine Fiskalunion.«*

Die Liste der Abweichungen – man kann auch sagen, Verletzungen – von beschlossenen Regeln in der Währungsunion ist lang. Auch Deutschland steht auf dieser Liste, seit es 2005 im Zuge der Reformagenda 2010 die jährlich erlaubte Neuverschuldung von drei Prozent des BIP nicht einhielt, sich mit einem gewissen Druck einem Strafverfahren entzog und mit anderen Euro-Staaten eine Reform der sogenannten Maastricht-Regeln durchsetzte. Die erfolgreiche Umsetzung der Agenda 2010 kann die damalige Verletzung der Maastricht-Kriterien rechtfertigen; deshalb würde ich auch mit Blick auf die laufenden wirtschaftlichen und finanziellen Schwierigkeiten Frankreichs und Italiens, die ihnen die Einhaltung der Regeln erschweren, keine Prinzipienreiterei betreiben wollen.

Mario Monti, italienischer Ministerpräsident von 2011 bis 2013 und mir als ein ebenso höflicher wie konsequenter EU-Wettbewerbskommissar in Sachen Landesbanken seit 2000 bekannt, spricht sich für eine strenge Anwendung der bestehenden Regeln durch die EU-Kommission aus, rät aber dazu, den Stabilitäts- und Wachstumspakt so zu justieren, dass er öffentlichen Investitionen der Mitgliedstaaten zur Förderung ihres Wachstums und ihrer Beschäftigung nicht im Wege steht.

Der Stabilitäts- und Wachstumspakt in der Fassung von 2012 ist eine der zahlreichen Maßnahmen zur Reform der »Economic Governance« der EU seit Beginn der Finanz- und Wirtschaftskrise. Man wird der EU-Kommission, den Staats- und Regierungschefs sowie ihren Finanzministern nicht vorwerfen können, dass sie die Hände in den Schoß gelegt hätten. Nimmt man die Maßnahmen zur wirtschaftspolitischen Koordination, zur fiskalischen Disziplinierung und Haushaltsüberwachung sowie zur Rettung einzelner Mitgliedstaaten zusammen, zähle ich sei 2010 mindestens elf Initiativen vom Euro-Plus-Pakt über das Sixpack bis zum Twopack II, die zur Krisenbewältigung beigetragen haben. Das Problem ist nicht ein Mangel an Haltegriffen und Auffangnetzen, sondern das komplexe Ganze, die teils unverbindliche Verankerung der Maßnahmen und ihre, gemessen an der aktuellen Lage, weitgehende Wirkungslosigkeit. Keiner dieser Maßnahmen ist ihre Berechtigung und Bedeutung abzusprechen. Im Gegenteil: Ohne den Rettungsschirm des Europäischen Stabilitätsmechanismus (ESM) hätten die Spannungen an den europäischen Finanz- und Anlagemärkten mit desaströsen Folgen für einzelne Euro-Staaten eskalieren können. Ohne das »Europäische Semester« wäre die Eurozone von einer Koordinierung der Wirtschafts- und Haushaltspolitik noch weiter entfernt.

Aber all das ändert an drei grundlegenden Strukturdefekten nichts, die durch keine der bisherigen Reformen beseitigt worden sind, weil es darüber zu keiner Einigung im Kreis der europäischen Staaten kam:

– Erstens ist die Währungsunion nach wie vor keine Fiskal- und Wirtschaftsunion mit einer verbindlichen Koordinierung der Wirtschafts-, Haushalts- und Steuerpolitik ihrer Mitgliedstaaten. Dies würde die Bereitschaft und den Willen der Euro-Staaten voraussetzen, in einem zwischenstaatlichen Vertrag eine zentrale Instanz – ob Euro-Regierung, Euro-Finanzminister oder Euro-Finanzkommissar genannt – unter Abtretung souveräner Rechte mit weiteren exekutiven Vollmachten auszustatten. Ich wiederhole: Diese Preisgabe souveräner Rechte will in Wirklichkeit niemand. Kein Staats- und Regierungschef eines Euro-Landes würde mit einem solchen Vorschlag nach Hause kommen und vor sein Parlament treten wollen.

– Zweitens stehen sich zwei Denkmuster zur Krisenbewältigung nach wie vor unversöhnlich gegenüber. Deutschland und einige andere Länder drängen auf Strukturreformen in Problemstaaten als Voraussetzung für Wachstum und eine höhere Wettbewerbsfähigkeit, in deren Folge Haushaltsdefizite abgebaut werden könnten. Sie legen Wert auf die Einhaltung der Etatregeln und lehnen frisches Geld, das ihre nationalen Kassen belastet, für zusätzliche Investitionsimpulse in dem erwarteten Umfang ab. Die schwankenden Staaten wollen demgegenüber mit kreditfinanzierten Programmen Wachstum und Beschäftigung ankurbeln, um dann in einem – hoffentlich eintretenden – Aufschwung Haushaltsdefizite abzubauen. Sie erwarten deshalb Dispens von den Etatregeln und sehen Deutschland in einer solidarischen Verantwortung, den europäischen Zug durch einen gegebenenfalls auch kreditfinanzierten Anschub in Fahrt zu bringen.

– Drittens befindet sich die EZB seit Jahren in der Rolle eines Ersatzakteurs, weil sich die Politik in zentralen Fragen einer Fiskal- und Wirtschaftsunion bisher nicht einigen konnte und die Regierungen einzelner Euro-Länder Strukturreformen insbesondere mit Blick auf die Belastungsfähigkeit ihrer Bevölkerung verspätet oder nur zögernd in Angriff genommen haben. Darüber hat die EZB die Grenze zu einer Staatsfinanzierung, die ihr von ihrem Statut her eigentlich untersagt ist, längst touchiert und überschwemmt die Märkte mit Liquidität zu märchenhaften Konditionen, um die Pferde zum Saufen zu bringen. Beides birgt erhebliche Risiken, wie ich in Kapitel VII aufzuzeigen versuchte.

Wenn es in der Währungsunion überhaupt ein verbindliches Regelwerk gibt, dann nur eines, das nationalen Opportunitäten und den jeweils innenpolitischen Problemen folgt. Die Frage ist, ob dann eine Währungsunion auf Dauer überhaupt funktionieren kann.

Der Pessimismus wächst, wenn man sieht, dass nicht einmal Probleme von untergeordneter Bedeutung einvernehmlich gelöst werden können – zum Beispiel die Frage der »Steueroptimierung«. Deutschland dürften dadurch jährlich etwa 5 Milliarden Euro an Steuereinnahmen entgehen. Die Nominalsätze der Unternehmensbesteuerung sind in einigen Mitgliedstaaten Schall und Rauch, weil sie auf sehr viel niedrigere Effektivsteuersätze heruntergeschraubt werden können.

Der Steuerwettbewerb in Europa legt in ernüchternder Weise offen, wie stark noch immer nationale Egoismen durchschlagen; einzelne Länder bieten Großkonzernen an, ihre Steuerpflichten zu »optimieren«, oder richten sogenannte Freeports ein, in denen Superreichen die steuerfreie Ein- und Ausfuhr von Vermögenswerten aller Art garantiert wird. Wenn schon nicht die Begradigung solcher verhältnismäßig ordinärer Probleme gelingt, wie sollen dann die wirklichen Probleme gelöst werden?

Ökonomische Leistungsfähigkeit und Wettbewerbsfähigkeit innerhalb Europas haben sich weit auseinander entwickelt. Der Trend wird sich angesichts eintrübender Konjunkturaussichten mindestens kurzfristig nicht umkehren. Das wird die Disparität in Europa weiter verschärfen und damit auch den Druck auf einige Länder, sich um die eigenen Probleme zu kümmern, was wiederum dazu führt, dass ihnen Europa sehr viel ferner rückt. Das Hemd ist einem näher als der Rock. Wenn Frankreich und Italien keinen Ausweg aus ihren auch diplomatisch nicht zu verbrämenden bedenklichen Schwierigkeiten finden (und ihnen dabei nicht geholfen wird), drohen Belastungen, gegen die das Krisenmanagement in den Fällen von Griechenland, Portugal oder Irland eine leichte Übung war. Wenn sich die Regierungen zudem – erst recht im Vorfeld von Wahlen – gegen populistische und antieuropäische Kräfte behaupten müssen, werden sie im Zweifel nach rechts rücken, um diesen den Schneid abzukaufen. Das heißt, sie werden nationale und protektionistische Töne anstimmen, gegen Einwanderung und Freizügigkeit antreten, gegen eine angebliche Brüsseler Bürokratie wettern – und gegen deutsche Dominanz.

Einen ersten Vorgeschmack geben die Vorbereitungen auf die französischen Präsidentschaftswahlen mit dem Versuch einer Revival-Tour von Nicolas Sarkozy; sollte Marine Le Pen mit ihrem Front Nationale 2017 die Präsidentschaft gewinnen, wäre dies für

Europa eine tiefe Zäsur. In Großbritannien erleben wir einen mit Blick auf die nächsten Unterhauswahlen und das Referendum 2017 zum Verbleib des Landes in der EU hochnervösen Premierminister David Cameron; sollte das Referendum gegen Europa ausfallen und das Land aus der EU ausscheiden, würde auch dies Europa schwächen und zu Gleichgewichtsstörungen auf dem Kontinent führen. Von solch düsteren Szenarien abgesehen: Der Aufstieg antieuropäischer und populistischer Kräfte in der Parteienlandschaft vieler Länder dürfte viele Mitglieder des europäischen Ensembles veranlassen, von einer weiteren Stärkung europäischer Institutionen weiter abzurücken.

Schließlich gibt es noch mitten in Europa – in Ungarn unter der Regierung von Viktor Orbán – den eklatanten Fall, dass ein Mitgliedstaat gemeinsame Normen und Werte verletzt, ohne dass die EU darauf bisher eine angemessene, das heißt energische Antwort gefunden hätte. Dieser Vorwurf richtet sich an die EU-Kommission, die längst ein sogenanntes Artikel-7-Verfahren nach dem EU-Vertrag hätte einleiten oder diesen Artikel hätte reformieren müssen, um Sanktionen gegen Ungarn in Gang zu setzen. Der Vorwurf richtet sich auch an die übrigen 27 Staaten und insbesondere gegen die Europäische Volkspartei (EVP), die bürgerlich-konservative Parteienfamilie im Europäischen Parlament, in der die CDU mit Frau Merkel der stärkste Faktor ist. Die sieht in der Partei Fidesz von Viktor Orbán offenbar unverändert politische Verwandte, obwohl deren Regiment in Wirklichkeit »autoritär, chauvinistisch, xenophob und rechtsextrem«* ist. Die Duldung solcher Tendenzen in einem Mitgliedstaat der EU steht im Widerspruch zum Geist der europäischen Gründungsakte – und sie widerstrebt meiner europäischen Passion.

Was bleibt nach einer solchen Bestandsaufnahme zu tun?

Von entscheidender Bedeutung wird sein, den Bürgern zu vermitteln, dass ihnen dieses Europa nützt und etwas bringt. Dazu reichen Appelle und Reminiszenzen an kulturelle Gemeinsamkeiten und historische Verwundungen nicht mehr aus. Europa muss seine Bürger einerseits gegen die Anarchie einer entfesselten Globalisierung schützen, indem es Brandmauern zieht, und ihnen andererseits die Chancen der Globalisierung eröffnen. Europa muss sich auf die Regelungen ausschließlich grenzüberschreitender Anliegen konzentrieren; das heißt im Umkehrschluss, es wird nationale und selbst regionale Identitäten, Gepflogenheiten und Interessen der Selbstorganisation anerkennen, also strikt dem Subsidiaritätsprinzip folgen müssen. Das setzt ein fundamentales Umdenken voraus. Nicht zuletzt wird sich Europa als Kontinent der Freizügigkeiten und der Rechtsstaatlichkeit gegenüber seinen Bürgern legitimieren müssen.

28 EU-Staaten werden nicht auf einen Nenner zu bringen sein. Deshalb ist eine Differenzierung innerhalb Europas kein abwegiger Gedanke. Dabei geht es nicht um ein Europa der zwei Geschwindigkeiten, sondern unterschiedlicher Geschwindigkeiten jenseits der Unterscheidung von Euro- und den übrigen Ländern. Es mag auf manchen Gebieten – ich nenne als Beispiele Steuerharmonisierung, Sozialstandards, Cybersicherheit, Energieversorgung, Übernahme von Best Practices zum Beispiel in der Bildungspolitik oder auch die Bündelung von Verteidigungsbudgets – Gruppen von EU-Staaten geben, die vorangehen und nicht auf Nachzügler warten wollen. Was spricht dagegen, diese einzuladen, entsprechenden völkerrechtlichen Vereinbarungen später beizutreten? Vorangehen kann jeder, es muss nicht immer »Kerneuropa« sein, dem im Wesentlichen die Gründungsstaaten der alten EWG angehören. Aber natürlich stehen die Länder der Euro-Gruppe im Fokus. Neu wären solche Verabredungen nicht, wenn ich zum Beispiel an die Möglichkeit der verstärkten Zusammenarbeit denke, auf die sich eine Gruppe von Staaten zur Einführung der bereits erwähnten Finanzmarkttransaktionssteuer verständigt hat – allerdings mit bisher nicht überzeugenden Ergebnissen.

Die hochfliegenden Pläne einer Euro-Regierung (als Vorstufe zu einer EU-Regierung), eines europäischen Parlaments mit aufgewerteten Initiativrechten und einer Zweiten Kammer, die sich aus Delegierten der nationalen Parlamente zusammensetzt, sind mir alle sympathisch. Sie scheinen mir allerdings Zukunftsmusik zu sein, die gelegentlich gern gehört wird, aber schnell wieder verhallt. Im Übrigen: Wer bildet denn eine solche Euro-Regierung? Die Staats- und Regierungschefs, die dann sowohl in einer nationalen als auch in einer europäischen Exekutive säßen? Und was ist dann die Rolle der EU-Kommission in der Euro-Gruppe? Oder sitzen dort beförderte EU-Kommissionsmitglieder? Und umgekehrt: Was ist dann der Europäische Rat der Staats- und Regierungschefs? Ein Haushaltskommissar für die Euro-Gruppe mit erweiterten Rechten bis hin zu einem Vetorecht gegenüber nationalen Haushaltsplanungen wäre bereits ein großer Fortschritt. Aber ob sich die nationalen Parlamente diesen Kommissar gefallen ließen, ob sein Regelwerk auf eine größere Disziplin rechnen könnte und ob bei Regelverletzungen Sanktionen akzeptiert würden – all das muss bezweifelt werden.

Die »Clusterbildung« im Rahmen der neuen Strukturen der EU-Kommission geht in die richtige Richtung. Sieben Vize-Kommissionspräsidenten sollen eine koordinierende Funktion für mehrere Aufgabengebiete übernehmen, für die andere Kommissionsmitglieder zuständig sind. Dennoch stellt sich die Frage, ob Europa 28 EU-Kommissare wirklich guttun. Ihre Berechtigungsnachweise suchen sie nicht zuletzt durch einen ausholenden Zugriff auf Zuständigkeiten und die Kreation von »Projekten« zu erbringen, die auf den unteren Ebenen der Mitgliedstaaten für Unverständnis sorgen und nicht selten antieuropäische Reflexe auslösen. Der rasanten Erweiterung der EU von 12 Mitgliedern 1994 auf 25 Mitglieder in nur zehn Jahren bis 2004 sind kaum strukturelle und organisatorische Anpassungen gefolgt; kein Wirtschaftsunternehmen hätte das überlebt. Nicht nur mit Blick auf die Arbeitsweise der EU trete ich für einen Beitrittsstopp ein, der so lange gelten sollte, bis Zuständigkeitsfragen geklärt sind. Eine weitere Vergrößerung der EU auf 29, 30 oder 31 Mitgliedstaaten würde diesen Prozess nur erschweren oder weiter aufschieben. Bevor weitere Länder, die politisch unübersichtlich sind und zum Teil weniger Einwohner haben als Bremen oder Hamburg, willkommen geheißen werden, gehören offene Fragen zu den politischen Verhältnissen in Ungarn, Bulgarien oder Rumänien auf den Tisch.

Welche Schritte zur Reformierung der europäischen Institutionen unterhalb der Änderung der europäischen Verträge möglich sind, bleibt zu ermitteln; im Zuge einer Reform muss zweifellos die – im Sinne der Gewaltenteilung merkwürdige – Konstruktion der EU-Kommission als Exekutive und zugleich Legislative aufgegriffen werden. Neben dem Präsidenten des Europäischen Parlaments hat die EU vier weitere »Präsidenten«: den EU-Kommissionspräsidenten, den ständigen Ratspräsidenten, den turnusgemäßen Ratspräsidenten, der halbjährlich von Belgien bis Zypern wechselt, und den Vorsitzenden der Euro-Gruppe. Vielleicht könnte sich die EU im Zuge einer Reform ja darauf einigen, wen der amerikanische Präsident oder der chinesische Parteichef im Zweifel anrufen soll, um mit Europa zu sprechen.

Folgt man dem ehemaligen Richter am Bundesverfassungsgericht Dieter Grimm, stellt sich eine stärkere Parlamentarisierung und damit eine stärkere demokratische Legitimierung der EU-Institutionen deutlich komplexer dar, als viele denken. Grimms Bewertung geht auf das Urteil des Europäischen Gerichtshofes von 1964 (!) zurück, das die Europäischen Verträge in einen Verfassungsrang gehoben und damit demokratisch legitimierten Gewalten entzogen hat. Selbst eine Aufwertung des Europäischen Parlaments und eine stärkere legitimatorische Verankerung des Europäischen Rates würde daran nichts ändern. Das sei auch der entscheidende Grund für die »Verexekutierung« der EU, so Grimm. Die einzige Möglichkeit zur Korrektur bestehe in einer durchgreifenden Änderung der Europäischen Verträge, die sich allein auf die Zwecke, Organe, Kompetenzen und Verfahren der EU sowie Grundrechte beschränken müssten, während »alles andere auf die Ebene des einfachen Rechts herabgestuft werden – und damit zur

Repolitisierung offenstehen [müsste]«.* Grimms Hoffnung, dass es zu einer solchen Reform kommt, ist allerdings gering.

Zur aktiven Unterstützung der Reformanstrengungen einzelner Länder gehört eine Auslegung des Stabilitäts- und Wachstumspaktes, die es diesen Ländern erlaubt, Reformmaßnahmen mit finanziellen Impulsen zur Förderung ihres Wachstums und ihrer Beschäftigung zu verbinden, ohne dass ihnen die dafür notwendige Kreditfinanzierung ins Klassenbuch geschrieben wird mit dem Vermerk Versetzungsgefahr. Die im Berliner Regierungsviertel weitverbreitete Überzeugung, Europa werde am deutschen Paradigma genesen, ist wirtschaftlich falsch und politisch brandgefährlich. Nötig sind vielmehr deutsches Entgegenkommen bei der Anwendung des Stabilitäts- und Wachstumspaktes sowie ein Investitionsprogramm; dem würde die Einleitung von Reformen bei konditionsschwachen Euro-Staaten als Äquivalent gegenüberstehen. Beides wäre Zug um Zug aufeinander abzustimmen. Deutschland wird sich – auch gegen Vorbehalte und Vorurteile in der eigenen Bevölkerung – bewegen müssen, wenn es nicht den Absturz von Nachbarländern in Kauf nehmen will. Ein solcher Zusammenbruch unter den Nachbarn hätte fatale Rückwirkungen und käme uns weitaus teurer zu stehen als jede Anschubfinanzierung.

Das 315-Milliarden-Paket des EU-Kommissionspräsidenten Juncker klingt nicht schlecht. Ihm ist maximaler Erfolg zu wünschen. Tatsächlich steckt darin wenig »frisches« Geld der EU und gar kein Geld der Mitgliedstaaten. Die ganze Hoffnung liegt auf einer Hebelwirkung der 21 Milliarden Euro von EU und Europäischer Investitionsbank (EIB), mit denen die EIB Kredite in Höhe von 60 Milliarden Euro absichern soll, die wiederum Investitionen von 315 Milliarden Euro mobilisieren sollen. Diese unterstellte Hebelwirkung ist extrem und überschreitet jede Grenze, die im privaten Kreditgeschäft erlaubt ist. Hinzu kommt: Ob das in einer Zeit klappt, in der Kapital für Investitionen zu günstigen Bedingungen ohnehin zur Verfügung steht, bleibt abzuwarten. Offensichtlich werden einige Fördertöpfe der EU, aus denen der Hebel in Bewegung gesetzt werden soll, nur umetikettiert. Und die Anmeldungen aus den EU-Mitgliedstaaten enthalten viele Projekte, die national ohnehin längst in Planung oder bereits in der Pipeline sind. Der zusätzliche Impuls fällt umso dürftiger aus, je mehr Projekte in einem Verschiebebahnhof aus den nationalen Haushalten auf die europäische Ebene verlagert werden. Tatsächlich richten sich die Erwartungen taumelnder Länder unverändert auf solvente Staaten wie insbesondere Deutschland, einen kräftigen zusätzlichen Impuls durch ein additives Investitionsprogramm zu geben.

Wenn die Reden über eine Fiskal- und Wirtschaftsunion als Zwillingsbrüder einer Währungsunion ernst gemeint sind, dann steht – unter bestimmten Voraussetzungen – in letzter Konsequenz auch ein gemeinsames Schuldenmanagement in der Eurozone an. Die Berliner Politik sollte achtgeben, sich durch eine dem öffentlichen Mainstream geschuldete kategorische Verdammung der gemeinsamen Schuldenaufnahme nicht so hoch einzumauern, dass Lösungen verstellt sind, wenn sie eines Tages eventuell dringend gebraucht werden.

Da es umgekehrt keine bedingungslose und unendliche Solidarität mit Euro-Staaten geben kann, denen langfristig die Möglichkeiten fehlen, in der Währungsunion auf eigenen Beinen zu stehen, halte ich ein geordnetes und rechtlich geregeltes Verfahren zum Austritt aus der Währungsunion für richtig. Ich gehe noch einen Schritt weiter: So, wie ein geordnetes Abwicklungs- und Insolvenzregime für große Banken in Europa geschaffen worden ist, so sollte es analog auch ein geordnetes Insolvenzverfahren für scheiternde Euro-Staaten geben, damit nicht die ganze Währungsunion ins Wanken kommt. Der Internationale Währungsfonds hat vor zehn Jahren schon einmal ein internationales Staatsinsolvenzverfahren vorgeschlagen und beschäftigt sich offenbar erneut mit einem entsprechenden Modell. Das gilt auch für eine Reihe deutscher Wirtschaftswissenschaftler, die einen solchen Weg für die bessere und demokratischere Lösung halten, statt die Steuerzahler eines hochverschuldeten Euro-Staates in Haftung zu nehmen und andere

Länder in die Verlegenheit zu bringen, sich als langjährige Unterhaltszahler wiederzufinden.*

Man kann zu dem Ergebnis kommen, dass Europa mit dem bisherigen Krisenmanagement nicht aus der Kurve getragen worden ist. Der Wagen sieht zwar derangiert aus und ist in einem bedenklichen Zustand, hat aber bisher noch jedes Hindernis genommen. Eine Gewähr dafür, dass es so bleibt und die Krise Europas mit einer gewissen Fahrtüchtigkeit und auf Sicht bewältigt werden kann, gibt es freilich nicht. Vielleicht muss der Horizont doch weiter gesteckt werden, will man Europa aus den negativen Nachrichten über seine Krisenanfälligkeit und eine vornehmlich ökonomische Betrachtungsweise herausholen. Wir reden viel über finanzielle Impulse, aber zu wenig über einen Impuls zur öffentlichen Debatte, was denn dieses Europa ist und sein soll und was es uns bedeutet.

So wage ich denn an dieser Stelle einen Vorschlag, den mir zuerst Henning Voscherau nahebrachte: Ob nicht aus Deutschland heraus – gemeinsam mit vielleicht zwei oder drei Partnern in Europa – unter Beteiligung unterschiedlicher gesellschaftlicher Gruppen von Intellektuellen und Künstlern bis hin zu Vertretern von Nichtregierungsorganisationen eine Debatte über einen neuen Verfassungsprozess in Gang gesetzt werden sollte. Ich weiß, dass ich mit diesem Vorschlag meiner eigenen Empfehlung widerspreche, die Debatte über die nötigen Reformen der EU auf jeden Fall unterhalb der Verfassungsschwelle zu führen. Aber es geht mir nicht darum, irgendwann über einen Verfassungsentwurf zu verfügen (auf die Probleme, einen solchen Entwurf dann in einem komplizierten politischen Verfahren bis hin zu Volksbefragungen durchzusetzen, habe ich selbst hingewiesen). Sondern auf den Weg kommt es an! Eine Debatte, wie ich sie mir wünsche, würde viel Lärm machen und zu ordentlichen Kontroversen über Europa, seine Werte und Ziele, seine Identitäten und seine zukünftige Gestalt führen. Vor allem würde sie neue Perspektiven eröffnen. So könnten wir vielleicht herauskommen aus dem Jammertal, durch das wir uns zurzeit hindurchwursteln und in dem sich die europäische Idee verkürzt hat auf den leidigen Streit um Posten und Geld.

Neue alte Machtgeometrie

Es gibt nicht wenige Stimmen, die in der Annexion der Krim durch Putins Russland eine Zäsur sehen. Eine Zwischenphase sei zu Ende gegangen, die mit der Hoffnung verbunden war, dass sich die Ideen der Revolutionen von 1776 in Amerika und 1789 in Frankreich auch in Russland langsam Geltung verschaffen würden und die konfrontative Großmachtpolitik in den imperialen Denk- und Handlungsmustern des 19. und 20. Jahrhunderts für immer überwunden sei. Aus prominenter polnischer Sicht ist die durch Russland entfachte Ukraine-Krise ein Angriff auf die europäische Ordnung der postsowjetischen Zeit. Tatsächlich erschüttert sie sicherheits- und außenpolitische Gewissheiten, die sich nach der historischen Wende Anfang der neunziger Jahre und in der Pflege einer »strategischen Partnerschaft« mit Russland entfaltet haben. Nicht nur wegen der unverblümten Gewalttätigkeit, mit der Präsident Putin erstmals nach dem Zweiten Weltkrieg Grenzen in Europa missachtete und einen erneuten Riss zwischen Russland und Europa in Kauf nahm. Sondern vor allem weil eine der Grundfesten der neuen europäischen Ordnung, die ja auch Russland einschloss, gesprengt wurde, nämlich das Vertrauen auf die Stärke des Rechts anstelle der Furcht vor der Macht des Stärkeren.

So sehen sich Deutschland und seine europäischen Partner unerwartet in einer Lage, in der – wie schon im Bürgerkrieg im zerfallenden Jugoslawien der neunziger Jahre – historische Konfrontationslinien und Brennpunkte an der östlichen Peripherie Europas auf die Realpolitik durchschlagen. Diese Rückkehr von Wirkungskräften, die längst in den historischen Archiven vermutet wurden, weckt alte Unsicherheiten. Diese werden noch verstärkt, weil Präsident Putin einen eurasischen Verbund zum Gegenpol der EU oder des Westens allgemein erhebt und die Konfrontation damit ideo-logisch auflädt. Dort der materialistische, individualistische und dekadent schillernde Westen, hier das traditionelle, spirituelle und unverdorbene Russland. Mit seinem radikalen Nationalismus, der durchaus ethnische Elemente aufweist, bietet Putin allen antieuro-päischen und tendenziell antidemokratischen Kräften in Europa einen Leitstern in der gemeinsamen Zielsetzung, die EU und das westliche Bündnis zu schwächen.

Die tiefgreifenden Wendungen in den europäisch-russischen Beziehungen, die eine Rückkehr zum Status quo vor der russischen Annexion der Krim nicht zulassen werden, könnten in ernsthaften Spannungen eskalieren, sollte Russland den Druck auf einen Zerfall der Ukraine erhöhen. Eine militärische Option bleibt in jedem Fall ausgeschlossen. Sie würde hundert Jahre nach dem Ersten Welt-krieg die damals Beteiligten noch einmal in eine Katastrophe un-vorstellbaren Ausmaßes führen. Die Befürworter einer härteren Gangart gegenüber Russland denken offenbar nicht zu Ende, auf was denn ihre stramme Rhetorik in letzter Konsequenz hinauslau-fen soll. Wieder ein kraftvoller Sprung ins Ungewisse?

Die Befürworter eines abgewogenen Vorgehens unter Aus-schluss demütigender und provozierender Züge, die leichthin als Russland-Versteher in Schubladen gesteckt werden, werden umge-kehrt die äußerste Stufe einer Eskalation nicht mit einem Denkver-bot belegen können. Wenn Russland sich zum Schutz einer russi-schen Minderheit in einem Mitgliedsstaat der NATO aufgerufen fühlen oder andere Rechtfertigungen ins Feld führen sollte, um mi-litärisch wie im Fall der Ukraine zu intervenieren, dann träte nach Artikel 5 des Nordatlantikvertrages der Bündnisfall ein. Für uns Deutsche mag das ein so hypothetisches Szenario sein, dass sich dem jede Vorstellungskraft verweigert. Dagegen empfinden einige unserer osteuropäischen Nachbarn – die vor 25 Jahren glücklich dem sowjetischen Herrschaftsbereich entkommen sind – diesen Fall als durchaus nicht abwegig und verbinden ihn mit der Test-frage nach der Verlässlichkeit des deutschen Beistandes.

Russlands imperiales Auftrumpfen mag innenpolitische Gründe haben. Es wird darauf verwiesen, dass Präsident Putin nach einer chaotischen Phase der Selbstaufgabe und des Ausverkaufs unter Boris Jelzin versuche, den Stolz einer verletzten Großmacht wiederherzustellen; es ist aber auch von Machtabsicherung und der Ablenkung von Rückständigkeiten die Rede. Ich kann jenen Einschätzungen viel abgewinnen, die Russlands militärischen, politischen, wirtschaftlichen und propagandistischen Druck auf die Ukraine maßgeblich dem Maidan-Aufstand in Kiew zuschreiben. Die erfolgreiche Mobilisierung der Massen habe in Moskau die Angst vor Ansteckungsgefahr durch die Freiheits- und Demokratiebewegung ausgelöst.

Russlands Rückfall in ein imperiales Modell mag ein Momentum sein, das bei einer nüchternen Betrachtung der politischen und vor allem wirtschaftlichen Kosten bald abklingt. Bis dahin bleiben Europa und dem Westen insgesamt nur Standfestigkeit und Geschlossenheit, zugleich aber Offenheit für alle Wege, die aus der Krise herausführen. Europa braucht einen langen Atem, darf sich von den Schablonen eines harten oder weichen Auftretens nicht beeindrucken lassen und muss sich in einer ebenso angemessenen wie konsequenten Stufenfolge auf Sanktionen stützen.

Gut zwei Jahrzehnte nach der historischen Entsorgung des Blockdenkens und der daraus hervorgegangenen Neuordnung Europas haben die Ukraine-Krise und Russlands völkischer Nationalismus eine epochale Umwälzung ausgelöst, durch die überwunden geglaubte Fragen der Sicherheit wiederbelebt werden. Der Rückfall in eine russische Großmachtpolitik hat tiefgreifende Auswirkungen auf Europa – nicht zuletzt auf seine Selbstwahrnehmung als politische Einheit, die sich im globalen Machtgefüge zu behaupten hat.

Die Zäsur fällt zusammen mit einer Reihe weiterer einschneidender Entwicklungen und globaler Unsicherheiten. Das größte Potenzial zur Bedrohung von Frieden und innerer Sicherheit in Europa geht von dem fundamentalistischen Islamismus aus, der im Dschihadismus seine krasseste und aggressivste Ausprägung findet. Dieser fanatisierte Teil des Islam verachtet die westliche Zivilisation mit ihrer offenen und demokratischen Gesellschaft, weil »Gott die Gesetze festgelegt hat« und dies nicht etwa Parlamenten oder einer weltlichen Justiz zustehe. Dieser elementare Gegensatz zwischen einem orthodoxen Islam und einem säkularisierten Westen spielt nicht nur für fundamentalistische Islamisten eine Rolle, er erweist sich nicht selten auch als ernstzunehmendes Hindernis bei der Integration von Muslimen in westliche Gesellschaften.

Der radikale Islam hat – wie die Totalitarismen des 20. Jahrhunderts in Europa – einen klaren Feind: die Nicht- oder Andersgläubigen, die in einem heiligen Krieg unterworfen werden müssen. Er richtet sich mit seinem fundamentalistischen Anspruch, die Welt in einen Gottesstaat zu verwandeln, aggressiv gegen alle Errungenschaften der Aufklärung und der Moderne. Es handelt sich um massive zivilisatorische Gegensätze, die auf diplomatischem Weg nicht auszuräumen sind. Der Zweck dieses fundamentalistischen Islamismus heiligt seine Mittel – von kriegerischen Missionen über die Missachtung von Menschenrechten bis zum Terrorismus. Dabei ist die »gefährlichste aller Auswirkungen des Terrors […] die Infektion am Gegner« (Hans Magnus Enzensberger). Mir will es so vorkommen, als ob das Gift in den USA bereits wirkt: Seit dem Trauma der Anschläge vom 11. September 2001 werden die Werte, die es zu verteidigen gilt, durch die Wahl der Mittel zu ihrer Verteidigung unablässig diskreditiert.

Parallel zu dieser ideologischen Stoßrichtung des islamischen Fundamentalismus entwickelt sich der innerislamische Konflikt zwischen Sunniten und Schiiten um die Vorherrschaft im Nahen Osten zu einem gefährlichen Brennpunkt. Zusammen mit dem israelisch-palästinensischen Konflikt macht er den Nahen Osten zum dauernden Unruheherd – mit kurzen Zündschnüren nach Europa. Die innerislamische Auseinandersetzung droht die Ordnung des Nahen Ostens zu sprengen und die gesamte Region in teils verqueren Freund-Feind-Mustern ins Chaos zu stürzen. Die drohende Auflösung staatlicher Strukturen ist allerdings nicht nur im Nahen Osten, in Syrien, dem Irak und dem Libanon, sondern unter dem Druck fundamentalistischer oder separatistischer Kräfte auch in Teilen Afrikas zu beobachten. Es wird immer schwieriger werden, Konflikte auf konventionelle Weise, das heißt mit Hilfe der Diplomatie, am grünen Tisch zu entwirren und zu lösen.

Über die Verschiebung globaler wirtschaftlicher und politischer Koordinaten durch den Aufstieg des asiatisch-pazifischen Raumes mit China als Schwergewicht, das in seinen Absichten und seiner Bereitschaft, internationale Verantwortung zu übernehmen, schwer zu decodieren ist, gibt es bereits regalweise von Veröffentlichungen. Ebenso ist bereits hinreichend über die Gleichzeitigkeit gewachsener globaler Interdependenzen einerseits und einer gestiegenen Unübersichtlichkeit und Anfälligkeit für Krisen andererseits, über die Entwicklung von einer bipolaren Welt des Kalten Krieges über eine unipolare Welt unter Führung der USA zu einer multipolaren Welt mit neuen Konfliktmustern geschrieben worden. In den siebziger und achtziger Jahren wurde der unaufhaltsame Aufstieg Japans und um die Jahrhundertwende ein Siechtum Deutschlands vorausgesagt. Dagegen standen der Mauerfall, die Implosion der Sowjetunion, der Ausbruch der Finanzkrise 2007 ff. oder die Umwälzungen in arabischen Ländern auf keiner Ereigniskarte. Deshalb sollten wir der nicht seltenen Neigung widerstehen, die Aufnahme gegenwärtiger Linien einfach in die Zukunft fortzuschreiben und von kontinuierlichen Entwicklungen auszugehen. Gewiss ist eines: Unser Bedürfnis nach Stetigkeit und Überschaubarkeit und einer stabilen internationalen Ordnung mit Deutschland als Insel der Selbstgenügsamkeit wird nicht erfüllt. Die Welt befindet sich in einer Phase, in der sie sich unter den treibenden Kräften der wirtschaftlichen Globalisierung, Digitalisierung, Demographie und antagonistischen Gesellschaftsentwürfen neu sortiert. Dabei stellen sich der westliche Kapitalismus und der universelle Anspruch unseres Wertesystems aus der Sicht anderer

Kulturkreise nicht weniger als Ideologie dar als aus unserer Sicht deren gesellschaftspolitische Vorstellungen.

Die hier angedeuteten Entwicklungen führen uns Europäer zu mindestens zwei grundlegenden Erkenntnissen. Erstens scheint das in den neunziger Jahren eingeläutete amerikanische Jahrhundert nicht viel länger als etwa ein Jahrzehnt gedauert zu haben. Inzwischen blicken wir auf eine multipolare Welt, in der die eine dominierende Supermacht fehlt. Die USA scheinen weltweit den Rückzug anzutreten; die Fähigkeit zu globalen Interventionen scheint dabei ebenso nachzulassen wie die entsprechende Bereitschaft, als Ordnungsmacht in fremde Konflikte einzugreifen. Statt sich weiterhin der Gefahr einer Überdehnung auszusetzen, konzentriert man sich in Washington offensichtlich immer mehr auf den asiatisch-pazifischen Raum. Dies hat Konsequenzen für Europa. Zum einen gewinnt die Frage nach der Qualität des transatlantischen Verhältnisses, die während der letzten zehn Jahre in der politischen Besenkammer abgestellt worden war, wieder an Aktualität. Zum anderen werden wir Europäer – und insbesondere wir Deutschen – uns nicht mehr lange um eine Antwort drücken können auf die Frage, wie wir in einem fragiler werdenden internationalen Umfeld Einfluss entwickeln und ausüben wollen, um unsere Interessen zu wahren. Leider ist zu konstatieren – und das ist die zweite Erkenntnis –, dass Europa selbst angesichts der hier beschriebenen Herausforderungen in keinem guten Zustand ist. Auch darüber wird Deutschland nicht im Wartesaal verharren können.

Im transatlantischen Verhältnis gibt es zwischen Deutschland und den USA eine spürbare Entfremdung. Die kommt nicht von ungefähr, der Wendepunkt dürfte der Irak-Krieg 2003 gewesen sein. Aus Sicht der Amerikaner lag eine Täuschung über deutsche Bündniszusagen vor, die Zweifel an unserer Verlässlichkeit begründete; aus Sicht der Deutschen lag eine Täuschung über die angeblichen ABC-Waffenbestände des Regimes von Saddam Hussein vor, die zu abenteuerlichen Vorstellungen von einer bellizistisch gestimmten Führungselite in Washington führten. Das Ergebnis

gab Gerhard Schröder und seiner Absage recht und lässt die Auf-
tritte von US-Vizepräsident Dick Cheney und Verteidigungsminis-
ter Donald Rumsfeld bis in die jüngste Zeit nur umso unheimlicher
erscheinen.

Seitdem sind auf beiden Seiten viele Nerven strapaziert worden.
Zuletzt sah sich die Bundesrepublik Deutschland durch nachrich-
tendienstliche Aktivitäten der Amerikaner in ihrer Souveränität
verletzt, und die Bundesregierung musste an die ungeschriebenen Anstandsregeln im Umgang zwischen Partnern erinnern. Die
Überwachungsaktivitäten der NSA unter Verletzung der deutschen
Rechtsordnung, die Weigerung der USA, zur Aufklärung beizutragen, das abgehörte Mobiltelefon der Bundeskanzlerin (und ihres
Vorgängers!) oder die Spionageanwerbung der CIA sind schwere
Kost. Aber fast noch mehr zu schlucken gibt die Arroganz, mit der
die USA schulterzuckend auf diese Brüskierungen reagieren. Sie
zeugt von der Unfähigkeit, die beträchtlichen politischen Auswirkungen solcher Geheimdienstaktivitäten selbstkritisch zu reflek-
tieren. Washington fehlt offenbar die Vorstellungskraft, dass solches Verhalten einem schwelenden Antiamerikanismus Vorschub
leisten und das Bild vom »American way of life« massiv beschädigen könnte. Das ist die Arroganz einer Großmacht, die offenbar
nicht nur den Code ihrer Gegner, sondern inzwischen auch den
ihrer Partner nicht mehr zu lesen vermag.

Die USA haben aus vielerlei Gründen zweifellos ein starkes
Interesse an einer verlässlichen und unbelasteten Beziehung zu
Deutschland. Deutschland seinerseits sollte siebzig Jahre nach Ende
des Zweiten Weltkriegs und 25 Jahre nach Gewinn der vollen Souveränität politisch so weit erwachsen geworden sein, dass es den
USA selbstbewusst begegnet und den Respekt seiner Rechtsordnung einfordert. Dazu gehören klare Grenzziehungen, die deutlich
zeigen, was man sich gefallen lässt und was nicht. Das mag für die
USA unbequem sein und manchen amerikanischen Politikern, insbesondere in den Reihen der Republikaner, sogar unbotmäßig erscheinen – so wie Gerhard Schröders Nein zur deutschen Betei-

ligung am Irak-Krieg 2003. Aber unter dem Dach gemeinsamer Interessen und Ziele müsste den USA ein starker Bündnispartner lieber sein als ein Befehlsempfänger, der politisch wenig auf die Waage bringt, wenn es darum geht, die USA auf der internationalen Bühne zu unterstützen.

Andererseits bringt es nicht viel, den Amerikanern ununterbrochen Anmaßung, strategische Fehleinschätzungen und die Diskreditierung der gemeinsamen Werte vorzuhalten. Als einziges westliches Land verfügen die USA nach wie vor über das Potenzial, weltweit als Ordnungsmacht eingreifen zu können, wenn auch unter zunehmend schwieriger werdenden Bedingungen. Die Möglichkeit zu solchen Einsätzen, denen gemeinsame Vorstellungen von Demokratie, Freiheit, Menschenrechten und freiem Handel zugrunde liegen, entspricht dem deutschen und europäischen Interesse. Zu erwarten ist allerdings, dass die USA den Europäern, insbesondere uns Deutschen, künftig einen deutlich höheren Beitrag zu solchen Einsätzen abverlangen werden.

So weit die grobe Skizze der politischen Großwetterlage, die sich derzeit über Deutschland erstreckt. Die Erwartungen unserer Partner sind hoch. Viele sehen in Deutschland das politische und wirtschaftliche Dickschiff im europäischen Konvoi, das vorausfahren soll. Die USA erwarten schon seit Jahren, dass sich Europa stärker in der Außen- und Sicherheitspolitik engagiert und insbesondere vor seiner eigenen Haustür mehr tut, und mahnen vor allem den deutschen Beitrag an. Sicherheitspolitik ist nicht mit der Erhöhung von Militärhaushalten gleichzusetzen: Auf dieses Missverständnis sollten wir die Amerikaner gelegentlich hinweisen. Wir sollten aber auch nicht verdrängen, dass eine gewisse Entfremdung im transatlantischen Verhältnis mit der – aus amerikanischer Sicht – Unfähigkeit Europas zu tun hat, sich selbst zu organisieren und, auch zur Entlastung der USA, stärker für sich selbst zu sorgen.

Stichworte für einen Rollentext

Die Debatte über Deutschlands künftige internationale Rolle führt schnell auf ein Terrain, wo historische Hypotheken, moralische Bedenken und nicht zuletzt antiamerikanische Reflexe ein schwer aufzulösendes Amalgam eingehen. Die Übernahme internationaler Verantwortung wird dabei nicht selten mit Bundeswehreinsätzen gleichgesetzt, womit die ganze Debatte auf eine militärische Frage verkürzt wird. Auf diesem Gebiet erklären wir uns aufgrund der bei uns weitverbreiteten pazifistischen Grundhaltung schlicht für nicht zuständig.

Nun redet kein deutscher Politiker militärischen Abenteuern das Wort. Von den Linken abgesehen, wird niemand behaupten wollen, Bundesregierung und Bundestag hätten in den letzten zwanzig Jahren leichtfertig Auslandseinsätze der Bundeswehr genehmigt. Nach der Entsendung von Bundeswehreinheiten auf den Balkan Ende der neunziger Jahre zur Verhinderung eines Völkermordes war das letzte gewichtige und riskante Mandat für einen Bundeswehreinsatz das Afghanistan-Mandat aus dem Jahr 2001. Beiden Entscheidungen gingen langwierige Debatten voraus, die nicht auf einen skrupellosen oder verantwortungslosen Umgang der Politiker mit dem Leben und der Gesundheit von Soldaten schließen lassen. Trotzdem ist Vorsicht geboten, wenn das Thema internationale Verantwortung auf eine rein militärische Auslegung verkürzt zu werden droht.

Auf der Münchener Sicherheitskonferenz Anfang Februar 2014 haben Bundespräsident Gauck, Außenminister Steinmeier und Verteidigungsministerin von der Leyen das Thema auf die politische Agenda gesetzt. Deutschland – so der gemeinsame Tenor – werde der Frage nach seinem künftigen internationalen Engagement nicht entkommen und sich nicht auf den Status einer wohlwollenden Nachhut oder gar in Neutralität zurückziehen können. Nach einem Interview Mitte Juli 2014, in dem er davon sprach, dass im Kampf um Menschenrechte auch militärische Maßnahmen als letztes Mittel nicht von vornherein zu verwerfen seien, musste sich der Bundespräsident von einem Landtagsabgeordneten der Linkspartei als »widerlicher Kriegshetzer« beschimpfen lassen. Die stellvertretende Fraktionsvorsitzende der Linkspartei im Bundestag, Sahra Wagenknecht, verstieg sich in der Generaldebatte über den Etat des Bundeskanzleramtes Ende November 2014 zu dem Vorwurf, die eher geschäftsmäßig nüchterne Rede der Bundeskanzlerin sei Kalte-Kriegs-Rhetorik. Solche Äußerungen spiegeln eine verkrampfte und verzerrte Wahrnehmung wider, die Annäherungen zwischen SPD und Linkspartei in einer so zentralen Frage denkbar unwahrscheinlich erscheinen lässt.

Die Frage nach der künftigen internationalen Rolle Deutschlands wurde lange Zeit aus allen politischen Debatten ausgeklammert. Jeder zaghafte Versuch, sie mit einem realistischen Blick auf das Weltgeschehen zu beantworten, lief Gefahr, mit schweren Verdächtigungen belegt zu werden. Eines der prominentesten Opfer war Bundespräsident Horst Köhler, der in einem Interview im Mai 2010 über deutsche Interessen an freien und sicheren Handelswegen und an der Verhinderung regionaler Instabilitäten gesprochen hatte. Was seinen abgewogenen Worten folgte, war die Inszenierung einer aberwitzigen Empörung, die ihn dann zum Rücktritt veranlasste.

Mit unserer »Kultur der Zurückhaltung« werden wir auf Dauer nicht durchkommen. Sie ersetzt weder eine Strategie, noch bietet sie eine Antwort auf Kräfte, die uns keineswegs friedlich gesinnt sind. Gegenüber neuen Gefahren durch nichtstaatliche Akteure, die das staatliche Gewaltmonopol brechen und sich Kriegswaffen, möglicherweise sogar Massenvernichtungswaffen, zu verschaffen verstehen, bieten weder Neutralität noch Passivität, noch ein genereller Pazifismus Schutz, so der frühere Generalinspekteur der Bundeswehr Klaus Naumann. Es gilt, nicht nur unsere Handlungen, sondern auch unsere Unterlassungen auf ihre Folgen abzuwägen.

Ich will mich hier nicht im Entferntesten anheischig machen, Grundrisse einer deutschen Außenpolitik zu skizzieren. Mein

Freund Frank-Walter Steinmeier weiß selbst am besten, was zu tun und zu lassen ist. Ich vermute, dass viele Deutsche sich mir anschließen werden, wenn ich sage, wir können dankbar sein, in einer so schwierigen politischen Konstellation, wie wir sie derzeit an den Ostgrenzen der EU erleben, einen solchen Außenminister zu haben. Für die mittel- und langfristige Orientierung, jenseits der tagespolitischen Fragen, scheinen mir indes sechs Punkte essenziell, an denen sich deutsche Interessen entscheiden.

1. Unsere wichtigsten Partner sind unsere europäischen Partner in der EU, allen voran Franzosen und Polen, mit denen wir zu einem dauerhaften trilateralen Zusammenwirken finden müssen. Deutschland hat ein massives Interesse an stabilen Verhältnissen in der Eurozone, an einer hohen wirtschaftlichen Leistungs- und Wettbewerbsfähigkeit der gesamten EU, einer fortschreitenden europäischen Integration und einer gemeinsamen außen- und sicherheitspolitischen Strategie. Es muss unser europäisches Interesse sein, das freiheitlich-demokratische Gesellschaftsmodell und eine soziale marktwirtschaftliche Ordnung im Wettbewerb der Systeme attraktiv zu halten. Dies würde Europa aufwerten und ihm trotz seines abnehmenden Anteils an der Weltbevölkerung und am Welthandel Einflussmöglichkeiten sichern.

Diesem Interesse entsprechend sollten wir finanzielle Solidarität für schwächelnde europäische Partner organisieren, auf wettbewerbsfähige Strukturen in diesen Ländern drängen, Impulse für weitere Integrationsschritte setzen und, auf der anderen Seite der Medaille, der EU die Kompetenz für alle Themen entziehen, die bürgernah entschieden werden können. Auf europäischer Ebene soll es um die Erarbeitung gemeinsamer Konzepte gehen (Russland, Afrika, Naher und Mittlerer Osten, Ostasien), aber auch um die Einsetzung arbeitsteilig besetzter Taskforces zur politischen Krisenbewältigung. In der Sicherheitspolitik läge es im gemeinsamen Interesse, einerseits die wehrtechnischen Kapazitäten und finanziellen Ressourcen zur einheitlichen Beschaffung und Ausrüstung der Streitkräfte zu bündeln und andererseits eine Arbeitsteilung hinsichtlich der verschiedenen Waffengattungen und Einsatzzwecke zu verabreden. Brauchen beispielsweise sechs Ostsee-Anrainerstaaten, die Mitglied der NATO sind, vom Schnellboot bis zur Fregatte jeweils alle Schiffstypen, noch dazu in oft unterschiedlicher Bauart?

2. Deutschlands internationale Rolle wird auch weiterhin vom Prinzip der Westbindung und der Verlässlichkeit im Bündnis der NATO getragen sein müssen. Die überwiegend am linken Rand zu hörende Auffassung, Deutschland solle seine Mitgliedschaft im Nordatlantikvertrag aufgeben und sich »blockfrei« in eine Äquidistanz zwischen Washington und Moskau begeben, ist lebensgefährlich. Deutschland würde sich dadurch isolieren und könnte, auf sich allein gestellt, weder seine nationalen Sicherheitsinteressen wahrnehmen noch weiterhin Beiträge zur europäischen Integration leisten. Der Wunsch der ehemaligen Ratsvorsitzenden der Evangelischen Kirche in Deutschland Margot Käßmann – »Ich fände es gut, wenn die Bundesrepublik auf eine Armee verzichten könnte wie Costa Rica«* – zeugt von entwaffnender Naivität, ja Realitätsverweigerung. Daran ändert auch ihr Zusatz nichts, ihr sei bewusst, dass dies wegen der Einbindung Deutschlands in die NATO eine Utopie sei – ja, was war dann der tiefere Sinn dieser Einlassung?

Deutschland wird nie wieder in eine Mittellage kommen dürfen, in der es der Versuchung ausgesetzt ist, nach beiden Seiten zu lavieren. Die Westbindung, das heißt die Einbettung in die EU und das Bündnissystem der NATO, gehört zu den zwingenden Erfordernissen deutscher Politik. Kein deutscher Sonderweg mehr! Damit ist auch klar, dass der Artikel 5 des NATO-Vertrages gilt: Der Angriff auf einen Bündnispartner ist ein Angriff auf die Allianz der Partner insgesamt. Lange Zeit bestand keine Veranlassung, das zu betonen – und damit fühlten wir uns alle viel wohler. Tatsächlich haben Putins Annexion der Krim und sein Muskelspiel zur Destabilisierung der Ukraine den für ihn widrigen Effekt einer Revitalisierung der NATO. Plötzlich wissen wir wieder, warum es sie gibt und wozu sie gut ist, auch wenn wir die Doktrin der Abschreckung für längst überwunden hielten und uns ihre Wiederauferstehung beunruhigt.

Der daraus zwangsläufig entstandenen Debatte über die Bundeswehr, ihre Einsatz- und Bündnisfähigkeit können wir uns gar nicht entziehen. Wie groß das Ausrüstungsdilemma tatsächlich ist und wo seine Ursachen liegen, will ich hier genauso wenig diskutieren wie die Frage, ob der schnelle Ruf nach Aufstockung des Verteidigungshaushaltes eventuell berechtigt sein könnte. Kaum zu widersprechen ist jedoch dem Eindruck, dass die Bundeswehr in den letzten Jahren eher als Technisches Hilfswerk im Flecktarn (Ulrike Demmer) betrachtet worden ist, weil ihr militärischer Charakter nicht in die Zeit passte. Heute steht die Bundeswehr, so Matthias Geis, für einen stahlgewordenen Pazifismus.

Unabhängig vom Ausgang der Debatte über die finanzielle Ausstattung seiner Streitkräfte wird Deutschland nicht darum herumkommen, die auf dem NATO-Gipfel 2014 in Wales verabredete Richtlinie umzusetzen und seinen Verteidigungshaushalt von derzeit 1,4 Prozent des BIP mindestens sukzessive in die Nähe der verabredeten zwei Prozent zu bringen. Die Debatte wird sich darüber hinaus auch auf die Rolle der Bundeswehr in einem gesamteuropäischen Sicherheitskonzept erstrecken müssen. Und schließlich geht es um den Stellenwert des Militärs in unserer Gesellschaft, eines Militärs ohne Militarismus. Bei aller berechtigten Skepsis und Zurückhaltung gegenüber Bundeswehreinsätzen im Ausland ist eines grundsätzlich zu bedenken: Die deutsche Neigung, gemeinsam für notwendig gehaltene und durch ein völkerrechtliches Mandat legitimierte Militäreinsätze den Bündnispartnern zu überantworten – und ihnen damit auch die entsprechende Rechtfertigung gegenüber ihren Bürgern sowie unabweisbare Risiken für ihre Soldaten aufzuladen –, dürfte deren Erwartungen an eine deutsche Mitverantwortung nicht entsprechen und deshalb auch nicht ohne negative Rückwirkungen auf unsere internationalen Beziehungen bleiben. Die Frage ist dann immer noch zu prüfen, worin die deutschen Beiträge konkret bestehen könnten.

3. Sosehr wir uns durch die Ausspähaktivitäten der NSA düpiert sehen, sosehr die USA für viele als moralisches Vorbild ausgedient haben, sosehr sie mit ihren militärischen Interventionen zur Destabilisierung staatlicher Strukturen vor allen im Mittleren Osten beigetragen und den Westen insgesamt zur Projektionsfläche von Ressentiments gemacht haben: Aus europäischer Sicht bleiben die USA der wichtigste Partner. Politisch und kulturell stehen sie uns ohnehin am nächsten. Das Verhältnis mag nicht frei sein von Reibungen und auch Phasen des wechselseitigen Unverständnisses. Aber es gründet auf die gemeinsame Überzeugung, dass eine freie und demokratische Ordnung die gerechteste ist und freier Handel die beste Voraussetzung für den Wohlstand möglichst vieler.

Den Vorbehalten gegen die USA bis hin zu plumpen antiamerikanischen Reflexen muss entgegengehalten werden: Wer soll denn als Garant des Freiheitsversprechens an ihre Stelle treten? Wer weist denn notfalls marodierende Islamisten in die Schranken und sorgt für freie Handelswege? Welches Gesellschafts- und Wirtschaftsmodell will man denn statt des westlichen, das von der Schutzmacht USA verteidigt wird?

Seit der traumatischen Erfahrung im Irak ist in den USA eine gewisse Müdigkeit zu spüren, die Rolle der Schutzmacht in einer weiteren Überdehnung der eigenen Möglichkeiten auf Jahre hinaus unverändert fortzuspielen. Dieser sich abzeichnende Stimmungswechsel lässt selbst ausgewiesene Kritiker der USA in Europa aufhorchen, weil sie ahnen, was auf die Europäer zukommen könnte, nämlich die Aufforderung, stärker denn je über ihre nationalen Interessen hinaus für ihre eigene Sicherheit und eine stabilere Ordnung auf den Nachbargrundstücken zu sorgen. Und plötzlich scheint sich das Bild vom bösen Amerika zu wandeln. Luftangriffe der USA auf Stellungen oder Anlagen des »Islamischen Staates« werden ohne ein böses Wort kommentiert: Gut, dass die Amerikaner über entsprechende Kapazitäten verfügen und vor Ort präsent sind, heißt es. Selbst wenn sich Europa sicherheitspolitisch auf ein gemeinsames Konzept verständigen und im Rahmen seines Radius mehr Verantwortung übernehmen würde: Einsätze wie die im Grenzgebiet zwischen Syrien, dem Irak und der Türkei wären von der EU rein logistisch gar nicht zu leisten, und auch deshalb bleibt die Anlehnung Europas an die Großmacht USA von zentraler Bedeutung.

Deutschland wird in Washington als gewichtiger kontinentaleuropäischer Faktor gesehen. Sogar die Kanäle der Deutschen nach Moskau werden nach anfänglichen Irritationen inzwischen positiv kommentiert: Wenigstens die Deutschen halten Verbindung. Die Fährnisse des Jahres 2014 geben beiden Seiten jedenfalls genügend Anlass, Verstimmungen zu überwinden. Eine gute Gelegenheit, zur Verbesserung des transatlantischen Verhältnisses beizutragen, ist das Freihandelsabkommen TTIP. Es geht um weit mehr als darum, Handel und Investitionen zu intensivieren. Das Freihandelsabkommen soll den transatlantischen Beziehungen einen neuen Impuls geben und den beiden größten demokratisch verfassten Regionen der Welt, die ein Drittel des Welthandels abwickeln und nahezu die Hälfte der globalen Wirtschaftsleistung erbringen, geopolitischen Einfluss sichern. Es ist von strategischer Bedeutung, aber diese Sicht ist offenbar schwer zu vermitteln.

Kaum ein anderes Land hat ein so massives Interesse an freiem Handel und entsprechenden Vereinbarungen wie Deutschland. Offenbar ist nur wenigen bewusst, dass wir 40 Prozent unserer jährlichen Wirtschaftsleistung dem Export verdanken und die addierten Volumina unserer Exporte und Importe deutlich über 70 Prozent unseres jährlichen BIP ausmachen. In den USA gibt es inzwischen 3500 Unternehmen mit einem deutschen Mehrheitseigentümer. Die deutschen Investitionen in den USA haben die Marke von 200 Milliarden Dollar, die US-Investitionen in Deutschland die Marke von 130 Milliarden Dollar überschritten. Deutsche Unternehmen geben in den USA 600 000 Menschen Jobs, US-Unternehmen in Deutschland beschäftigen etwa 800 000 Arbeitnehmer. Insgesamt 13 Millionen Menschen in den USA und Europa verdanken ihren Job dem transatlantischen Handel. Alle diese Fakten haben es bisher nicht vermocht, die öffentliche Debatte zu entmoralisieren.

Obwohl Verhandlungsergebnisse, die eine Aufregung begründen könnten, noch gar nicht vorliegen, obwohl viele Themen, die in den Debatten dominieren, gar nicht Gegenstand der Verhandlungen sind, obwohl es explizit nicht um einen Unterbietungswettbewerb bestehender Standards des Verbraucher- oder Umweltschutzes auf den jeweils kleinsten gemeinsamen Nenner geht, sondern vielmehr um die wechselseitige Anerkennung vergleichbarer Regelungen, erleben wir in der öffentlichen Diskussion über das Freihandelsabkommen einen neuen Glaubenskampf. Jedes noch so alte Vorurteil kann sich der Aufmerksamkeit sicher sein. Daran trägt die Verhandlungsführung ein gerüttelt Maß an Mitschuld. Die Intransparenz des Verhandlungsmandats (das inzwischen veröffentlicht ist) und die Unkenntnis über den jeweiligen Stand der Verhandlungen haben allen möglichen Verdächtigungen und Verschwörungstheorien Tür und Tor geöffnet.

Selbstverständlich gibt es harte Konfliktpunkte. Aber weder die politische Versicherung, dass Verbraucher- und Umweltschutzstandards nicht abgesenkt, demokratische und rechtsstaatliche Prozesse nicht ausgehöhlt werden sollen (zum Beispiel durch eine parallele private Gerichtsbarkeit im Rahmen sogenannter Investor-Staat-Schiedsverfahren, die Investoren die Möglichkeiten geben, Staaten bei einer Beeinträchtigung ihrer Investitionen zu verklagen), noch die Zusage, dass die kulturelle Vielfalt gesichert bleibt und die hohe Qualität der Daseinsvorsorge in Europa nicht durch eine Privatisierungswelle zur Disposition gestellt werden wird, bewahrt die Befürworter des Freihandelsabkommens vor Empörungswellen und teils vorsätzlichen Missinterpretationen. Diese Erfahrung durfte ich selber auch nach der Veröffentlichung eines Artikels machen, in dem ich mich bemühte, die Debatte vom Kopf auf die Füße zu stellen.*

Das Freihandelsabkommen TTIP ist inzwischen zu einem Symbol für alle Ängste vor der Globalisierung geworden. TTIP diene nur dem Interesse von Großkonzernen und reiße alle nationalen Geländer zur Sicherung von Arbeitnehmern, Umwelt, gesunden Nahrungsmitteln und kommunalen Versorgern weg. Als Anschlag auf bisherige Sicherheiten und Einfallstor zur Fremdbestimmung durch anonyme Wirtschaftsmächte wird TTIP geradezu mystifiziert. In Deutschland, wo man in fortschreitender Internationalisierung und Technologie ohnehin zuerst die Risiken sieht, ist diese Betrachtungsweise besonders verbreitet. Wir mauern uns in Bedenken ein und sind schnell bereit, die Schwelle der Angstbereitschaft zu überschreiten. In der Verkürzung der Debatte auf das »Chlorhühnchen« oder den Genmais zeigt sich, dass die Aufwallung der Emotionen deutlich stärker ist als der Sinn für nüchterne geopolitische Zusammenhänge.

Dabei eröffnet TTIP eine Perspektive, die Anhänger eines gebändigten Kapitalismus willkommen heißen müssten. Es bietet die Möglichkeit, der Globalisierung die westlichen Vorstellungen und Verkehrsregeln zu implantieren, die aufgrund der geballten transatlantischen Kraft für andere Regionen Normen setzen und beispielgebend sein könnten. Gelingt im transatlantischen Verhältnis keine Einigung, wird eine asiatische Freihandelszone unter der Führung Chinas den Takt vorgeben und Standards setzen, auf die wir keinen Einfluss haben. Wenn das Freihandelsabkommen zwischen Europa und den USA scheitert, werden die transatlantischen Beziehungen um Jahre zurückgeworfen. Wie grotesk die Diskussion hierzulande verläuft, lässt sich daran ermessen, dass sich in der Ablehnung von TTIP linke Kräfte plötzlich in einer Ecke mit nationalistischen und protektionistischen Parteien wiederfinden.

4. Russland ist als bleibender Machtfaktor anzuerkennen und in seinen Sicherheitsinteressen zu respektieren. Die deutsche Verantwortung liegt darin, den westlichen Partnern, insbesondere den USA, die russischen Interessen zu vermitteln, ohne die völker-

rechtswidrige Annexion der Krim deshalb zu relativieren, und auf dieser Basis gleichzeitig alle Kanäle in Moskau für eine Entspannung des Konflikts über die Ukraine zu nutzen. Russland erscheint mir als eine verletzte Großmacht. Der Westen hat von der Implosion der Sowjetunion und dem anschließenden Chaos unter Boris Jelzin profitiert, ist aber mit großer Lässigkeit über Präsident Putins Rede auf der Münchener Sicherheitskonferenz im Februar 2007 hinweggegangen. Einige Fehlentwicklungen der letzten Jahre, die der Westen zu verantworten hat, dürfen bei einer ursächlichen Betrachtung der jetzigen Konfrontation nicht ausgeblendet werden: die 2002 aufgenommenen Gespräche der USA mit Polen und Tschechien über die Errichtung eines Raketenabwehrschirms, die 2007 zur Aufnahme offizieller Verhandlungen führten (ehe Präsident Obama ihnen 2009 ein Ende setzte), die Debatte über eine Osterweiterung der NATO, die auf dem Bukarester Gipfel 2008 merkwürdige Blüten trieb, oder Gespräche über ein EU-Assoziierungsabkommen mit der Ukraine ohne Einbeziehung Moskaus.

Selbst wenn einer »strategischen Partnerschaft« der EU mit Russland durch den Ukraine-Konflikt die Grundlage entzogen worden ist, muss es das Interesse des Westens sein, einen neuen Modus Vivendi zu finden. Russland kann bei nüchterner Abwägung kein Interesse haben an einer maroden Ukraine, die es seinem Einflussbereich einverleibt. Die Kosten zur wirtschaftlichen Stabilisierung des Landes übersteigen auf Dauer Russlands finanzielle Möglichkeiten. Zugleich sind politische Maßnahmen zur Unterdrückung des weit größeren Teils der Bevölkerung, der sich eine freiheitliche Ordnung geben und sich als Teil Europas definieren will, zum Scheitern verurteilt. Umgekehrt wird auch Europa die Ukraine nicht mit unerschöpflichen Finanzmitteln gegen den Einfluss Russlands stabilisieren können. Ein realistischer Blick auf die politische und wirtschaftliche Verfassung des Landes zeigt ein riesiges Loch, in dem Finanzhilfen ohne Ende versickern. Schon deshalb müssten, wenn es rational zuginge, beide Seiten an einer gemeinsamen Auffanglösung für dieses abstürzende Land interessiert sein.

5. Zur gewachsenen internationalen Verantwortung Deutschlands gehört der Dialog mit China, wo Deutschland ebenfalls nicht ohne Einfluss ist. Ich habe dabei nicht die Wirtschafts- und Handelsbeziehungen im Blick und möchte Fragen zur Lage der Menschenrechte den erfahrenen Akteuren überlassen. Für mich stehen die Bemühungen im Mittelpunkt, China zu einer größeren globalen Mitverantwortung zu bewegen. Und zwar sowohl politisch – etwa auf der koreanischen Halbinsel, bei möglichen Kollisionen im Ost- und Südchinesischen Meer, im Zusammenhang mit dem Nuklearprogramm des Iran oder auch im Mittleren Osten – als auch bei der Lösung globaler Probleme, die einen hohen internationalen Regelungsbedarf verlangen, etwa beim Klima- und Umweltschutz, der Energie- und Rohstoffversorgung, der Bekämpfung von Pandemien oder der Stabilisierung des internationalen Bankensystems.

6. Deutschland hat weder das politische Gewicht noch die wirtschaftlichen Ressourcen für irgendwelche internationalen Alleingänge. Eine Alleinstellung – quasi als eine große Schweiz – entspricht nicht unseren nationalen Interessen. Ein Blick ins Geschichtsbuch zeigt, dass Deutschland sich selbst – und seinen Nachbarn – immer dann am meisten geschadet hat, wenn es sich für so stark hielt, dass es aus seiner geographischen Mittellage glaubte ausbrechen zu können. Deutschland ist im westlichen System mit der Doppelklammer EU und NATO bestens aufgehoben und erlebt in dieser Einbindung seit Jahrzehnten eine der glücklichsten Phasen seiner Geschichte.

In seiner gewachsenen internationalen Rolle sollte Deutschland auf jeden missionarischen Akzent verzichten. Die freiheitliche Demokratie ist – sosehr wir sie schätzen – kein Exportgut, das Ländern mit einer anderen historischen, kulturellen, zivilisatorischen und religiösen Prägung aufgedrängt oder gar aufgezwungen werden sollte. Seine Attraktivität muss das westliche Modell durch seinen Vorbildcharakter gewinnen. Streben die Bürger anderer Länder eine freiheitliche Grundordnung an und nehmen die Entwicklung ihres Landes selbst in die Hand – wie bei den friedlichen Revolutionen in Mittelosteuropa 1989/90 oder bei den Demonstrationen auf dem Maidan in Kiew –, sollte die westliche Staatengemeinschaft ihnen helfen, soweit diese Hilfe gewollt ist.

Vom Grundsatz der Nichteinmischung in die inneren Angelegenheiten anderer Staaten sind insbesondere die USA, aber auch Großbritannien und Frankreich, mehrfach abgewichen. Gleichwohl bleibt dieses Prinzip richtig. Allerdings kann es Gründe geben, es zu unterlaufen. Dazu bedarf es allerdings einer stichhaltigen Begründung (statt gefälschter Informationen, wie sie der damalige US-Außenminister Colin Powell dem UN-Sicherheitsrat zur Rechtfertigung des Irak-Krieges vorlegte) und am besten eines völkerrechtlichen Mandates der Vereinten Nationen. Der Zwiespalt, in den gerade wir Deutsche dabei schnell geraten, ergibt sich aus den »konkurrierenden historischen Imperativen ›Nie wieder Krieg‹ und ›Nie wieder Auschwitz‹«*. Anders ausgedrückt: Im Falle eines sich abzeichnenden Völkermordes, der nur durch eine militärische Intervention noch verhindert werden kann, stehen beide Lager vor einem Dilemma: Die Realpolitik muss den Grundsatz der Nichteinmischung, die Friedensbewegung aber ihren Pazifismus aufgeben. Auch hier hilft Fundamentalismus nicht weiter.

Nicht zuletzt durch die Münchener Sicherheitskonferenz Anfang Februar 2014 ist in Deutschland eine Debatte in Gang gekommen, die nach langer Zeit der Verdrängung die Frage nach unserer internationalen Verantwortung neu stellt. Alle Versuche, diese Frage wieder verschwinden zu lassen, sind gescheitert; dazu waren die Verdächtigungen zu absurd, die Einlassungen zu substanziell. Vor allem sind die Veränderungen und Verschiebungen im internationalen System zu folgenreich, als dass sich Deutschland eine weitere »intellektuelle Pause« leisten könnte. Das gewachsene Gewicht Deutschlands in Europa korrespondiert mit entsprechenden Erwartungen an unser Engagement.

Aus Sicht der deutschen Bevölkerung ergeben sich daraus keine

Konsequenzen für unsere internationale Aufstellung. Im Gegenteil: Nach einer repräsentativen Umfrage im Auftrag der Körber-Stiftung und des Auswärtigen Amtes, deren Ergebnisse im Mai 2014 vorgestellt wurden, vertreten 60 Prozent der Bürger die Auffassung, dass sich Deutschland bei internationalen Krisen weiterhin zurückhalten sollte, während nur 37 Prozent für ein stärkeres Engagement eintreten. Zwanzig Jahre zuvor war das Verhältnis ziemlich genau umgekehrt.

Die politische Erkenntnis, dass Deutschland sich nicht zur neutralen Zone erklären und geopolitische Trends nicht einfach ignorieren kann, kollidiert erkennbar mit dem Wunsch eines großen Teils der Bevölkerung, sich lieber in einer Nische einzurichten und über humanitäre Hilfe und Solidarität hinaus sich nicht einzumischen. Dies entspricht der Sehnsucht, weder moralisch noch wirtschaftlich noch militärisch in ein Dilemma zu geraten. Diese Haltung mag der deutschen »Geschichtsverwundung« geschuldet sein, unserer Verantwortung für die Katastrophen des 20. Jahrhunderts, die zweifellos zu Besonnenheit und Selbstbeschränkung mahnt. Aber die Verantwortung für unsere Geschichte darf uns auch nicht lähmen.

Das militärische und politische Fiasko militärischer Interventionen ist ein weiterer – nachvollziehbarer – Grund für unsere Zurückhaltung. Schließlich wäre die Frage zu stellen, ob die lange politische Vormundschaft durch die USA, die uns im Gegenzug 45 Jahre lang unsere Sicherheit und Freiheit garantierten, unser Selbstbewusstsein nicht so weit beeinträchtigt hat, dass wir uns für internationale Herausforderungen nicht mehr gewappnet fühlen. In unserer Selbstwahrnehmung sind wir offenbar ein ebenso ungefährliches wie ungefährdetes Land. Können wir uns deshalb aller Verpflichtungen entledigen? Man habe die Deutschen entweder an der Kehle oder zu seinen Füßen, sagte Winston Churchill. Uns steht der Weg in die Normalität bevor.

X Schlussplädoyer gegen die Gleichgültigkeit

Das politische System der Bundesrepublik Deutschland – im Westen seit 1949, für das gesamte Land seit 1990 verankert – hat uns ein historisch nie dagewesenes Maß an Frieden, Freiheit, Wohlstand, Liberalität und sozialem Ausgleich beschert. Punkt. Bei allem, was man gegen den – in meinen Augen oft als übertrieben schädlich wahrgenommenen – Einfluss von Parteien, Gewerkschaften, Wirtschafts- und Verbandsinteressen, Lobbys (Geheimdienste und andere finstere Mächte mitgezählt!) vorbringen kann, gewährleistet dieses System doch eines ohne Zweifel: dass das Gesamtinteresse im Vordergrund steht. Manchen Bürgern darf entgegengehalten werden, dass es nicht korrupte oder unfähige Politiker, borniere Parteien oder »verkehrte Wahlprogramme sind, die ihnen Probleme machen, sondern dass sie selbst das Problem sind, vor dem sie davonlaufen«.* Wenn Politiker eine Bringschuld haben an Erklärung, Aufklärung und Rechtfertigung, dann haben Bürger auch eine Holschuld – nämlich auf die Angebote der Politik einzugehen, statt in ihrer »Deliriumsbereitschaft« (Peter Sloterdijk) zu verharren.

Demoskopische und sozialwissenschaftliche Befunde zeigen, dass unsere Gesellschaft dazu neigt, sich am liebsten in einer permanenten Gegenwart einzurichten und sich den Unwägbarkeiten der Zukunft zu verschließen. Seit der Finanz- und Wirtschaftskrise ist der Bürger fast täglich mit europäischen Krisen konfrontiert; eine ununterbrochene Flut von Nachrichten über Elend, Katastrophen und politische Fehlschläge bricht über ihn herein; hinzu kommen der wachsende Anpassungsdruck aus der Globalisierung, verbunden mit Statusängsten, die technologischen Umwälzungen der digitalen Revolution und ganz generell eine »Verflüssigung von Konstanten« (Wolfgang Streeck). Dies alles zusammen führt dazu, dass nicht wenige Bürger nach stressfreien Zonen suchen, in denen sie Beständigkeit, Überschaubarkeit und Entschleunigung finden.

Der Rückzug ins Private, wo die Wertschätzung von Familie und Freundschaft gestiegen ist, ist eine natürliche Reaktion. Sie kann sich leicht verbinden mit der instinktiven Abwehr von Veränderungen im Lebensumfeld und allem, was als fremd empfunden wird. Wenigstens die Politik soll einen in Ruhe lassen. Sie soll es richten, ohne dass man selber beansprucht wird. Politische Verantwortung wird delegiert – am besten an diejenigen, die am wenigsten anstrengend sind und zugleich Kontinuität, Besitzstandswahrung und die Durchsetzung der eigenen Interessen versprechen. Die Botschaft, wir seien aus dem Gröbsten der Finanz- und Wirtschaftskrise heraus, vernehmen wir nur allzu gern, auch wenn sie wie das Pfeifen im Walde klingt. Wir fühlen uns so überfordert und ausgebrannt von unserem durchökonomisierten Leben, dass die Frage nach Substanz und Relevanz einfach eine Frage zu viel ist. Ein anderes Mal gern! Bis dahin lassen wir uns von der Zerstreuungsindustrie entführen.

Wer ist zuständig? Wer fühlt sich zuständig? Dafür, dass Freiheit, Demokratie und eine gute europäische Nachbarschaft erhalten bleiben? Dafür, dass sich unser Land gegenüber aufstrebenden Ländern behaupten kann, die genau das Wohlstandsniveau erreichen wollen, auf dem wir schon (noch?) sind? Dafür, dass unsere Gesellschaft zusammenhält und jedem, unabhängig von seiner Herkunft, gleiche Chancen für ein selbstverantwortetes Leben eröffnet? Dafür, dass die Integration von Zuwanderern zur Bereicherung und nicht zur Spaltung unserer Gesellschaft führt? Dafür, dass aus der Freiheit der persönlichen Entfaltung keine rücksichtslose Verletzung des Gemeinwohls resultiert?

All das bedarf intakter politischer Institutionen, redlicher und kompetenter Politiker, verlässlicher Verfahren und allgemeingültiger Regeln – auf der Basis wirtschaftlicher Prosperität. Aber reicht das? Kann man Verantwortung für unser Gemeinwesen und seine Zukunft so einfach delegieren, während man sich selbst in die Rolle eines bloßen Beobachters zurückzieht, der desillusioniert mit den Schultern zuckt und höchstens dann, wenn es um die eigenen Belange und Empfindlichkeiten geht, wütend seine Empörung ausdrückt? Die Gleichgültigkeit gegenüber den öffentlichen Angelegenheiten wird oft genug mit persönlicher Enttäuschung über den politischen Betrieb und verlorengegangenem Vertrauen begründet. Aber ohne das Engagement und die Leidenschaft der Bürger für das Ganze fehlt dem politischen Geschäft der nötige Treibstoff.

Mit dem politischen, wirtschaftlichen und moralischen Bankrott des ehemaligen Ostblocks ist das Widerlager verschwunden, das uns den Wert einer freiheitlich demokratischen Ordnung erst wirklich bewusst gemacht hatte. Aber das ist kein Grund, ein Vierteljahrhundert später mit diesem Wert achtlos umzugehen. Niemand sehnt sich zurück nach den Zeiten des Kalten Krieges, wir bedürfen solcher Spannungen nicht, um uns unserer selbst zu vergewissern. Angesichts des Vordringens autoritärer und theokratischer Herrschaftsansprüche sowie antidemokratischer und nationalistischer Kräfte in Europa selbst verbietet es sich jedoch ebenso, das hohe Gut der freiheitlich demokratischen Ordnung geradezu selbstverständlich für gesichert und auf ewige Zeiten ungefährdet zu halten.

Die Politik wird sich selbstkritisch mit der Frage beschäftigen müssen, ob sie zu dieser Gleichgültigkeit gegenüber der »res publica«, zu der bewussten Abkoppelung weiter Kreise von der Politik nicht selbst beigetragen hat. Statt bloß zu moderieren, müsste sie wieder mehr Handlungsfähigkeit an den Tag legen und die repräsentative Demokratie ehrgeiziger als bisher durch neue Beteiligungsformen an der politischen Meinungsbildung und Entscheidungsfindung zu ergänzen suchen. Das reicht von konsultativen Volksinitiativen, die Parlamente veranlassen können, sich mit bestimmten Themen zu befassen, bis hin zur Beteiligung von Nicht-Parteimitgliedern bei Personal- und Programmentscheidungen von Parteien. Erste Beispiele dafür sind ermutigend und zeigen Wege, wie insbesondere die politischen Parteien ihre selbstgepanzerten Systeme verlassen könnten. Schon die Mitglieder denken in vielen Fällen anders als manche Wortführer der Parteiaktivitas.

Nach einer Studie der Bertelsmann Stiftung verfestigt sich der Trend einer sozial gespaltenen Demokratie.* Einkommens- und bildungsschwache Schichten gehen immer seltener wählen. Welche Gründe auch immer dahinterstecken – Enttäuschung über eine Politik, die ihnen keine Aufstiegschancen eröffnet, Einkapselung in einer Alimentationsmentalität, Trotz oder schlicht Uninformiertheit –, an dem Befund ändert sich dadurch nichts. Bei einem Nichtwähleranteil von rund 50 Prozent, von denen viele auch aus einer bewussten politischen Entscheidung nicht zur Wahlurne gehen, ergibt sich, dass rund 15 oder 20 Prozent der Wahlberechtigten über einen Oberbürgermeister und etwa 25 Prozent der Wahlberechtigten über eine Koalitionsregierung auf Länderebene befinden. Das heißt, dass inzwischen eine Minderheit vornehmlich aus oberen Bildungs- und Einkommensschichten über parlamentarische Mehrheiten entscheiden kann. Es wäre überzogen, daraus eine Legitimationskrise der repräsentativen Demokratie abzuleiten, aber es gibt Anlass zur Beunruhigung. Und Gründe für die demokratischen Parteien, in sich zu gehen, um weitere partizipative Angebote zu entwickeln. Sie werden auch in ihrer Bildungs-, Sozial- und Stadtpolitik darauf hinwirken müssen, abgekoppelte Bevölkerungsschichten wieder an das Gemeinwesen heranzuführen.

Die Tatsache, dass viele gar nicht mehr so genau wissen wollen, was mit unserem Land in naher Zukunft passiert und was wir tun können, um auf die Entwicklung Einfluss zu nehmen, ist in meinen Augen Ausdruck einer bedenklichen Entpolitisierung. Hat die Politik selbst zu dieser Entpolitisierung, zu diesem Desinteresse an der Zukunft beigetragen? Wegen ihrer Tendenz, die Lösung offensichtlicher Probleme zu vertagen, auf Sicht zu fahren und Beschlüsse mit geringer Haltbarkeitsdauer zu fassen, empfinden viele Bürger die Politik als kurzatmig, an kurzfristigen Erfolgen orientiert. Dies verstärkt bei ihnen die gleiche Neigung, sich nur noch am unmittelbar Greifbaren zu orientieren. »Wenn Politik kurzfristig denkt, darf ich das auch«, heißt es in einer weiteren Bertelsmann-Studie.*

In dem Interesse, sich schnell zu vermarkten sowie kurzfristigen Erwartungen und Stimmungen der Wähler zu entsprechen, pflanzt die Politik keine Eichen für die Zukunft. Reformen werfen erst nach Jahren eine Rendite ab. Bildungspolitik zeitigt erst längerfristig Ergebnisse. Infrastrukturprojekte brauchen Zeit, ziehen der Politik am Beginn aber viel Ärger an den Hals – wer demonstriert heute noch gegen Vorhaben wie den Hamburger Elbtunnel oder die Ostseeautobahn A20 bei Lübeck, für die ich als schleswig-holsteinischer Wirtschafts- und Verkehrsminister wegen der Widerstände bis zum Bundesverwaltungsgericht marschieren musste?

Wenn Politik den demoskopischen Umfragen hinterherläuft – was entspricht der momentanen Stimmungslage, was kommt an, was eckt an – und nicht aus eigener Vorstellungs- und Gestaltungskraft zu führen bereit ist, warum soll sich dann der Bürger in die Zukunft aufmachen?* Er verharrt ängstlich in der Gegenwart, weil die Politik keine Orientierung gibt. Diese wiederum will den Kopf nicht über die Brüstung halten, weil das riskant sein könnte. So trägt sie fahrlässig zur Entpolitisierung und zum Rückzug der Bürger aus dem öffentlichen Raum bei. Genau dort ist die Zukunft unseres Landes aber zu verhandeln. Politik ist der Wettbewerb um Zukunftsentwürfe. Die bedürfen einer seriösen und nachhaltigen medialen Vermittlung und einer breiten öffentlichen Debatte.

Demokratie braucht einen handlungsfähigen und sich selbst beschränkenden Staat, der die Spielregeln setzt und allein über das Gewaltmonopol verfügt, aber sie braucht auch eine starke und selbstbewusste Zivilgesellschaft. Sie braucht Teilhabe und Teilnahme der

Bürger, Aufklärung, kritische Medien, Integration und Wehrhaftigkeit. Sie braucht politische Parteien, die für die parlamentarische Kontrolle der Regierung und demokratisch legitimierte Mehrheitsentscheidungen unter Wahrung des Minderheitenschutzes sorgen können. Sie braucht Frauen und Männer, die bereit sind, auf Zeit öffentliche Ämter gewissenhaft wahrzunehmen. Demokratie – so hieß es in einem kleinen Ortsverein meines früheren Wahlkreises im östlichen Ruhrgebiet – ist kein Paradies, kein Glücksversprechen, kein Land, in dem ständig Milch und Honig fließen. Demokratie ist einfach eine Staatsform, aber die beste, die wir haben. Also investieren wir!

Zitat- und Quellennachweise

Eröffnungsplädoyer: Kümmert Euch um Politik!

17 Karl-Rudolf Korte, Beschleunigte Demokratie: Entscheidungsstress als Regelfall, in: *Aus Politik und Zeitgeschichte*, Nr. 7/2012 v. 13. 02. 2012, S. 21 ff.

18 Vgl. Herfried Münkler, Die rasenden Politiker, in: *Der Spiegel*, Nr. 29/2012 v. 16. 07. 2012, S. 100 f.

25 Leitartikel: Kampf den Avataren, in: *Der Spiegel*, Nr. 29/2014 v. 19. 05. 2014, S. 12.

29 Vgl. Hans H. Klein, Metamorphose der Demokratie, in: *Frankfurter Allgemeine Zeitung* v. 29. 08. 2011, S. 7.

29 Ernst Fraenkel zitiert nach Heinrich August Winkler, Die große Illusion – Warum direkte Demokratie nicht unbedingt den Fortschritt fördert, in: *Der Spiegel*, Nr. 47/2011 v. 21. 11. 2011, S. 47 f.

30 Vgl. Hans H. Klein, a. a. O.

30 Wolfgang Merkel, Krise? Krise!, in: *Frankfurter Allgemeine Zeitung* v. 06. 05. 2013, S. 7.

Welche SPD verträgt das Land?

40 Vgl. Nils Minkmar, Der Zirkus – Ein Jahr im Innersten der Politik, Frankfurt am Main 2013, S. 114 ff. und Peter Dausend, Meditation über den ersten Satz eines Strategiepapieres der SPD oder: Warum die Sozis wieder scheitern, in: *Die Zeit*, Nr. 17/2004 v. 16. 04. 2014, S. 6.

Warum die Wahl 2013 verlorenging

69 Umfrageergebnisse von Infratest, vorgetragen am 27. 09. 2013 im SPD-Parteivorstand.

72 Vgl. Klaus-Peter Schöppner, Geschäftsführer von TNS Emnid, in: *Der Spiegel*, Nr. 8/2013 v. 18. 02. 2013, S. 145.

77 Nils Minkmar, a. a. O., S. 114 ff.

Die große Koalition auf dem Prüfstand

96 Vgl. BDA-Präsident Ingo Kramer, Unternehmen müssen beweglich bleiben, in: *Neue Osnabrücker Zeitung* v. 24. 11. 2014, S. 2.

98 Vgl. Andreas Mihm, Das EEG-Monster lebt, in: *Frankfurter Allgemeine Zeitung* v. 28. 06. 2014, S. 19.

103 Die Zahlen zur Steuer- und Abgabenbelastung stammen aus der regelmäßigen Datensammlung zur Steuerpolitik des Bundesministeriums der Finanzen (Ausgabe 2013). Bevor sich der Widerstand der üblichen Verdächtigen regt: Die Kennziffern, die sonst kursieren wie der jährliche Bericht der OECD (Taxing Wages), berücksichtigen zusätzlich zur Lohnsteuer und zum Arbeitnehmeranteil der Sozialabgaben auch noch den Arbeitgeberanteil!

108 Vgl. Matthias Geis, Auf der Sonnenseite, in: *Die Zeit*, Nr. 32 v. 31. 07. 2014, S. 6.

Mediendemokratie: Wer führt Regie?

118 Nicholas Carr, The Web Shatters Focus, Rewires Brains, *Wired Magazine*, 24. 05. 2010.

119 Vgl. Rheingold-Institut, Bundestagswahl 2013: Das bedrohte Paradies. Deutschland zwischen Plätscher-Party und brodelnder Unruhe, Köln 2013, S. 2.

120 Harald Welzer, Das Ende des kleineren Übels, in: *Der Spiegel*, Nr. 22/2013 v. 27. 05. 2013, S. 122 f.

120 Vgl. Bernhard Pörksen, Seht her, die nackte Seele, in: *Die Zeit* v. 06. 03. 2014, S. 52.

120 Vgl. Julian Nida-Rümelin, Der schädliche Skandal, in: *Cicero*, Nr. 12/2013, S. 20 ff.

121 Vgl. Adam Soboczynski, Der Tanz mit dem Wulff, in: *Die Zeit* v. 31. 07. 2014, S. 33.

121 Vgl. Peer Steinbrück, Medien als Folterwerkzeug, in: *Die Zeit* v. 12. 06. 2014, S. 2 f.

123 Deutscher Journalisten-Verband, Wulff – Pressekodex reicht aus, Pressemitteilung vom 21. 07. 2014.

126 Bodo Kirchhoff, zitiert nach einem Interview in: *Der Spiegel*, Nr. 16/2009, S. 144.

Die Misstrauensgesellschaft: Andeutungen einer Beziehungskrise

130 Vgl. Claus Leggewie und Harald Welzer, Das Ende der Welt, wie wir sie kannten, Frankfurt am Main 2009, S. 138 f.

130 Ulrich Becker bezieht sich auf den berühmten Essay des Soziologen Niklas Luhmann, Vertrauen – Ein Mechanismus der Reduktion sozialer Komplexität, Stuttgart 2000.

138 Vgl. Herfried Münkler, a. a. O.

143 Vgl. Michael Naumann, Die alte Angst vorm Apparat, in: *Die Zeit* v. 03. 02. 2005, S. 10.

143 Vgl. Gerhard Matzig, Wir Neobiedermeier, in: *Süddeutsche Zeitung* v. 06./07. 09. 2014, S. 24.

144 Petra Pinzler, Ein deutsches Tierleben, in: *Die Zeit* v. 15. 05. 2014, S. 36.

145 Vgl. Nikolaus Blome, Bitte nicht stören!, in: *Der Spiegel*, Nr. 17/2014 v. 19. 04. 2014, S. 18 ff.

Wohlstand und Stabilität auf dünnem Eis

152 Vgl. Armin Mahler, Thomas Schulz, Software frisst die Welt, in: *Der Spiegel*, Nr. 15/2014 v. 7. 4. 2014, S. 78.

153 Zitiert nach: Alexander Jung, Wettlauf der Systeme, in: *Der Spiegel*, Nr. 16/2014 v. 14. 04. 2014, S. 53.

155 Eine Welt ohne Plackerei. Interview mit Andrew McAfee, in: *Der Spiegel*, Nr. 25/2014 v. 25. 08. 2014, S. 68.

159 Vgl. Meinhard Miegel, Hybris – Die überforderte Gesellschaft, Berlin 2014.

161 Vgl. Henrik Enderlein, Wenn der Kuchen nicht mehr größer wird, in: *Berliner Republik* 2/2010, S. 26 ff.

163 Vgl. Das Kapital frisst die Zukunft, Interview mit Thomas Piketty, in: *Der Spiegel*, Nr. 19/2014 v. 05. 05. 2014, S. 67.

165 Vgl. Interview mit Thomas Piketty a. a. O.

169 Vgl. Martin Hesse, Anne Seith, Wetten auf den Crash, in: *Der Spiegel*, Nr. 49/2013 v. 02. 12. 2012, S. 64.

171 Vgl. Michael Lewis, Flash Boys. Revolte an der Wall Street, Frankfurt am Main 2014.

171 Vgl. Robert Harris, Angst, München 2011.

175 Vgl. Interview mit Nikolaus von Bomhard, in: *Frankfurter Allgemeine Zeitung* v. 03. 12. 2014.

176 Vgl. Keine Moral an der Wall Street, in: *Frankfurter Allgemeine Zeitung* v. 18. 07. 2013, S. 17.

Gestaltete Zukunft

180 Nicolas Stern, Stern Review on the Economics of Climate Change, Cambridge 2007.

185 Zitiert nach Nikolaus Piper, Fed droht US-Banken mit Zerschlagung, in: *Süddeutsche Zeitung* v. 22. 10. 2014, S. 19.

191 Vgl. Luxemburg-Leaks – geheime Dokumente zeigen, wie Konzerne Milliarden an Steuern vermeiden, in: *Süddeutsche Zeitung* v. 06. 11. 2014, S. 8 f.

195 Vgl. Sandro Gaycken, Frei ist das Netz schon lange nicht mehr, in: *Süddeutsche Zeitung* v. 22. 08. 2014.

196 Zitiert nach Mathias Döpfner, Lieber Eric Schmidt, in: *Frankfurter Allgemeine Zeitung* v. 16. 04. 2014, S. 9.

196 Zitiert nach Oliver Prien, De Sade lässt grüßen, in: *Cicero*, Nr. 6/2014, S. 120.

196 Vgl. Gespräch mit Jaron Lanier, Irgendjemand zahlt immer, in: *Der Spiegel*, Nr. 27/2014 v. 30. 06. 2014, S. 122.

202 vgl. Morten H. Halperin, Kontrolliert spionieren, in: *Süddeutsche Zeitung* v. 02. 05. 2014, S. 2.

225 Ein nachgelagertes Studiengebührensystem für Deutschland könnte wie folgt aussehen:

– Die Universitäten und Wissenschaftsministerien der Länder ermitteln die Kosten, die im Schnitt für einen Studienplatz in der Regelstudienzeit anfallen. Auf Basis dessen werden die Durchschnittskosten für Studienplätze nach Fachgruppen gegliedert festgelegt. Die Durchschnittskosten sollen regelmäßig, zum Beispiel alle fünf Jahre, überprüft werden.

– Alle Studierenden müssen nach Fächern gestaffelte Studiengebühren zahlen, die aber in Gänze erst nach dem Studium fällig werden. D. h., es muss kein einziger Euro mit Aufnahme des Studiums gezahlt werden. Damit soll sichergestellt werden, dass die Gebühren keine abschreckende Wirkung auf potenzielle Studienanfänger haben.

– Die nachgelagerten Studiengebühren werden nur dann fällig, wenn die Studienabsolventen mehr als 50 Prozent des mittleren Nettoäquivalenzeinkommens verdienen. 2013 wären die nachgelagerten Studiengebühren ab einem jährlichen Nettoäquivalenzeinkommen von rund 29 400 Euro fällig geworden.

– Die nachgelagerten Studiengebühren werden über einen Zuschlag zur Einkommen- beziehungsweise Lohnsteuer erhoben.

– Die Landesregierungen können bis zu drei prioritäre Fächer festlegen, bei denen geringere Studiengebühren fällig werden.

– Ausländische Studierende müssen die Studiengebühren direkt bezahlen, da eine Zahlung über die Einkommensteuer nicht möglich ist. Ergänzende Stipendien- und Kreditmodelle sollen sicherstellen, dass ausländische Studierende weiterhin in Deutschland studieren.

233 Vgl. Positionspapier des Gesamtverbands der Deutschen Versicherungswirtschaft e. V., Zur Verbesserung der Bedingungen für Investitionen in Infrastruktur, Berlin, August 2014.

239 Unter »funktionalem Analphabetismus« werden Personen erfasst, die zwar einzelne Sätze lesen oder schreiben können, aber keine zusammenhängenden Texte.

239 Unter »unzureichender Bildung« versteht die Bertelsmann-Stiftung, wenn ein Grundbildungsniveau – also Lesen und Rechnen – nach Abschluss der Grundschule nicht überschritten wird.

240 Vgl. Jutta Allmendinger, Demokratie wagen: Plädoyer für eine neue Schule, in: *Blätter für deutsche und internationale Politik*, April 2013.

240 Jürgen Kaube, Lasst doch mal alles so, wie es ist, in: *Frankfurter Allgemeine Zeitung* v. 04. 09. 2014, S. 11.

Deutschlands neues Gewicht

260 Vgl. Jean-Claude Juncker im Interview, *Süddeutsche Zeitung* v. 28. 11. 2014, S. 7.

261 Vgl. Claus Hulverscheidt, Ein kleiner Wurf für Europa, in: *Süddeutsche Zeitung* v. 29. 11. 2014, S. 1.

261 Vgl. Mario Draghi, zitiert nach Guido Bohsem und Markus Zydra, Vorteil USA, in: *Süddeutsche Zeitung* v. 28. 11. 2014, S. 17.

265 Vgl. Keno Verseck, Putins kleiner Bruder, in: *Cicero*, Nr. 12/2014, S. 74.

269 Vgl. Dieter Grimm im Interview mit Thomas Assheuer, »Von Putsch kann keine Rede sein«, in: *Die Zeit* v. 26. 06. 2014, S. 50.

271 Vgl. Clemens Fuest, Friedrich Heinemann, Christoph Schröder, Geregelt in die Staats-Insolvenz, in: *Frankfurter Allgemeine Zeitung* v. 18. 07. 2014, S. 16.

283 Margot Käßmann im Interview, Beten mit den Taliban, in: *Der Spiegel*, Nr. 33/2014 v. 11. 08. 2014, S. 24.

287 Peer Steinbrück, Angst hilft nicht weiter, in: *Süddeutsche Zeitung* v. 27. 10. 2014, S. 20.

291 Roger Cohen, Viel Geschrei und Nichts dahinter, in: *Cicero*, Nr. 12/2014, S. 62.

Schlussplädoyer gegen die Gleichgültigkeit

293 Vgl. Dirk Schümer, Euer Kredit für unsere Leut', in: *Frankfurter Allgemeine Zeitung* v. 29. 05. 2012, S. 29.

296 Vgl. Thomas Petersen, Dominik Hierlemann u. a., Gespaltene Demokratie – Politische Partizipation und Demokratiezufriedenheit vor der Bundestagswahl 2013, hrsg. von der Bertelsmann-Stiftung, Gütersloh 2013.

297 Vgl. Robert Vehrkamp, Stephan Grünewald u. a., Generation Wahl-O-Mat, hrsg. von der Bertelsmann-Stiftung, Gütersloh 2014, S. 12.

297 Sven Becker und Frank Hornig haben in einem bemerkenswerten Artikel beschrieben, wie stark Denken, Reden und Handeln von Angela Merkel durch Umfrageergebnisse des Bundespresseamtes beeinflusst werden. Vgl. ihren Artikel »Regieren nach Zahlen«, in: *Der Spiegel*, Nr. 37/2014 v. 8. 9. 2014, S. 20.